化学教学互动
理论与运用

杨文斌◎著

上海教育出版社
SHANGHAI EDUCATIONAL
PUBLISHING HOUSE

U0735272

序

　　无论是从教多年的老教师，还是即将成为教师的年轻人，都信奉一条简单的规律：教学是一种双边活动，教师的教必须与学生的学同步匹配，课程内容才能转化为学生拥有的知识。但是，简单不等于容易做好。多年前的课堂，教师"一言堂"的现象比比皆是，"讲知识"是教师天经地义的事，学生在"听课"中学知识司空见惯；在21世纪第二个十年即将来临的今天，走进我们的中小学课堂，这一现象有所改观，但教师"自问自答""学生听答"的现象仍然非常普遍。教师提出不少的问题，似乎是在启发学生思考，但学生常常启而不发。究其原因，教师更多关注的是完整的知识系统和人为制定的学习进度，未能真正从学生的角度去思考如何教，缺少与学生平等对话，在双方交流、沟通、协商、探讨中传递新知识。这种传递必须是双向的、面向全体学生的，需要在彼此平等、彼此倾听、不同观点之间碰撞交融中激发教学双方的主动性，从而完成教学任务，提高教学效果。这就是"互动教学"，也可称为"教学互动"。

　　显然，在教学中产生"互动"的形式并不难，难的是如何形成师生双方默契、主动和平等沟通的教学氛围，帮助学生面对陌生的内容学会积极思维，提出自己的问题，在教师引导下逐步解决问题。长期以来，互动教学被披上了"问题教学""情境教学""自主学习""人本主义教学"等种种面纱，似乎变得神秘起来。实际上，褪下这些面纱，互动教学就是将"要你学""你要学"转变成"我要学""我能学"，表现在学生思维的灵动和积极主动上，这就是教学互动的本质所在。

　　多年来，化学教师对学科的独特性缺乏足够的认识，丰富的知识类型难以整合，符号知识、元素知识、结构知识、反应原理在教学中往往被割裂，内容之间缺少关联,学生无法形成结构性的知识,"讲记背练"成为最简约、最常见的教学方式;教师重视书面练习,轻视学生的自主探究和实践活动,学生分析、解决实际问题和合作交流的能力得不到应有的锻炼。针对上述现象,课堂教学必须促进化学学习方式的转变,即从"听化学"到"想化学"、从"接受化学"到"探究化学",努力拓展学生化学学习的空间,使学生真正成为化学学习的主人。为改变这一现象,杨文斌特级教师结合自身多年的化学教研实践,大胆创新,尝试构建了以学生学习为中心的化学教学互动体系,并付诸实施,较好地解决了传统化学课堂遗留的一些问题,取得了显著的教学效果。上海教育出版社即将出版的新著《化学教学互动理论与运用》一书就是这一成果的结晶。

本人曾多次参与杨老师主持的课题讨论和实践活动,又有幸先于读者见到书稿,从中受益匪浅。有几点感想写出来与更多的读者分享。

• 研究基础扎实

本书作为上海市教育科研课题的成果,很好地反映了课题组多年研究的积累。不但对国内外相关文献进行了梳理,依据分布式认知理解理论对教学互动的内涵给出了新的、更完整的诠释,将仅描述人与人之间的作用,进一步拓展到师生、生生,学习者与人工制品之间的多维互动,为有效开发和利用教学互动的资源打下基础。

作者采用多种研究方法,保证了课题研究的信度和效度。在"化学教学互动的现状调查"一章中,作者编制了操作性强的课堂观察记录表,设计了有较高信度的调查问卷,通过课堂观察和调查问卷与访谈,获得了现实教学中的第一手资料,发现了现实教学中教学互动存在的典型问题,并提供了问题解决对策,为后续的研究和实践提供优化的具体建议。

为提高成果的实际指导价值,书中既有方法、策略的介绍,又附有一系列生动的互动教学案例,并有针对性地说明分析和操作案例的要点,对指导教学实践具有很好的借鉴作用。

• 学科特色鲜明

作为一种教学论流派,互动教学涵盖面广,适用性强。作者从理论上探讨了教学互动的内涵、功能、作用及历史回顾,但不停留在对观点的一般讨论上,而以后五章的巨大篇幅深入化学学科进行建构和实践研究,阐述了化学教学互动的理论基础、基本形式、影响因素等,尝试构建了化学教学互动体系,提出了化学教学互动的基本模式,从理论上对化学教学互动进行了诠释。

作者从情境创设、问题生成和主题研讨三个方面,较系统地介绍了化学教学中师生互动的策略,阐述了行之有效的具体方法,如联系生活、运用实验、问题激思、巧借史话、故事引发、要闻热议、借助诗词、运用媒体等具体方法,将化学教学互动从概念走向实践。书中多处运用了化学实验案例,强化了实验在教学互动中展现的重要的"纽带"作用。

• 实践指导全面

本书充分考虑到化学教学开展教学互动的适用性,不仅结合化学教学案例探讨了师生互动、生生互动的组织策略、实施策略,还从评价角度(团体评价、发展性评价、及时评价和多元评价)对现实教学中生生互动存在的突出问题进行了较为深刻的反思,提出了推进生生互动真实有效开展的基本策略。

同时,结合化学教学资源的特点,本书将人工教学制品与化学学习联系起来,分为"文本制品""实作制品"和"多媒体制品"三类,为系统地研究人工制品在化学学习中的作用拓展了可行的路径,提供了与文本学习制品、实作教学制品和多媒体教学制品互动的具体策略,如阅读方法,听课笔记和错题的整理,图形助学,科学合理地运用标本、模型,开展验证性和探究性实验等,有利于降低学生化学学习的认知负荷,提高化学学习的效率。

• 应用前景广泛

本书既有丰富的理论作为课题研究的支撑,同时又在化学教学中建构符合学科特点的观点和框架,如"以学生学习为中心"的化学教学互动体系,符合上海市中学课程深化改革的特征,体现了先进的课程观、教学观和学习观;化学教学互动模式"承上启下",既反映了教学互动理论,又直接为化学教学实践提供方向引领,为开展化学教学互动奠定了理论和实践的基础。书中的理论框架和丰富的实践案例,足以反映课题成果具有广泛的应用前景。

然而,作为一项研究课题,受到的限制是多方面的。本书的面世,仅仅说明作者收获了初步的研究成果,但成果如何进一步持续和优化,又是一个新的课题。显然,教学效果需要通过后续更深入的研究、更长的时间来检验;教学实践的内容还有待扩展和深化;学校、学生的类型还需进一步丰富;实验干预过程的设计还应更加精准和有序……我们期待着早日看到杨老师新的成果。

"路漫漫其修远分,吾将上下而求索",愿以此与杨文斌老师共勉。

华东师范大学教授、博士生导师
教育部化学国家课程标准研制组组长

2017 年 7 月

目录

1 ► **第一章 教学互动概述**

第一节 教学互动的内涵 / 1

一、互动 / 1

二、教学互动 / 4

第二节 教学互动的功能与作用 / 6

一、教学互动是建立新型教学关系的重要基础 / 6

二、教学互动为师生的主动发展提供可能 / 7

三、教学互动是实现学生社会化的重要途径 / 8

四、教学互动是促进学生思维发展的重要手段 / 10

五、教学互动是提高学习效率的有效工具 / 10

第三节 教学互动研究的历史与现状 / 12

一、关于师生互动研究 / 12

二、关于生生互动研究 / 18

三、关于学习者与人工制品互动研究 / 25

27 ► **第二章 化学教学互动的理论研究**

第一节 化学教学互动的理论基础 / 27

一、建构主义理论 / 27

二、分布式认知理论 / 29

三、群体动力学理论 / 31

第二节　化学教学互动的基本形式 / 33

一、师生互动 / 33

二、生生互动 / 38

三、学习者与人工制品互动 / 43

第三节　化学教学互动的影响因素 / 46

一、教师因素 / 46

二、学生因素 / 50

三、学习内容 / 53

四、学习环境 / 54

第四节　中学化学教学互动体系与基本模式 / 58

一、中学化学教学互动体系 / 58

二、中学化学"互动—建构"式教学基本模式 / 59

63 ▶　**第三章　化学教学互动现状调查**

第一节　调查概述 / 63

一、调查缘由 / 63

二、调查目的 / 63

三、调查方法 / 64

第二节　调查结果与分析 / 68

一、整体现状 / 68

二、具体分析 / 69

第三节　对策与建议 / 75

一、加强引导,提高认识,增强教学互动的自觉性 / 75

二、加强研究,优化策略,为有效的教学互动提供智力支持

/ 76

三、加强培训,提升技能,为有效的教学互动提供保障 / 77

四、完善评价,明确导向,为有效的教学互动把握方向 / 77

78 ▶ **第四章 化学教学中师生互动策略**

第一节 情境创设策略 / 78

　　一、联系生活 / 78

　　二、运用实验 / 81

　　三、问题激思 / 82

　　四、巧借史话 / 84

　　五、故事引发 / 87

　　六、要闻热议 / 88

　　七、借助诗词 / 89

　　八、运用媒体 / 91

第二节 问题生成策略 / 93

　　一、教师的提问 / 94

　　二、学生提问能力的培养 / 113

　　三、生成性问题的利用 / 125

第三节 主题研讨策略 / 133

　　一、主题研讨的基本特点 / 133

　　二、主题研讨的一般程序 / 135

　　三、主题研讨实施策略 / 140

146 ▶ **第五章 化学教学中生生互动策略**

第一节 生生互动的组织策略 / 146

　　一、合作小组的构建 / 146

　　二、合作学习任务的设计 / 150

　　三、合作学习课堂的管理 / 154

第二节 生生互动的实施策略 / 159

　　一、二人互助法 / 159

　　二、小组共学法 / 163

　　三、成绩分阵法 / 169

　　四、小组游戏竞赛法 / 181

五、切块拼接法 / 190

六、小组探究法 / 198

第三节 生生互动的评价策略 / 203

一、团体评价 / 204

二、发展性评价 / 206

三、及时评价 / 209

四、多元评价 / 211

214 ▶ 第六章 化学教学中与人工制品互动策略

第一节 与文本教学制品互动策略 / 214

一、学会阅读理解 / 214

二、善于加工整理 / 225

三、利用图形助学 / 235

第二节 与实作教学制品互动策略 / 245

一、巧用实物标本 / 246

二、借助实物模型 / 248

三、开展化学实验 / 251

第三节 与多媒体教学制品互动策略 / 259

一、多媒体教学制品的类型 / 260

二、多媒体教学制品的特点 / 262

三、多媒体教学制品在化学教学中的运用 / 263

267 ▶ 参考文献

271 ▶ 后记

第一章 教学互动概述

第一节 教学互动的内涵

《基础教育课程改革纲要（试行）》明确指出，"教师在教学过程中应与学生积极互动，共同发展，要处理好传授知识与培养能力的关系"。苏霍姆林斯基也曾在《给教师的建议》一书中诚恳地告诫教师："学习——这并不是把知识从教师的头脑里移注到学生的头脑里，首先是教师跟学生之间的活生生的人的相互关系"[①]。近年来，教学互动已成为教育研究的一个热点问题，被视为推动教学改革、改善课堂教学生态的重要手段。教育界借鉴哲学、社会学和教育学的视角进行了大量的理论研究和实践探索，获得了一定的理论和实践研究成果。但在理念指导下的实践探索，仍有很多需要进一步明确和深入探讨的问题，因此，正确地理解教学互动的含义，对有效地指导教学实践有着重要的意义。

一、互动

互动，也叫社会性互动，是一个从社会心理学引入到教育学领域的概念，其动词形式为 interact，是由前缀"inter-"加"act"构成的。"inter-"有"相互""彼此""共同"等含义，"act"有"动""行为"之义，两者结合，其意义为相互作用（to act mutually）[②]。

"互动"概念最早出现在 G.H.米德对"符号互动"的阐述中，他认为"互动是一种基于符号和语言的相互作用过程""人类的社会互动就是以有意义的象征符号为基础的行动过程"。之后，互动成为社会学、社会心理学、教育社会学中的一个重要概念。对于互动，不同学者基于不同视角进行了不同的界定。

美国社会心理学家蒂博特（Thibaut）和凯利（Kelly）认为：互动是人际关系

---

① 苏霍姆林斯基.给教师的建议[M].杜殿坤，译.北京：教育科学出版社，2006：407.
② 刘尧，戴海燕.课堂师生互动研究述评[J].教育科学研究，2010(6).

的本质所在,在相互作用过程中每个人按照他的目标采取行动并通过不同阶段达到目标,而成功达到目标的概率取决于他人的行动。[①]

朱智贤主编的《心理学大词典》将互动定义为:互动是社会成员通过交往而导致彼此在行为上促进或促退的社会心理现象。[②]

覃光广主编的《文化学辞典》将互动界定为:互动是人与人之间的相互作用,即两个以上的个人对彼此行为的沟通及反应的社会行为。这种作用是人类结合的基点,人们社会化的基本条件。人类的社会生活,就是互动的生活。[③]

张春兴编著的《张氏心理学辞典》将互动表述为:互动是指人际间的交感互动关系,例如:甲乙两人谈话,甲的问话是引起乙回答的刺激,而乙的反应又将是引起甲进一步回答的刺激。[④]

章人英主编的《社会学词典》将互动解释为:互动也称相互作用,是指人与人之间的心理交互作用或行为的相互影响,是一个人的行为引起另一个人的行为或改变其价值观的任何过程。[⑤]

顾明远主编的《教育大辞典》将互动定义为:互动是人与人或群体之间发生的交互动作或反应的过程,也包括个人与自我的互动过程。[⑥]

《中国大百科全书·社会学》对"互动"是这样界定的:互动首先是一个过程,是一个由自我互动、人际互动和社会互动三个阶段组成的过程。[⑦]

庞丽娟认为,互动有广义和狭义之分。就广义而言,互动是指一切物质存在物的相互作用与影响。狭义的互动则是指在一定社会背景下具体情况中,人与人发生的各种形式、各种性质、各种程度的相互作用和影响。互动既可以是人与人之间交互作用和相互影响的方式和过程(王耀延,1999),也可以是在一定情景中人们通过信息交换和行为交换所导致的相互之间心理上和行为上的改变(邵伏先,1998),从而表现为一个包含互动主体、互动情景、互动过程和互

---

① 黄希庭.简明心理学辞典[M].合肥:安徽人民出版社,2003:140.
② 朱智贤.心理学大词典[M].北京:北京师范大学出版社,1989:741.
③ 覃光广.文化学辞典[M].北京:中央民族学院出版社,1988:48.
④ 张春兴.张氏心理学辞典[M].台北:东华书局,1989:340.
⑤ 章人英.社会学词典[M].上海:上海辞书出版社,1992:151.
⑥ 顾明远.教育大辞典[M].上海:上海教育出版社,1992:442.
⑦ 中国大百科全书总编辑委员会.中国大百科全书·社会学[M].北京:中国大百科全书出版社,2004.

动结果等要素的、动态和静态相结合的系统。①

郑杭生认为,所谓互动,指的是社会上人与人、群体与群体之间通过接近、接触或手势、语言等信息的传播而发生相互依赖行为的过程。互动必须发生在两个及以上人之间,且彼此间发生了依赖性行为,并不是任何两个人的接近就能形成社会互动;互动并非要在面对面的情况下才能发生,相距遥远的人们可以通过信件、书籍、电报、电话等多种信息传播和交流形式形成社会互动。

蔡楠荣认为,互动是个人或团体主要通过符号向其他人或团体传递信息、观念、态度及情感,亦可定义为通过通讯讯息所进行的社会相互作用。互动是人与人之间以符号或实物作为中介而发生的直接的相互作用的活动。

佐斌在《师生互动论》一书中这样定义:互动,即相互作用或相互影响,存于物与物之间,人与人之间,人与物(环境)之间。②

关于互动,上述这些界定虽然在表述上不尽相同,但其实质都没能脱离互动一词的基本含义,即人际的相互作用与影响,只是角度和范围有所不同。综合专家对互动的定义,我们可将互动分为两类:

（一）狭义的互动

狭义的互动是指在一定的社会情境中,人与人之间的相互作用和影响。互动中的双方互为主体,互动需要通过一定的媒介来实现,互动的目的在于主体之间的交流与沟通。狭义的互动包括三层意思:第一,互动必须发生在两个或两个以上人之间,互动中的双方是互为主体的;第二,并不是任何两个人的接近就能形成互动,只能是彼此间发生了依赖性行为才能称之为互动;第三,互动需要通过一定的媒介来实现,通常是言语的方式,也可以是非言语形式,互动的目的在于主体之间的交流与沟通。

（二）广义的互动

广义的互动是指一切物质存在的相互作用与影响,即行为主体借助于一定的手段,与他人(或环境)和自己相互作用、影响的过程。③

①　庞丽娟.教师与儿童发展[M].北京:北京师范大学出版社,2001:157.
②　佐斌.师生互动论——课堂师生互动的心理学研究[M].武汉:华中师范大学出版社,2002:73.
③　刘家访.互动教学[M].福州:福建教育出版社,2005:12.

对广义的互动需要从以下几个方面来把握：第一，他人或环境（无论是物质的还是精神的）都是自我对象化的现象，要与他人或环境产生互动，需要主体对其意义给予独特的、稳定的解释，并据此形成自己的互动策略；第二，主体不仅与他人或环境产生互动，也与自己产生互动，即互动对象指向自己的内心世界，如果离开这一点，个体就缺乏主动性，而成为他人或环境的附庸；第三，互动需要借助于一定的手段，这些手段涵盖所有语言和非语言的内容①，互动并非要在面对面的情况下才能发生，可以通过文本、电讯、多媒体等多种信息传播和交流形式形成。

二、教学互动

教学互动是在教学活动这一特定情境下进行的互动。即，教学互动是在教学活动过程中，行为主体借助于一定的手段，与他人（或环境）和自己相互作用、影响的过程。

华东师范大学钟启泉教授认为：教学互动是调动参与课堂教学过程的各个主要要素，围绕教育教学目标的实现，形成彼此间良性的交互作用，这是一个整体性的动态生成的过程，在课堂的时空背景下，借助构成教学的各个要素之间的积极的交互作用而形成"学习集体"，并在"学习集体"的人际关系之中产生的认知活动的竞技状态，这就是"互动"。教学互动的研究是对传统的灌输主义中心的挑战，它隐含了一个新的教学观，即"儿童本位"。唯有当儿童自主地、能动地、创造性地展开思考和活动的时候，才谈得上建构知识，所以，要充分考虑儿童的身心发展程度，"尊重儿童，尊重差异"，这是教学互动研究的思想基础。教学互动研究的价值就在于：调动一切积极因素，改变"虚假"互动和一言堂的状态，改变长久以来死气沉沉的僵化的课堂，打造崭新的以"自主、合作、探究"为其文化特色的课堂。②

日本学者佐藤学也对课堂教学的本质进行了重新认识。课堂教学，从根本上说是一种对话实践的过程，即，建构教育内容之意义的、同客体对话的实践，是析出自身和反思自身的自我内的对话性实践；同时，是社会地建构这两种实

---

① 刘家访.互动教学[M].福州：福建教育出版社，2005：12.

② 本刊记者.促进课堂有效互动——第三届有效教学理论与实践研讨会综述[J].上海教育科研，2009(3)：7.

践的、同他人对话的实践。这三种实践体现了互为媒介的关系。这里面,包括了积极地、不断地展开如下三个领域的"自我内对话""他者间对话"的有意无意的互动过程,这就是:同新的世界对话、同新的他人对话、同新的自我对话,从而形成认知性实践、社会性实践、伦理性实践的过程①。

在教育学中,提及互动就会联想到交往一词,有人认为交往与互动是密切联系的,经常把交往互动合在一起使用。但是交往与互动还是稍有差别的。"交往是人们运用语言或非语言符号交换意见、传达思想、表达感情和需要的交流过程"②,它侧重于交流的形式、过程;而互动更强调人与人之间通过交往达到的彼此在心理上、行为上的相互影响。与交往相联系的是产生某种关系或状态,而互动展现的是一个动态的过程和结果。互动追求的是一种系统的整体优化并产生整体的效应,是使系统达到动态平衡与发展,是使个体通过相互影响而实现其价值。

教学互动是以互动作为手段,促进学习者尤其是学生主动思考、主动参与、主动探索、主动创造为基本特征,充分发挥学生在学习中的主体作用,实现主动建构的一种新型教学观念和教学形式。教学互动不仅是一种教学实践活动,更是一种教学理念,它承载着教育价值观——学生观、教师观、学习观、教学观。

与其他社会活动一样,教学互动也有表层结构与深层结构之分。教学互动的表层结构是指在教学过程中,师生、生生间发生的可观察、可记录的外在互动形式;教学互动的深层结构则是影响、支配师生互动形式的内在理论框架,它决定着教学互动的内涵和实质。③ 教学互动的表层结构属于技能层面,是教学互动的形式与外延,它能满足师生在互动模式、数量上的要求,学会一定的方法技术即可掌握,但不能保证教学互动的质量。教学互动的深层结构则是教学互动的内涵与实质,是教学互动的意义层面,直接决定着教学互动的质量与境界,它与教师的个人素养有较大关系,并需要教师具备一定的体验、领悟才能较好把握。即便教学互动的形式相同,如果教师对教学互动深层结构的领悟程度不同,教学互动的质量与境界也会存在较大差异。

---

① 佐藤正夫.教学原理[M].钟启泉,译.北京:教育科学出版社,2001:240.
② 章人英.社会学词典[M].上海:上海辞书出版社,1992:151.
③ 岳欣云.教学互动的表层结构与深层结构[J].中国教育学刊,2011(12):41.

就像"冰山模型"隐喻的一样,显露于水面上的是教学互动的表层结构,内隐于水面下的则是教学互动的深层结构。无论什么样的教学互动形式(表层结构)都受教学互动深层结构的支配,而教学互动的深层结构也需要借助于一定的外在互动形式(表层结构)才能实现。无论什么形式的教学互动,其目的都是为了实现师生、生生之间的意义交流。因此,开展有效的教学互动,不但要掌握其操作形式,更要准确地理解互动的意义和本质。

第二节　教学互动的功能与作用

一、教学互动是建立新型教学关系的重要基础

(一)教学互动有利于建立民主、平等的教学关系

传统的教学中,教师中心的倾向十分突出,教师与学生之间不是一种地位平等的关系,教师往往是以"传道、授业、解惑"这样一种居高临下的知识传递者和教学管理者角色进入教学过程,学生处于一种被动接受的地位,其自主性不能得到很好的发挥。新型的师生关系是一种建立在民主、平等的基础上的合作关系。在教学过程中,教师是引导者、促进者和合作者。从本质上看,教学不再是一种知识的传授过程,而是一种人与人之间的平等的精神上的交流,是人与人之间的相遇和对话,是教师的价值与方法引导和学生的自主学习相统一的对话过程。要形成这样一个环境,需要一种有效方式或载体,而教学互动这种形式能很好地承载这一要求。一方面,开展积极的教学互动,为形成这种民主、平等的教学环境创造了条件,通过开展多维互动,让学生有更多的时间去交流、探究和反思,师生、生生之间共同探究,共享知识、共享智慧、共享经验、共享探究问题的意义和价值的过程,有利于教学民主气氛的形成,学生在互相尊重、互相影响、互相促进的民主平等的交往过程中,主动地建构知识,形成技能,发展能力。另一方面,研究表明,民主平等的教学气氛能更好地促进教学互动的生成。

(二)教学互动有利于落实"以学生发展为本"的教育理念

"以学生发展为本"理念的根本所在就是"一切为了学生的发展",尊重学生的主体性、独特性和创造性,关照他们的学习状态和情感体验,鼓励学生选择适

合自己的学习方式。传统教学往往过分关注学生的知识和技能，而不是全体学生的发展和学生的全面发展，教学过程中更多地是把学生当成学习的容器，因而导致学生在学习过程中缺乏主动性，过于服从权威。教学互动的开展为学生的主动发展提供了空间，学生在课堂上能畅所欲言，交流自己的观点，彰显彼此的个性，从而实现主动地、富有个性地学习，在互动过程中反思重构自己的经验，形成自己的行动策略和方式。教学互动不但能培养学生的学习与合作交流能力，还能有效地培养学生的自我意识、学习主动性等品质，最大限度地发挥其创造潜力和发展潜力，从而建设充满生机与活力的互动课堂，使学生主动交往、沟通和积极思考，成为有思想与情感、有思考与尊严，正在成长和发展中的活生生的现代人，形成适应终身发展和社会发展需要的必备品格和关键能力。

二、教学互动为师生的主动发展提供可能

（一）教学互动有利于改变学习方式

建构主义理论认为，学习不是被动地授受，而是主动地建构，其本质在于主体的实践活动是主体通过实践活动对体验的内化、知识意义的生成和人格精神的建构过程。教学本质上是学生通过与教师、学习伙伴及环境的交互活动生成与建构知识的过程，是以平等对话的方式进行的一种精神交往与互动的过程。

传统的学习方式过分强调死记硬背、机械训练，使人的主动性、能动性、独立性不断消蚀。教学互动能有效地改变这种学习状态，较好地满足"情境""协作""会话"和"意义建构"的学习环境，为学生在学习过程实现主动建构创造了条件。通过师生互动、生生互动等多维互动，为学生多向交流协商创造了空间、搭建了平台，使学生在与教师和同伴互动中相互影响、相互启发。通过创设问题情境，生成真实的问题，能激发学生积极思考，使学生在"主动参与、乐于探索、交流合作"中实现学习方式多样化的转变，循序渐进地锻炼和提高学生洞察力和分析力，促进学生对知识的理解，从而形成学习过程的主动建构，让学生成为学习的主人。

埃德加·富尔(Edgar Faure)也指出：未来的学校必须把教育的对象变成自己教育自己的主体，受教育的人必须成为教育自己的人，别人的教育必须成为这个人自己的教育，这种个人同他自己的关系的根本改变是今后几十年内科学

与技术革命中教育所面临的最困难的一个问题[①]。教学互动其实质是要改变学习过程中被动适应的生存方式,还人以主动生存方式。人的主动发展能力、主动生存方式,对于复杂多变的社会时代中的每个人来说都尤为重要。因为在社会结构比较稳定、生产技术更新比较缓慢的时代,人只要掌握一些基础性知识和运用这些知识的相关能力,就能适应和胜任社会的需求。但面对当今迅速发展而又复杂多变的社会,培养人在各种不同和变化着的具体情境中,判断、选择、策划等主动发展的意识与核心能力,教学互动就会显现其特有的功能。

(二)教学互动有利于营造良好的学习氛围

良好的学习氛围是决定学生学习效果的一个极其重要的参数。传统教学对营造良好的学习氛围重视不够,学习方式单调划一,忽略学生的生命个体性,缺少民主的课堂气氛使学生的智力活动受到抑制,思路狭窄,思维变得呆板拘谨。学生虽然被迫接受了一定的知识,但个性不能充分发挥,难以进行独立思考、积极探索的创造性学习,学习效率低下。教学互动就是要变接受式学习为参与式学习,创设一个充满关爱、平等自主的课堂学习氛围,使学生具有轻松、愉悦的学习心态,鼓励学生友好地相处,真诚地接纳,自由地表达,在没有专制、压力、戒备和怀疑的情绪中平等地交往与沟通,从而达到最佳的学习效果。

美国心理学家罗杰斯(Rogers)指出:成功的教学依赖于一种真诚的理解和信任的师生关系,依赖于一种和谐安全的课堂氛围。教学互动注重营造一种生动活泼的、双向交流的、充满生气与活力的教学氛围,师生双方始终保持大量的信息交流和情感沟通。教师以饱满的激情感染学生,以良好的情绪影响学生,保障学生的"心理自由";学生在宽松的学习环境中,产生积极的学习意愿,思路开阔,思维深刻,成为学习的主体。

三、教学互动是实现学生社会化的重要途径

(一)教学互动有利于促进学生社会意识与社会技能的发展

在人类社会中,任何一个个体都不是孤立地存在,而是在与周围的人及环境的相互作用中存在和发展的。学生正是在与周围人的接触中不断习得各种

---

① 联合国教科文组织国际教育发展委员会.学会生存[M].华东师范大学比较教育研究所,译.北京:教育科学出版社,1996:200.

知识,掌握技能,逐渐实现社会化。对学生来说,他们有相当部分的时间是在学校的学习活动中度过的,这就意味着学校中的教师和同学是他们主要的交往对象。因此,在教学活动中,如何有效地利用互动促进学生的发展就显得格外重要。

教师与学生、学生与学生之间的互动是教学互动中最主要的人际互动,也是学生实现个体社会化的重要途径。教学互动作为学生人际互动中一个主要方面,对他们的认知、情感、态度、价值观等方面的形成与发展具有十分重要的作用。因此,加强教学互动的研究,以教学互动促进学生社会化功能,促进学生健康全面地发展,无疑是一项十分重要的工作。教育社会心理学认为,从某种意义上说,教育背景中互动关系双方情感和认知性质是学生取得学业成功以及教师最终获得教学成功的关键。

(二)教学互动有利于学生学习意义与生命价值的提升

传统的教学活动用一种预设的成人化生活来规划教学活动,学生不知道学什么、为何学和如何学,只会被动地跟着教师走,难以感受到本属于自己的学习乐趣。当学生习惯于机械地模仿并被动地接受提供的知识,就会养成盲从的态度和屈从的性格。而教学互动将课堂看作是学生全面发展的场所,提供给学生的生活是现实的、鲜活的、充满生机与活力的。它尊重、爱护每一个学生的自然本性,尽力营造一种让学生自由展示自己秉性、情感、人格的生活空间,让学生在倾听、选择、判断、吸收和借鉴地感悟、发现、生成知识的同时,可以感受到同学间的友谊和集体的温暖,享受属于自己的幸福与快乐生活,感受和体验人之为人的价值和意义。在教学互动中,学生会更多地与自身的生活经验相联系,因而教学更贴近学生的现实社会生活,教学过程和内容与学生的生活经验和社会实际紧密联系,拓展学生的发展空间和活动内容,帮助学生自觉形成更为广泛的社会关系,促进学生关心社会问题并积极服务社会。学生不仅内化人类已有的认识成果,而且相应地内化个人的社会角色,承担着相应的社会责任,自觉地实现着个体的社会化,并逐步化知识为素养、为智慧、为德行、为生气勃勃的精神力量,从而形成积极上进的生活意识和生活态度,并学会承担相应的社会责任,拓宽对人生价值和意义的认识。

四、教学互动是促进学生思维发展的重要手段

（一）教学互动有利于促进学生积极主动地思维

教育心理学认为，学生的思维过程往往是从问答开始的，问题是思维的"诱发剂"。学习过程从本质上来说就是一个又一个问题的解决的过程，当学生学习一个新内容时，如果原有的知识经验不足以同化新情境，那么他们就面临一个新问题。问题的形成，能激起学生的认知冲突和探究兴趣，打开学生的思维闸门，使思维处于活跃状态，进入"愤""悱"状态。教学互动就是为学生提供一个问题不断生成、思想不断碰撞的过程，学生始终处于一种积极的思维状态，在与教师和同伴的讨论、辨析、合作、探究过程中不断发展自己的思维。

（二）教学互动有利于培养学生的思维品质

思维品质主要包括思维的敏捷性、灵活性、深刻性、创造性和批判性等。思维品质是人的思维能力差异的表现。良好的思维品质需要在真实的问题解决过程中逐步培养和发展。教学互动是一种在教师的引导下，有计划、有目的的学习活动，通过创设符合学生认知特点和生活经验的问题情境，不仅能激发学生质疑的兴趣、主动学习的动力和对解决问题孜孜以求的积极心态，同时以问题解决为"中介"，把一件件事、一个个过程、一个个人的本质联系起来，引导学生在互动过程中，有根据地思考、有层次地思考、有智慧地思考，从而帮助学生建构知识、活化体验、发展思维能力。学生在问题解决过程中，不仅能获取和应用知识与技能、经历问题解决的过程，而且还能了解解决问题的科学方法，逐渐形成正确的态度，树立正确的观点，在问题解决中训练思维的敏捷性、灵活性、深刻性和批判性，使其富有创新的能力，形成良好的思维品质。

五、教学互动是提高学习效率的有效工具

（一）教学互动有利于降低认知负荷

分布式认知理论强调认知活动不再仅仅是内部表征的信息加工过程，其源于外部表征和内部表征的交互作用。认知过程发生在包括人脑、人与人之间、人与人工制品之间等，分布在媒介、时间、文化、社会中。由此可以看出学习的过程不再是学习者自己个人的事情，不仅需要合作对话，还需要将一些人类大脑不擅长处理的认知负荷转移给外部环境，以此减少大脑的认知负荷，提高认

知和学习的效率。

师生之间、生生之间积极地互动，将自己的认知负荷向外输出，并在与他人的互动过程中得到启发和解决；在与人工制品互动过程中，通过开展实验、操作实物模型，能提供动手实践机会，增强感性认识；运用媒体课件，可化抽象为形象；运用思维导图、概念图整理知识，以图形助学，有利于完善知识结构。这些互动都能有效地降低认知负荷，提高认知和学习效率。

（二）教学互动有利于加强学习反馈

控制论的开创者维纳（Wiener）曾说过：一个有效的行为必须通过某种反馈过程来取得信息，从而了解目的是否已经达到。"反馈"是系统优化的关键。一个系统要保证其高效和稳定，必须通过反馈调控才能实现。教学反馈是教学系统为实现培养目标，自动调节系统运行状态，保持教学系统信息传输动态平衡的一种控制过程和教学手段。教学反馈既是教师检查教学效果、调整教学内容、组织后续教学的主要依据，也是学生了解自己的学习和掌握情况，与别人交流学习信息，继而调整学习策略的过程。反馈既是教学环节之一，更是学生学习的重要组成部分，教学反馈这种信息传递是教师与学生、学生与学生之间多方面的相互传递。

由于教育价值的"内隐"性，因此，教学的实际效果如何，不能依教师直接主观判断而定，必须经由一种"外显"的方法才能判断，而互动生成这种"外显"的方法，就是学生主体将教师传递的教育价值的"内化"程度做出判断并加以反馈的方法。有了充分的反馈就能更好地做到因材施教，有针对性地组织和调控教学，使教学过程处于最佳状态。

传统的"传递—接受"式教学中，主要是教师对学生的单向知识传递过程，缺少有效的反馈通道。教师对学生的学习情况了解不够，更多的是基于教师经验的判断，学生也很少有机会表达自己的想法，因此难以取得好的教学效果。教学互动为有效的反馈提供了广阔的空间，它建立在民主平等的教学气氛中，使师生、生生信息交流通道能真正顺畅地打开。在教学互动过程中，教师能通过教学互动获得反馈，更清晰地了解学生的学习需要和学习状况，从而调整自己的教学；学生有更多的机会表达自己的心声，呈现思维过程，实施有效的反馈交流，进而能及时地调整自己的学习状态，完善认知结构和社会情感。与此同时,师生、生生的多边交流、相互沟通、相互启发、相互补充,有助于学习者完善认知结构,改进学习方法,提高学习的准确性和效率。布卢姆(Bloom)掌握学习理论中很重要的一条原则就是及时反馈矫正。此外,教学反馈归根结底应建立在师生和生生交往的基础上,是基于双方思想的交流而产生的活动,教学反馈不只是师生、生生之间简单的信息传递与交换,这其中蕴含着情感的共鸣和沟通。

第三节　教学互动研究的历史与现状

一、关于师生互动研究

(一) 国外师生互动研究

英国学者艾雪黎(Ashley)等人根据师生互动主体地位,将课堂师生互动分为教师中心式、学生中心式和知识中心式三种。[①] (1)教师中心式:教学中教师起主导作用,学生仅仅作为教师备课时想象的对象,处于被动地位,师生之间是控制与服从的关系。(2)学生中心式:学生处在教学中心,以平等的身份与教师进行互动,师生间的关系是主体与主体的关系。(3)知识中心式:教师在知识、专业技能、资历等方面具有一定的权威,在师生互动中,师生之间为了达成共同的知识目标,形成了一种特殊的伙伴关系。

利比特与怀特(Lippitt & White)按照师生互动中的领导方式来划分,运用动力学原理,将课堂师生互动分为教师命令式、师生协商式和师生互不干涉式三种类型。(1)教师命令式:教师常常以命令控制行为与学生的顺从行为进行互动,师生之间是控制与服从的关系。(2)师生协商式:教师用较多的时间在课堂里与学生联系沟通,鼓励学生主动参与课堂互动,师生之间是民主协商关系。(3)师生互不干涉式:课堂上教师根据事先的讲稿进行讲解说明,对学生采取听之任之的态度,师生之间是相互疏远的关系。[②]

勒温(Lewin)根据师生情感与教师行为作风,将教学互动分为专制型、放任型和民主型三类。(1)专制型:教师对学生不够尊重,主要采取强制手段管理学

---

① 转引自:亢晓梅.师生课堂互动行为类型理论比较研究[J].比较教育研究,2001(4).
② 转引自:亢晓梅.师生课堂互动行为类型理论比较研究[J].比较教育研究,2001(4).

生,学生对教师表面敬畏,背后抗拒,师生关系疏远甚至紧张对立,难以合作。(2)放任型:教师对学生既不热情也不冷淡,放任自流,学生对教师既不喜欢也不害怕;师生关系淡漠,相互交往不多,既无合作也无反抗。(3)民主型:教师热爱、关心、信任、尊重学生,虽运用纪律要求学生,但主要是依靠自身素质吸引学生,对问题不包办,鼓励学生自己创造性地解决;学生热爱、尊敬老师;师生关系亲密,除正式交往外,非正式交往也多,师生能相互配合、互相支持。[①]

马丁·布伯(Martin Buber)在研究对话时曾提出装扮成对话的独白、技术性的对话、真正的对话三种类型的对话,这也代表互动的三个层次[②]。(1)装扮成对话的独白:这种形式的基本运动方式是"反映"。独白的人只是关心自己,考虑自己,自我崇拜,他者的存在、观点、态度沦为经验,成为自我的一部分。(2)技术性的对话:是指单纯由客观理解的需要所激起的对话,这种对话大量地充斥于我们日常生活中。人与人之间虽然有语言上的你来我往、相互交流,但交流只是获取对自身有用的、所谓客观的信息,并不存在心与心的沟通和理解。(3)真正的对话:每一位参与者都真正心怀对方或他人当下和特殊的存在,并带着在自己与他们之间建立一种活生生的相互关系的动机而转向他们。对话的基本运动是转向他人、理解他人。

亨利·林格伦(Henry Clay Lindgren)将课堂互动分为单向互动、双向互动、简单的多向互动和复杂的多向互动四类,并从互动效果进行比较:单向的师班互动,效果最差;双向的师生来回互动、生生互动,效果较好;简单的师生来回互动、生生互动,效果较好;教师为集体活动中的参与者,鼓励所有成员有来回的互动、复杂的多向互动,效果最好[③]。

弗兰德斯(Flanders)用"社会相互作用模式"分析教师的课堂教学行为对学生的学习态度和学习效果的影响。他提出了"弗兰德斯互动分析系统"(Flanders Interaction Analysis System,简称 FIAS),并用以分析课堂中师生的言语互动行为。基于大量的研究,他指出,教师的直接影响较多时,会导致学生

---

① 佐斌.师生互动论——课堂师生互动的心理学研究[M].武汉:华中师范大学出版社,2002:27-28.

② 马丁·布伯.人与人[M].张健,韦海英,译.北京:作家出版社,1992:31.

③ 亨利·林格伦.课堂教育心理学[M].章志光,等译.昆明:云南人民出版社,1983:363-364.

参与的不足;教师的间接影响较多时,学生的参与会更多。弗兰德斯的"社会课堂互动模型"将师生的行为概括为 10 类,其中教师有 7 类,依次是:接纳学生的感受、表扬、延伸学生的想法、提问、发出命令、讲解、批评与维持纪律;学生有 2 类,分别是:回答问题、主动提问;师生共有 1 类,即沉默。[①]

（二）国内师生互动研究

从对师生互动研究的历史来看,国内以 20 世纪 90 年代为分水岭,早期以"师生关系"研究为主,后期逐渐被"师生互动"一词所替代。这一阶段的变化反映了学者对于师生关系研究的与时俱进和研究内容的不断深入。

吴康宁从互动主体角度,按照两种标准提出了不同的师生互动类型。(1)根据教师行为对象划分为三种类型:①师个互动。即教师行为指向学生个体的师生互动。具有预期目的与明确对象的师个互动行为常表现为提问与应答、要求与反应、评价与反馈以及个别辅导、直接接触等。这种类型较明确地显示出教师对学生的偏爱或偏见以及学生对教师的评价与策略。②师班互动,即教师行为指向全班学生群体的师生互动。学生此时认为,自己对教师行为反应是群体反应的一部分,而不是区别于他人的独立个体行为。这种互动常见于组织教学、课堂讲授、课堂提问、课堂评价等过程中。③师组互动,即教师行为指向学生小组的互动,是教师针对学生小组群体而进行的讲解、辅导、评价等。(2)根据师生行为属性划分为三种类型:①控制—服从型。师生行为的主要属性首先是控制与服从。课堂中教师指向学生的行为或许会变化频繁,包括采取"民主的""平等的""合作的"方式,但其根本宗旨即课堂控制不会改变。控制是教师课堂行为的社会学本质。与之相应,学生回应教师的控制行为的期待可以归结为"服从"。服从是教师对于学生的课堂行为属性的一种制度规定。②控制—反控制型。在多数情况下,学生以"服从"行为与教师互动,但也偶然会发生不服从的情况。这时师生互动行为的属性便转变为"控制"与"反控制"。当学生的控制行为达到一定程度时,师生互动行为的主要属性就会发展成相互对抗。③相互磋商型。在教师完成预先设计的教学任务和学生免受不必要的惩罚的双重压力下,相互对抗可能转化为相互磋商,或既相互对抗又相互磋商。[②]

---

① 华东师范大学情报研究所.新课程教学中的师生互动[M].上海:百家出版社,2007:4.
② 吴康宁.课堂教学中的社会互动[J].教育评论,1994(2).

蔡楠荣根据课堂互动的目的与内容,划分出关于知识的互动、情感的互动和行动的互动;按照课堂互动媒介,课堂互动大致可以分为言语互动和非言语互动两大类。言语互动主要有问答、讨论、讲听、要求和评价等几种形式。①

叶子和庞丽娟将师生互动分为以下四个方面的特征:(1)师生互动的主体是教师和学生。(2)师生互动的基础条件,包括互动具体情境、师生状况等。(3)师生互动相互影响和相互作用的过程。(4)师生互动的结果。其中,师生是主体,互动过程则处于核心位置。②

马维娜以师生的角色分析作为研究师生互动的突破口,指出:互动是角色的互动,角色是通过互动表现出来的。提出了三种师生互动的结构类型:第一层面是师生互动的内在动力;第二层面是师生互动的实现工具;第三层面是师生互动的结果显现。③

陈枚从社会心理学理论提出了师生交往的社会心理结构"三侧面三层面的三棱柱体"模型,其中,"三侧面"指生之间的相互影响、信息交流和相互知觉,"三层面"指师生之间的交往是在个性(低层)、角色(中层)和群体(高层)三个层面上展开的,认为这些不同侧面与层面相互影响,构成了一个完整的课程与教学师生交往结构,并提出两种互动类型:正向互动和反向互动。④

王家瑾采用系统工程分析方法,以教师、学生和教材三要素构建出教学活动的一个三维坐标体系,形成了师生课堂互动模型,对师生互动效果进行综合评价。在一定的教学环境中,如果教师(T)、学生(S)和教学内容与方法(M)三者之间实现互动并趋于最佳状态,师生互动效果即达到满意值的区域。与此同时,王家瑾还在对教师与学生两个要素进行分析的基础上构建了教学效果动态模型,提出了"正向互动"和"反向互动"两种互动类型。⑤

佐斌将影响课堂师生互动的因素分为背景因素、观念因素、特质因素和任务因素四类。其中,他对班级心理气氛、教师的学生观、教师性别、任务因素等

①　蔡楠荣.互动——生成教学[M].上海:上海三联书店,2004:24.
②　叶子,庞丽娟.师生互动的本质与特征[J].教育研究,2001(4):32.
③　马维娜.大学师生互动结构类型的社会学分析[J].教学研究,1999(3).
④　陈枚.师生交往矛盾的心理学分析[J].教育理论与实践,1992(1).
⑤　王家瑾.从教与学的互动看优化教学的设计与实践[J].教育研究,1997(1).

影响课堂师生互动的微观因素进行了探讨,认为这些因素直接影响课堂师生互动。[①]

任梅探讨了教师的情感因素对构建有效课堂师生互动的作用,对影响课堂师生互动的因素做了调查,认为教师观念、学生自身观念及学习策略、班级焦虑、师生和谐、教师的教学技巧(包括提问、反馈、错误纠正、小组活动)会影响师生课堂互动。[②]

还有学者对某个具体因素对师生互动的影响做了研究。如,刘艳春研究了师生在课堂上扮演的角色对互动的影响。[③] 谢岩对教师的情感因素与课堂互动效能的相关性做了研究,并建议教师应充分认识到学生的情感需要,减轻对学生情感的负面影响,提高教学效能。[④]

在师生互动策略研究上,还没有形成理论研究优势,基本是一线教师结合自己的教学实践提出的一些策略。

朱铭认为,课堂互动策略研究是课堂过程研究的一个方面,该研究反映了教师和学生在课堂上促进交流使用的策略。她从 IRF 课堂话语的结构出发,从提问策略、调整策略、反馈策略三个方面描述性地研究课堂互动策略。

赵淑华认为,课堂互动的应对策略首先要不断提高教师自身的表达能力,给予学生信任感;其次在教学过程中要营造良好的课堂气氛,教师要鼓励学生参加课堂教学互动活动。

廖坤慧研究了教师提问策略对课堂师生互动的影响,认为教师提问的内容、难度,以及提问时的语言、情感等表现会直接影响课堂的师生互动。

李静纯认为,课堂互动是需要管理的。他提出 7 条建议:(1)调整对学生的期待。教师对学生的期待与学生的课堂行为有很强的相关件,要特别关注对学生自主行为的培养。(2)改变对学生的态度。教师应面向全体学生,热爱全体学生,平等对待每一个学生。(3)启动行为结构研究程序。学生的课堂行为需要一个构建过程。(4)注重对过程的调控。任何一种学习要取得成效都需要有

① 佐斌.师生互动论——课堂师生互动的心理学研究[M].武汉:华中师范大学出版社,2002:80.

② 任梅.情感因素对构建有效的师生互动的作用[J].时代教育,2007(7).

③ 刘艳春.师生在英语课堂互动中的角色分析[J].科技信息,2006(9).

④ 谢岩.教师的情感因素与课堂互动效能的相关性研究[D].西北工业大学,2006.

效的控制。(5)实现群体整合。所谓"群体整合",指的是全班学生经过训练而形成的一种相互配合、能动协调的动力状态。也就是说,教学班的学生无论进行何种互动,都不应当是一盘散沙。(6)鼓励自我管理。教师在课堂教学中要培养学生的自我管理意识。(7)关注问题行为。问题行为指的是学生在校学习后产生的多种形式的不适应行为。问题行为会对课堂的有效互动造成不同程度的干扰,教师要用科学方法对学生行为进行矫正。

韩久建对课堂互动有效性的设计策略提出了三条建议:(1)活动目标必须有明确的指向性。课堂互动活动设计的指向性策略是指课堂互动活动的设计必须直接指向预设的具体教学目标,并且活动的程序紧紧围绕这个教学目标展开。(2)课堂互动活动的设计必须能够引起学生的参与动机。这就是课堂互动活动设计的动机性策略。(3)在课堂互动活动形式和结构设计上,可采取简约性策略。它具体包含以下几层含义:一是每个课堂互动活动的过程要简约清晰;二是活动形式要简约质朴;三是课堂互动活动的频率要简约适当。

金柱通过实践,提出在高中化学教学中的师生互动策略有:找"支点",类比策略;创"生动",竞争策略;促"生成","拿来"策略;访"焦点","剥笋"策略;抓"共鸣",情感策略等。[1]

房中华针对师生互动提出:在激趣中创设情境、在猜想中创设情境、在实验中创设情境。[2]

从以上研究可以看出,无论是国外还是国内的学者,对师生互动的研究呈现多学科交互的特点,既有来自教育学的阐释,又有来自心理学和社会学等多学科视角的研究,这种多学科相交互的研究扩大了课堂师生互动的研究领域,使师生互动的解释也更加丰富、深刻。大多数研究是在抽象认识基础上以理论研究为主,侧重于对师生互动或师生关系的概念界定与类型划分,对于师生互动主体特征及模式也有较为深入的探讨,但总体来说缺少对具体情境之中的课堂师生互动的操作性实证研究。关于师生互动的策略研究大多是感性认识,缺乏完整的理论阐述,尚未形成较完整的课堂师生互动的策略体系,对于如何提高课堂师生互动效果的实践指导意义还有待加强。

---

[1]　金柱.高中化学课堂教学有效互动的策略研究[D].苏州大学,2012.
[2]　房中华.初中化学互动式课堂教学策略谈[J].考试周刊,2011(87).

二、关于生生互动研究

生生互动是一种古老的教育观念和实践。

我国古典教育名著《学记》中就有"独学而无友，则孤陋而寡闻"，倡导学习者在学习过程的交流与合作。我国现代著名教育家陶行知先生在 1932 年就曾提出"小先生制"构想，并将之付诸实践。他提出儿童一边当学生，一边当"先生"，"即知即传人"，把学到的知识随时传给周围的同伴。[①] 在西方，早在公元 1 世纪，古罗马昆体良学派就指出，学生可以从互教中受益。捷克教育家夸美纽斯（Comenius）则认为，学生不但可以从教师的教学获得知识，而且还可以通过别的学生的教学来获得知识。美国教育家杜威（Dewey）提倡在教学中运用合作学习小组，并将之作为其著名的设计教学法中一个十分重要的组成部分。20 世纪 40 年代，著名社会心理学家道奇（Deutsch）发展了他的老师勒温关于"场"的动机理论，形成了关于竞争与合作的目标结构理论。

综上所述，关于生生互动的理论与实践由来已久，这些观点、理论和实践为科学的生生互动理论的创立提供了丰富的素材和坚实的基础。真正把生生互动作为研究中心的应该是以生生互动为特征的合作学习研究。合作学习于 20 世纪 70 年代兴起于美国，并在 70 年代中期至 80 年代中期取得实质性进展，是一种富有创意和实效的教学理论与策略。在合作学习的诸多理念中，最令人瞩目的当属其互动观。

（一）国外合作学习研究的历史

第一阶段是合作学习的初创阶段，时间大致从 20 世纪 60 年代末至 70 年代中期。这一阶段的主要特点是合作学习的研究者们关注研究合作学习的理论问题。他们从小组教学、能力分组教学等教学实践中得到启示，从社会心理学中寻找理论依据，一些合作学习的策略初步成形，如"小组—游戏—竞赛法"等都是在这个时期提出的。

第二阶段是合作学习取得实质性进展的阶段，时间大致从 20 世纪 70 年代中期至 80 年代中期。这一阶段的主要特点是合作学习的研究者们从各种实验研究中提出了许多行之有效的合作学习策略，合作学习的理论日臻成熟，合作

---

① 朱作仁.教育辞典［M］.南京：江苏教育出版社，1987.

表 3－2　化学课堂教学行为观察记录表

年级(班)：　　　　课题：　　　　　　　　　　　　　　年　月　日

性别：　　　　职称：　　　教龄：　　　　班级人数：

行为时序	1	2	3X	3Y	4	5	6	7	8	9X	9Y	10	11	12	13	14	15	16
	讲授	指令	提问(封)	提问(开)	演示	指导	批评维权	赞赏鼓励	采纳意见	指定应答	主动应答	主动提问	同伴交流	阅读	思考	练习	操作	其他
1																		
2																		
3																		
4																		
5																		
6																		
7																		
8																		
……																		

2. 编制调查问卷

《化学教学情况问卷调查表(教师卷)》和《化学教学情况问卷调查表(学生卷)》,主要围绕对教学互动的认识与态度、教学互动设计与组织方式、教学互动时机与时间、教学互动的反馈与评价等四个方面设计。教师问卷共25道试题,学生问卷共20道试题。学生问卷中有一部分内容是了解学生对教学互动的认识理解情况;还有一部分调查内容和教师的问卷内容是相近的,但表述和调查的角度不同,主要是了解教师在课堂上的习惯性的教学行为,获得同一个问题教和学两个不同角色的感受。为了减少答卷人的自我保护意识,问卷采取以下几种策略:一是向答卷人说明该问卷仅是为了了解教学基本现状,其目的是帮助教师更好地指导学生的发展,不以此作为对教师的评价;二是不要求答卷人书写自己的姓名,不公布测试结果,仅作研究使用,借以减轻答卷人心理负担。

3. 编制《教学互动情况访谈提纲》

《教学互动情况访谈提纲》围绕问卷中的主要内容,就一些难以在问卷中直接获得的信息或一些现象背后的原因等与访谈者进行深入交流,以期获得更多、更真实的信息。如"您一般会在化学课堂上安排哪些形式的课堂互动？您认为哪些因素会影响课堂互动的实施？""您在教学中经常安排学生讨论吗？具体的方式主要有哪些？学生讨论时您通常在做什么？"等，访谈主要由课题组的核心成员负责实施。

(四) 调查程序

1. 编制量表和问卷。根据调查目的和研究需要，编制调查问卷和教学行为观察记录表。

2. 问卷试测。在正式进行问卷调查之前，选取本区一所学校，对高二一个班级学生进行了问卷的试测，按单双号分别进行分析，通过试测和分析对问卷进行修订，提高问卷的信度和效度；选取 2 名教师的课堂教学进行现场观察和录像分析，根据操作结果，完善《观察记录表》。

3. 被试取样。教师采用全样本，即以全区高中教师为样本；学生问卷采用整群抽样和分层抽样相结合的方法。

4. 培训主试。对主持测试的人员进行集中培训，帮助其掌握测试基本要求。

5. 组织测试。学生问卷按统一的时间组织测试；教师问卷安排在适当时间集中进行。访谈根据实际情况按计划完成。

(五) 数据收集与整理

完成数据的收集、登记，采用 SPSS 11.5 软件统计分析，整合有关信息，完成调查报告。

第二节　调查结果与分析

一、整体现状

从调查的整体情况来看，高中化学教师对教学互动都有一定的认识，能意识到教学互动对促进学生发展、改变课堂生态的积极作用。在教学准备中，能将教学互动作为一项重要的内容予以考虑；在教学实践活动中，能不同程度开展积极的师生互动，尤其注重以问题的形式调动学生的思维。但仍有部分教师对教学互动的功能理解不够准确和深刻，在教学互动的设计上不够精致，教学互动组织形式相对单调,互动资源利用不够充分,加上缺乏必要的教学互动技术与策略以及对学生主动参与互动意识的有效培育,很多教学互动只是停留在表层,教学互动的维度和深度有待拓展,教学互动的水平和效果尚需进一步提高。

二、具体分析

（一）多数教师认识到教学互动的积极作用,并在备课中有所考虑,但仍有部分教师对教学互动的功能定位存在偏差,认识窄化,对互动的有效性心存疑虑

问卷显示,有95.2%的教师认为教学互动对提高教学效果有较大帮助,其中认为有很大帮助的占59.4%。有71.4%的教师表示在备课时会考虑到教学互动,但在问及"影响教师开展教学互动的主要原因"时,却有33.8%的教师认为是"浪费时间",还有15.6%的教师选择"只是形式上的热闹,学生课堂互动的积极性与学习效果关系不大",有49.6%的教师认为"总是不能达到预期的效果"。这一现象反映了教师的一种矛盾心理,说明化学教师虽然对教学互动有积极的态度,但并未内化,仍心存顾虑。部分教师对教学互动的功能理解也存在一定的偏差,有28.6%的教师认为教学互动主要是获得交流机会,有21.4%的教师认为主要是活跃课堂气氛。从访谈中还了解到,不少教师对教学互动认识狭隘片面,认为教学互动就是师生的言语互动,甚至窄化为就是教师的提问。这些认识上的不到位必然会影响教学互动的有效实施。

（二）教师在教学中能在一定程度上重视教学互动,但互动中教师的主导控制意识强,学生的主动性弱,教学中仍以教师活动为主

从选取的新手、熟手和能手型教师执教的15节化学课教学分析来看,目前J区高中化学课堂中基本不存在教师一讲到底的单纯"传递—接受"式教学,教师在不同程度上都能关注到学生在学习中的主体地位,通过提问等多种手段开展教学互动,调动学生主动学习,反映了近年来教育改革所带来的积极成效。但总体上尚未完全摆脱以教师为中心的教学模式,课堂教学中仍以教师活动为主,平均约占62.8%,与专家型教师课堂教学中的教师活动时间只占48.2%相比有很大差距,其中新手型教师的教师课堂活动时间明显多于熟手和能手型教师（见图3-1）。如仅讲授这一项观察内容,新手、熟手、能手型教师课堂

所占教学时间分别为 48.3％、20.9％、26.1％，与专家型教师课堂只占教学时间的 16.7％相比有较大差距，新手型教师花在讲授上的时间是专家型的近 3 倍。

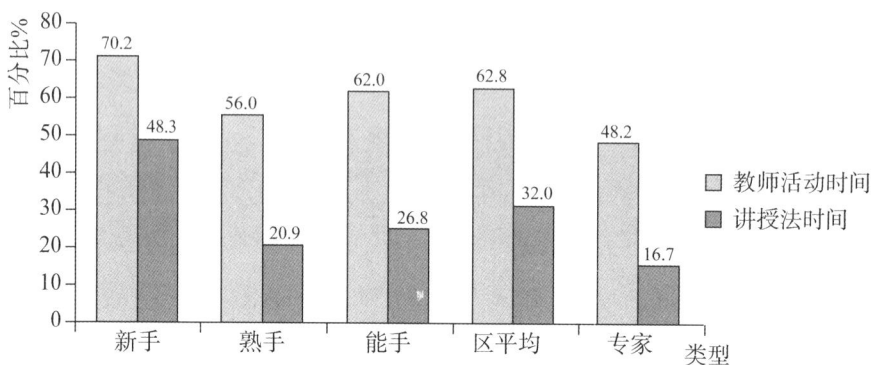

图 3-1　不同类型教师课堂教学中教师活动时间和用讲授法时间

此外，在 15 节课的总共 283 次师生互动中，教师发起的互动为 280 次，占全部互动总数的 98.9％，而学生发起的互动仅为 3 次，只占全部互动总数的 1.1％，教师在互动中的主导意识较为强烈，以自我为中心的现象明显。虽然教师在教学过程中大都比较关注学生的参与程度，也都希望学生能积极参与到课堂教学互动中，但学生的主动意识仍较为薄弱。

从对教师的访谈也印证了这一观察结果。多数教师从理念上认可教学中应突出学生的主体地位，但并未内化成自觉行为，在思想深处还根深蒂固地存在"教师不讲不放心"的倾向，因此在实践中不自觉地走向以教师为中心。新手型教师的教师课堂活动时间较多的原因，除观念上的问题外，阐述问题时不够精练等教学基本技能上的问题也是原因之一。此外，残留在头脑中的自己当学生时的课堂结构也不自觉地影响着青年教师的教学行为。教龄较长的熟手、能手型教师则更多地从自己的经验出发，认为教师适当地多讲些课堂效率会更高。从学生的问卷中也反映出学生缺乏互动意识，习惯于听教师的讲解和回答教师的提问。

（三）教学互动能以多种形式开展，但以师生互动为主，生生互动薄弱，与人工制品互动资源有待开发和优化

从课堂分析来看，多数课堂教学互动既有师生互动，也有生生互动及与人

工教学制品互动,但从总体来说,以师生互动为主,平均约占课堂教学时间的41.0％;生生互动较少,只占课堂教学时间的5.5％;与人工制品互动的时间约占课堂教学时间的10.4％。无论是师生互动、生生互动,还是与人工制品互动,J区的高中化学教师都远低于专家型教师,且新手型教师与熟手型、能手型教师有较大差异(见图3-2)。

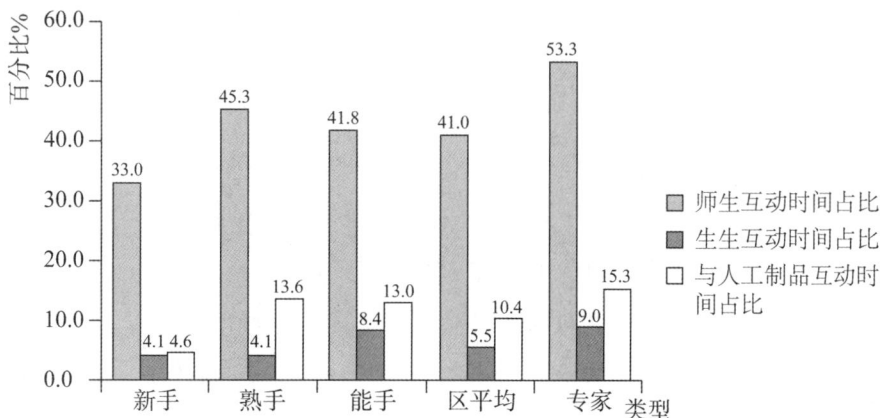

图3-2 不同类型教师互动方式

在组织学生与人工制品互动方面,与专家型教师相比,J区教师除所用时间较少外,在形式与内容上也有一定差别,如使用模型图表、组织学生阅读教材等形式均偏少。特别是实验教学所占的时间相对偏少,一些本应是通过真实实验来呈现的内容被简化为视频或模拟动画,甚至是口头"白描"。就课堂使用多媒体的内容来看,J区教师多数时间是用PPT(也有少量用电子白板)代替板书,而不是重点放在借助多媒体加强直观教学、减少认知负荷上,这种现象新手型教师更为明显。这一方面反映了青年教师对信息技术运用的积极态度,另一方面也显示对信息技术合理地运用和功能发挥还有待加强。

从学生的调查中也印证了上述情况,选择"只做教材中部分简单的实验"的学生占36.8％。此外,学生调查中还了解到,教师对指导学生如何阅读教材、如何整理学习内容方面也重视不够,选择"很少进行阅读方法指导或学习内容整理"的学生占74.6％,学生掌握"概念图"或"思维导图"来帮助提高学习效率的只占8.69％。

从访谈中了解到:不少教师认为使用PPT(或电子白板)代替板书,能节省板书的时间,加快教学节奏,使自己的教学变得更流畅。教师教学中不愿意多做实验而改用模拟,除了对实验功能认识不足、对实验可能产生的有毒有害物质有所顾虑外,另一个重要的原因是现有的学校管理体制和实验条件,课堂演示实验基本都是授课教师自己准备,需要花费大量时间,因而教师存在"与其把大量的时间花在实验准备上,不如在备课和准备练习上多下一些功夫"的认识误区。目前在大多数学校,传统的教学模型等教具已寥寥无几,且不少教师觉得使用不便,不如直接用 PPT 或视频来演示更方便。

而生生互动安排较少的主要原因有两方面:一是教师认为生生互动学习效果不明显,组织困难;二是虽然目前提倡小组合作学习,但教师普遍对小组合作学习功能、作用及实施策略了解不多,安排小组合作学习更多的是单纯为了丰富课堂教学形式,至于如何操作,主要是凭自己的感觉。

(四)多数教师能通过问题来引发和推动教学互动,但形式化互动较为明显。在认知维度上,以低认知水平问题为主,高认知水平问题较少;在问题类型上,以封闭性问题为主,开放性问题很少;在呈现方式上,以单个问题为主,富有层次的连环递进式或追问式问题较少,与学生互动的持续时间短。各类教师在提问的数量上相差不大,但在质上有较大的区别

从课堂分析来看,教师能把问题作为引发教学互动的重要手段,从问题的数量上看各类教师差距不大,但在问题的设计与组织上,J 区教师与专家型教师间存在一定差距,新手、熟手和能手型教师之间也存在一定的差异(见表 3-3 和图 3-3)。

表 3-3　不同类型教师课堂提问的类型与层次

		新手		熟手		能手		区平均		专家	
		个数	百分比(%)	个数	百分比(%)	个数	百分比(%)	个数	百分比(%)	个数	百分比(%)
认知水平	低	11.6	51.3	10.0	34.7	7.8	30.2	9.8	38.1	7.2	24.3
	中	9.2	40.7	16.4	56.9	15.8	61.2	13.8	53.7	19.2	64.9
	高	1.8	8.0	2.4	8.3	2.2	8.5	2.1	8.2	3.2	10.8
开放性	封闭	18.4	81.4	21.4	74.3	19.6	76.0	19.8	76.9	19.0	64.2
	开放	4.2	18.6	7.4	25.7	6.2	24.0	5.9	23.1	10.6	35.8

1. 低认知水平问题占很大比例,平均达 38.1%,高认知水平问题较少。新手型教师表现得尤为明显,课堂中充斥着大量的诸如"氯气的主要化学性质是什么""什么是盐的水解""盐的水解本质是什么"这类事实性和概念性知识,很大程度上满足于你问我答的形式活跃,不能有效地引导和激发学生的思维,难以形成真正有效的互动。

2. 绝大多数都是封闭性问题,约占 76.9%,开放性问题极少,限制了学生思维和互动的空间。互动往往只能在教师设计好的轨迹上运行,不利于学生学习主动性和创造性的发展。

3. 以单个问题为主,与学生互动持续时间短,少有富有层次的连环递进式问题和了解学生思维发生过程、激发学生深入思维的追问式问题。

4. 问题组织随意性大。师生互动中,部分教师往往因为准备不足,提出的问题指向性不明确、表述不准确、随意性较大,不利于学生作答,如"请说一说制备常见的气体需要什么装置"等。在非常有限的生生互动中,往往也是教师抛出一个问题,让学生去讨论,开展所谓的"小组合作学习"并匆匆收场,因生生互动内容不适切、要求不明确、缺乏组织,加之学生缺乏合作技能,小组合作学习更多的只是一种形式,成效低下。

5. 不能较好地利用生成的资源,教条地按照预定的设计或自己的思路。新手型教师的问题一般是事先预设好的,教学时按照教案实施,变通性较差,不能根据学生学习的实际情况作调整。

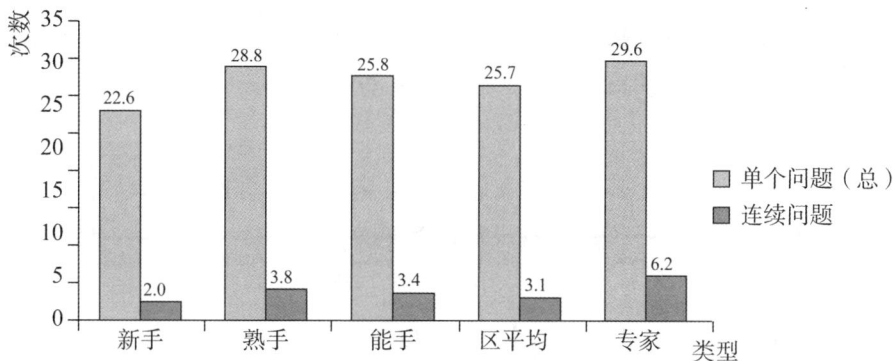

图 3-3 不同类型教师提问组织形式

从问卷和访谈中了解到:新手型教师之所以提出的问题水平层次较低,其主要原因是在认识上将提问的功能定位于了解学生对知识的掌握和概念的理解;能手型教师则主要认为课堂教学的问题难度偏高、开放度过大会影响教学进度。新手型教师提出的问题主要是单个问题,是因为设计单个问题比较容易,而设计富有层次的递进式问题有一定难度,不易把握;熟手、能手型教师则表示,富有层次的递进式问题需要精心设计,由于工作量较大,自己通常在备课时对问题的设计考虑得不是很精细,主要是基于经验和课堂生成情况。

(五) 师生互动过程中,教师基本能按照规范的教学程序实施,但等候学生应答和对应答的处理方式,不同类型教师有一定差异,新手型教师普遍表现得较为急促,不利于学生的思考和表达

通过课堂观察可看到,绝大多数教师都会先提出问题,然后组织学生作答,但新手型教师和其他类型教师留给学生思考的时间存在一定的差异,总体存在两种倾向:一是留给学生思考的时间较短,甚至有一定思维难度的问题提出后不足 3 秒就指定学生回答;二是在面对学生暂时回答不出问题时,新手型教师相对缺少耐心和启发诱导,往往会急切地叫另一位学生回答,或是直接告诉学生答案,从而打断学生的思路,抑制了学生的深入思考。数据显示,"换个角度提问"仅占 12.1%,"延长等待时间,通过提示帮助学生找到正确答案"只占11.3%。从访谈中了解到,新手型教师之所以缺少耐心,主要是想保持课堂教学的流畅,担心学生不能及时回答问题会影响教学进度。

(六) 教学互动评价方面,教师都能注意到通过对学生的表扬与鼓励,调动学生互动积极性,但对表扬和鼓励的使用频次和方式,不同类型教师之间存在一定差异,专家型教师能更多地肯定学生在互动中的亮点,且形式多样,显性与隐性相结合

课堂观察显示,绝大多数教师在教学互动中都能运用表扬和鼓励的手段,调动学生互动积极性。从数量上看,除新手型教师相对较少外,熟手型和能手型与专家型教师差异不大,但在表达方式上存在明显的差异(见图 3 - 4),主要表现在 3 方面:(1)J 区教师特别是新手型教师的表扬和鼓励相对较抽象,如"很好""回答得正确"等,而专家型教师则相对具体、客观、有针对性,如"你这种方法很巧妙""我赞同你的观点""你抓住了问题的关键"等。(2)专家型教师能更多采纳学生意见,平均每节课 8.6 次,远高于 J 区新手型、熟手型、能手型教师的

平均每节课 1.6 次、3.2 次、3.4 次。(3)专家型教师在教学互动中表现出更多的对学生的尊重,对一些回答问题有障碍的学生也显得比较有耐心,注意通过启发的方式,鼓励学生自己解决问题,不轻易地请其他学生回答。这些隐性的方式让学生感受到教师对他的肯定和尊重,也激发了学生参与教学互动的积极性。

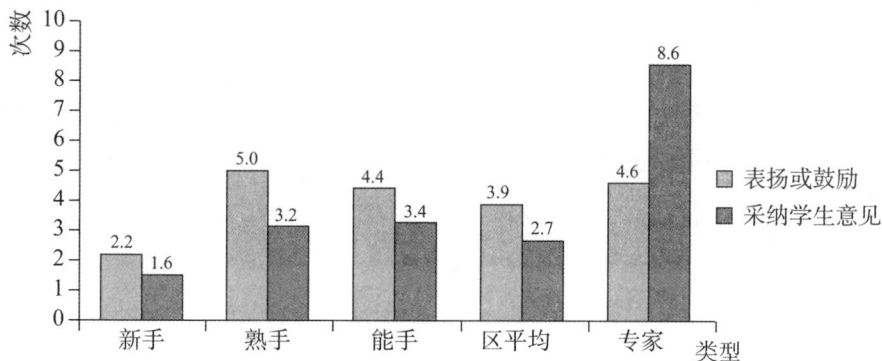

图 3-4 不同类型教师教学互动评价方式

第三节 对策与建议

一、加强引导,提高认识,增强教学互动的自觉性

(一) 引导学习

要认真引导和组织教师学习《基础教育课程改革纲要(试行)》和化学课程标准,学习现代教育理论。通过学习,帮助教师深刻领会课程改革的内涵和目标,正确地认识教学互动在改变课堂生态、促进学生积极思维和主动建构、提升化学核心素养方面的积极作用,客观认识自己的教学观念和行为,让先进的教育理论成为指导自己教学实践的利器。

(二) 组织交流

通过活动交流,引导教师开阔视野,突破自己原有狭隘的经验,以建构主义和分布式认知理论为依托,遵循学习规律,拓宽教学互动的资源,尤其是加强目前比较薄弱的生生互动和与人工制品互动。

（三）榜样示范

通过开展多种形式的展示活动，以经验分享和专家点评等形式，让教师在榜样的示范作用推动下，更切实感受教学互动的效果，促进其内化，为开展有效的教学互动奠定基础。

二、加强研究，优化策略，为有效的教学互动提供智力支持

（一）丰富教学互动方式

要进一步开阔教学视野，丰富教学互动的形式，真正把教学互动作为激发学生学习兴趣、发展学生思维、提升学生核心素养的重要手段。根据化学学科及各类知识特点，合理地运用师生互动、生生互动、与人工制品互动，克服单向、低效的互动，实现多维互动，提高互动效果。

（二）优化教师问题设计

在师生互动中要提高引发互动的问题设计水平，创设有利于师生互动的教学情境，充分发挥问题引发与促进学生积极思维和主动建构的作用。通过设计一些适合学生发展水平、富有层次、贴近学生经验的问题，引发学生积极思考并建构自己的知识体系和学科思想观念，消除目前课堂教学互动中普遍存在的形式热闹、效果不佳的"非本真性"互动。

（三）创设生生互动的学习情境

要合理创设适合生生互动的情境和内容，并根据知识特点和问题内容，有效地设计合作学习组织方式。如对记忆性知识的合作学习可采用简便、易操作的二人协作式小组学习，两人一组相互提示，帮助回忆和强化；而对富有挑战性的问题，可组织共学式、探究式的小组合作学习，学生汇聚智慧，相互启发，共同完成学习任务，并在合作过程中培养合作意识与技能，获得积极的情感体验。

（四）加强与人工制品的互动

要充分地利用教学资源，加强与人工制品的互动，实现学习负荷的有效转移。首先是加强实验教学，充分利用实验这个既直观又能培养学生思维、动手、创造等多方面能力的手段，实现"讲多遍不如实验做一遍"。其次是引导学生学会与文本互动：通过自己主动地与学习材料互动，领会编写者的意图和逻辑关系，增强知识的联系；掌握阅读的基本方法，积极地发现问题，为实现主动互动

打下基础；通过对学习材料作摘要分析、笔记整理、概念图、思维导图等方式，主动地构建自己的认知结构；加强与自己的人工制品（如作业、试卷、听课笔记等）的经常性互动，了解自己的认知现状和存在的缺陷。再者要加强并合理地运用多媒体技术，在充分利用其形象直观的基础上增强互动性。教师在加强和优化课堂多媒体教学课件的同时，可针对教学重难点和学生学习困难之处，制作一些微视频，让学生主动与人工教学制品互动。

三、加强培训，提升技能，为有效的教学互动提供保障

教学互动需要教师具备一定的技能作为保障。同样的教案，不同的教师实施会有不同的效果。要重点加强教学问题的设计、实验教学的组织和呈现方式、小组合作学习的基本操作、多媒体技术的有效运用、与人工制品互动策略、教学互动的评价艺术等方面内容的培训，让教师能掌握基本技能，更有效地开展各类教学互动。

四、完善评价，明确导向，为有效的教学互动把握方向

要进一步完善对教师教学的评价，改变那种只要表达清晰、教学结构严谨、教学重点突出、教学过程流畅的课就是好课的标准，树立以学生发展为本的理念，让教师认识到课堂教学的优劣关键是看学生是否能积极主动地学习和有效转化，不但要有互动，还要互动得有效。要帮助教师树立发展性评价与多元评价理念，注重过程性评价与结果性评价相结合，掌握显性激励与隐性激励的策略，使评价真正成为指导教学改革、促进学生发展的有效手段。

第四章 化学教学中师生互动策略

师生互动是化学教学过程中最常见的一种互动方式。教师与学生之间积极的认知互动、行为互动和情感互动，能更好地促进学生主动建构和发展。在师生互动过程中，不同的互动策略会产生不同的效果，因此，掌握和运用教学互动策略是实现有效互动的重要保证。

第一节 情境创设策略

"情境是指在教学过程中运用各种手段和方式创设的一种适教和适学的情感氛围，从而为完成教学目标和任务奠定基础。"[①]"情境"两个字，一个是"情"，一个是"境"，"境"是物化了的因素，而"情"是人的情绪化的因素，有"情"之"境"，"情""境"交融，"情境"就形成了。[②]

化学教学中的情境创设，就是根据教学内容、学生认知结构，利用语言、文字材料、图片、影音文件等，为学生学习提供环境和背景，使学生产生学习的需求，帮助学生形成问题意识和探究欲望，激活原有的知识经验，引发积极的互动，促进学生更有效地习得知识、掌握方法、提高能力、形成积极的情感。化学科学中有着丰富的情境资源，开发利用好各种资源，能有效地引发和促进教学互动，提高学习效果。

一、联系生活

（一）理念意义

知识的建构是基于原有知识和经验的基础之上，是对新旧信息的一种重新建构。化学是一门与社会现实生活十分贴近的自然学科，化学的学习不仅要求

---

① 顾明远.教育大词典[M].上海：上海教育出版社，1990：189.
② 王后雄.高中化学新课程教学中问题情境创设策略研究[J].化学教学，2008(7)：27 - 32.

学生能够掌握基础的知识,更要求学生能够将化学知识与社会实际生活相结合,将自己所学到的知识应用到现实生活中。利用化学学科紧密联系日常生活、社会以及生产实践的特点,教师可以从化学在实际生活中的应用入手来创设情境,将学科与学生生活的结合点两相融通创设问题情境。日常生活中一个熟悉的场景、一次亲身的经历、一个生动的自然现象、一件有趣的化学事实等,都可以让学生体验化学与日常生活的密切关系,感受化学知识学习的意义与作用,增强学习化学的兴趣和动机,激发改造自然和探索科学奥秘的情感,培养分析和解决与化学有关的实际问题的能力。

（二）案例点拨

案例 4-1　"二氧化硫的漂白性"教学情境创设

教学案例	分析点拨
【呈现图片】两种不同色泽的银耳。第一种色泽润白鲜亮;第二种色泽暗黄。	银耳是生活中常见的食品,而选购食品也是一种生活任务,因此能唤起学生的注意和兴趣。
【教师】如果让同学们到市场上选购银耳,你会选择哪一种? 【学生】思考、回答。	多数学生能从原有的经验出发,选择色泽润白鲜亮的。
【教师】有生活经验的人往往都会选第二种,而不选第一种,你能说出可能的原因吗?	教师提供的答案与学生已有的经验发生冲突,产生认知上的不平衡,因而学生能很好地进入学习探究状态,这为学习二氧化硫的漂白性创造了良好的学习情境。

（三）实施要点

在化学教学中创设联系生活实际的情境没有固定的程序,但基本的要素包括:

1. 提供真实的或再现的场景。联系实际生活创设情境,关键是找到一个恰当的"接点",自然贴切,将生活与知识相联系,利用生活中学生耳熟能详的场景、自然现象、亲身经历或是与化学相关的一件事实,帮助学生构建生活与学习之间的联系,在生活中感受知识。例如,叙述一个生活中的现象,引入一幅熟悉的场景或画面,播放一段视频等,使学生能身临其境进入生活现场。课堂中创设的教学情境越真实、越接近学生已有的生活体验和知识经验,就越能有效地促进学生对新知识的建构和内化。学生在学习中,如果从情感到行为都能够渗透进、融入教师所创设的教学情境中,就能容易地理解和掌握真实的、有针对性的教学情境中所体现的知识和技能,也很容易领悟与挖掘具体教学情境中所蕴含的观点和价值。因此,课堂教学中创设的情境越贴近学生的情感体验,就越能够激发学生的学习动机,提高学生的学习兴趣,促使学生自主地探究问题。

2. 对生活素材进行必要的提炼。有效的情境必须是经过教师提炼以后的精华,并不都是机械地将生活情境原原本本地搬到课堂中来。尽管教学情境来源于生活,但不能与生活中发生的事情画等号。真实的生活,总是有着太多的具体背景,由于课堂教学时间有限、目标明确,因此可以作为教学情境的生活素材必须是经过提炼的、能体现本节课教学目标的情境。也就是说,教学情境应该是对生活问题的总结与提炼。因此,教师引入教学情境时应该进行必要的提炼和整合,这样才利于学生有效地学习。

3. 形成引发学生注意的问题。仅有场景是不够的,这个场景必须有"看点",即所提供的联系生活的情境必须能引起学生的关注,激发起学生的兴趣,进而进入问题状态,因此,提供的生活情境必须既是真实的、学生已感知的,又是新的、学生未知的事物,能使学生的已有知识和经验与新知识或问题产生冲突,形成认知上的不平衡,使学生处于"愤悱"状态,激发学生对新知识的需求和探索的欲望。

4. 问题应该贴近学生的最近发展区。教学情境的设计不但要针对学生现有的发展水平,更重要的是应针对学生的"最近发展区"。既要提出当前教学要解决的问题,又蕴含着与当前问题有关、能引发进一步学习的问题,形成新的情境。因此,形成的问题必须能让学生在已有的知识水平上能觉察到,这是思维的开端,然后学生通过自己的努力或在与教师或同伴的合作中,能够解决问题,提高学习的信心和有效性。所提出的问题学生具有的觉察力越大、解决问题的可能性越大,也就意味着他们的知识、能力水平越高,未知事物与学生认知差距就越小,他们可能解决问题的思维步子就会迈得越大。

5. 注意提升教育价值。联系生活创设情境,不但是为了实现知识目标服务,而且要兼顾多维目标的发展,特别是情感、态度与价值观目标。通过引入生活情境,引导学生把化学和生活联系起来,用化学的视角认真观察生活,关注和解释生活中的问题,体会到化学源于生活,感受到化学学科的巨大价值,增强社会意识和责任感。

二、运用实验

(一) 理念意义

化学是一门以实验为基础的自然学科,化学实验本身就是一种教学情境。化学实验具有直观性、形象性、生动性和探索性等特点,可以模拟或再现知识的形成过程,验证假设与猜想,使学生加深对知识的理解,从而成为学生获取和检验化学知识、探索未知世界的重要手段。苏霍姆林斯基说过:"在人们心理深处都有一种根深蒂固的需要,这就是希望自己是一个发现者、研究者、探究者。"化学实验的神奇变化和鲜明现象是学生对化学产生兴趣的重要源泉,它能有效地提供激起矛盾的新刺激,引起学生注意和思考,从而产生探究的愿望和积极的互动。化学实验在提高学习兴趣,验证和探索有关化学知识,增强直观效果,提高操作能力等方面发挥重要作用的同时,还承载着"培养观察能力、思维能力、分析和解决问题能力,形成科学的态度、方法和积极的情感,培养创新精神和实践能力等方面功能"[①]。只有正确地认识实验的功能,才能更好地培养学生的能力。进行化学教学设计时必须充分认识化学实验作为教学情境的巨大价值。

(二) 案例点拨

案例 4 - 2　"原电池原理"教学情境创设

教学案例	分析点拨
【教师】锌片和铜片分别插入稀硫酸中,各有什么现象? 【学生】(根据所掌握的知识回答) 【实验】将锌片和铜片分别插入盛有稀硫酸的烧杯中。	学生能看到锌片上有气泡生成,铜片上没有气泡。 学生通过实验验证答案,复习巩固初中学过的知识,建立和原有知识的联系。
【问题】当把锌片和铜片插在同一个盛有稀硫酸的烧杯中,用导线将锌片和铜片连接起来,又能看到什么现象? 【实验】将插入盛有稀硫酸的烧杯中的锌片和铜片用导线连接起来。 【教师】这就是我们今天要探讨的原电池原理。	学生会惊奇地看到,铜片上竟然有气泡产生。这和初中所学的铜不能和稀硫酸反应的知识相矛盾,因此能引发学生的认知冲突,形成迫切希望知道造成这种现象原因的学习意愿,为开展原电池原理的学习创造了良好的教学情境。同时,在学习过程中还能引导学生掌握透过现象看本质的科学方法。

---

①　高剑南,王祖浩.化学教育展望[M].上海:华东师范大学出版社,2001:148 - 150.

（三）实施要点

以实验创设情境,选择适合的实验、巧妙地融入教学设计中是关键。

1. 作为创设情境的实验必须现象明显、直观形象、简洁易操作,既引发学生的学习兴趣,又不能费时太多。

2. 创设情境的实验应有悬念性,能造成学生的认知冲突,体现以实验引发问题与思考,让学生在"愤悱"状态下形成探索欲望,为有效互动创设背景。如上例中的实验,铜片在稀硫酸中竟然也会在表面产生气泡,这和初中学过的知识相冲突,引起学生产生悬念,达到很好的激发思维的作用。

3. 实验应与要解决的问题密切关联。实验是创设情境的一种手段,用以引发学生思考和探索。师生借助实验情境分析讨论问题,开展积极的互动,完成学习目标。

4. 重视实验的多种功能发挥。化学实验的功能不只是创设情境、培养操作能力,还应包括"构思选用实验方法和设计实验方案的能力;观察实验,收集有关事实、资料数据的能力;分析研究处理事实、资料、数据,形成概念,作出判断、推理和发现规律的能力;表述实验及其结果、最终解决问题的能力等"。[①] 化学实验不但培养学生的创新精神和动手能力,还能促进学生社会责任感的形成。

5. 创设情境的实验既要注意科学性、趣味性,还应重视安全性。

三、问题激思

（一）理念意义

亚里士多德曾说过:"思维自疑问的惊奇开始。"思维总是由问题引起的。任何学习愿望,总是在一定的情境中发生的,具有了这种问题情境,就具有强大的吸引力,对学习就有强烈的激发作用。化学学习过程就是学生发现问题、分析问题、解决问题的过程。苏霍姆林斯基说过:"在人的心灵深处,都有一种根深蒂固的需要,就是希望自己是一个发现者,而这在儿童的心灵世界中特别强烈。"教师通过问题情境的创设,让学生创生疑问,在教师引导下,促使学生存疑、质疑,使学生产生浓厚的学习兴趣,给学生架起了探究的桥梁,为师生互动搭建平台,引导学生寻求解决问题的正确途径,使学生在积极思维、建构知识的

---

① 高剑南,王祖浩.化学教育展望[M].上海:华东师范大学出版社,2001:148-150.

过程中改组自己的认知结构,培养科学的思维方法和良好的学习态度。

（二）案例点拨

案例 4-3　"盐溶液的水解"教学情境创设

教学案例	分析点拨
【教师】酸溶液呈酸性,碱溶液呈碱性,盐溶液呈什么性? 【学生】复习与回忆,思考与猜想。	复习旧知,为理解新概念作铺垫;提出问题,引起认知冲突,创设问题情境,激发学生思考。
【教师】提出探究任务,组织学生活动。 　内容与要求:测定 $0.1\ mol/L\ NH_4Cl$、$NaCl$、CH_3COONa、Na_2SO_4、Na_2CO_3、$Al_2(SO_4)_3$ 六种盐溶液的酸碱性。 【学生】以小组合作的方式完成,并汇报测定的结果、发现的可能规律。 　分组合作实验,测定六种盐溶液的酸碱性,交流和汇报实验结果。	对盐溶液的酸碱性形成感性认识,了解科学探究的一般方法,培养合作意识与合作技能。 　学会判断盐溶液的酸碱性,学习和运用归纳法。
【教师】上述盐中既没有可电离的 H^+,也没有可电离的 OH^-,溶于水后溶液为什么会呈酸性或碱性呢?以 NH_4Cl 溶液为例分析其原因。 【学生】小组讨论交流,尝试问题解决,形成初步结论。 　……	建立新旧知识间的联系,学习运用已有知识解释新的现象;理解氯化铵溶液呈酸性的原因。 　……

（三）实施要点

1. 问题要突出学习主题,体现目标性。化学教学中运用问题激思策略来引发师生互动,所提出的问题必须要围绕学习主题,抓住教学的关键点和学生学习的疑难处,同时该问题的解决有助于学习任务的完成和学习能力的发展。创设情境所蕴含的问题是针对一定的教学目标而提出来的,目标是设问的方向、依据,也是问题的价值所在。如上例中所提出的问题就是要学生通过思考明确"盐溶液不一定呈中性"这一目的,从而为探究盐类的水解及其规律奠定基础。创设问题情境不能只注重激活课堂教学氛围,这种方式往往只是营造出热烈讨论的教学假象,却忽略了教学目标,偏离了教学轨道。这种"侃侃而谈"却不得要领的问题情境,无益于教学活动开展,也不能促进学生对知识的掌握。因此,在创设问题情境时,教师要紧扣本课的教学内容,突出学习主题,以问题为纽带引导学生思考,带领学生走进话题,开展有意义的思维活动,促进学生真实学习的发生。

2. 问题要贴近学生"最近发展区",体现适应性。创设的问题情境要适合学生的认知水平,以保证使大多数学生在课堂上都处于思维活跃状态,从而能有效地进行师生互动,在互动中解决问题。要关注学生已有经验,根据学生已有的知识、经验、生活体验创设问题情境,将学生原有的经历与生活感受等与新的学习内容联系起来,这样能激发学生的学习动机和热情,引发学生的学习兴趣,调动学生参与学习活动的积极性和自主性,有利于学生顺利地投入到新的学习任务中。奥苏贝尔曾指出,影响学生学习的唯一重要因素就是学习者已经知道了什么,然后进行有针对性的教学。因此,教师能否成功地设计和组织问题情境,将在很大程度上影响学生探索活动的水平。

3. 问题应具有新异性,能产生思维张力。问题情境的功能在于启发学生思考。学习的发生起源于情境变化的刺激,新颖、有价值的问题才能使学生的思维处于主动、积极、愉快地获取知识的活跃状态,能有效地使学生由惊奇立即转入"愤悱"状态,激起他们渴望解决问题的热情,展开想象的翅膀,进入学习的佳境。问题情境的设计和表述具有的新颖性、奇特性和生动性,可以使该问题情境具有真正吸引学生的力量。在实际教学中经常发现,不少教师的课堂提问陷入"明知故问、自问自答"的尴尬境地。究其原因,在于脱离了"问题"本身,淡化了"探究"的特性,导致学生"问而不疑、疑而不动"。

4. 问题应具有适当的递进性,引导阶梯发展。问题的设置还要由易到难、由小到大、由具体到抽象、由已知到未知,步步推进,层层深入,逐渐接近问题的本质。

四、巧借史话

(一) 理念意义

我国著名化学家、教育家傅鹰曾说过:"化学给人以知识,化学史给人以智慧。"化学教育不但要让学生掌握基本的化学知识和技能,还要提高学生的科学素养,让学生成为有智慧的人。化学史是一部记载着人类文明进步和化学家们不息奋斗的科学史,蕴含着无穷的智慧和精神力量,是化学科学的宝库。化学教学中适时利用化学史创设情境,能将化学教学与思想教育有机地结合起来:每一次化学研究的成功与进步都是化学家不畏艰险、敢于质疑的结果,化学家科学的态度、执着的精神、对社会的贡献的感召力和化学史的真实性,可以更有效地促进学生情感、态度与价值观的发展。以化学史创设情境,让学生了解化学科学发展的主要线索,使教学不再局限于知识本身的静态效果,更可以追溯到它的来源和动态演变的过程,在历史的背景下看化学科学的孕育、产生和发展,使化学知识变得生动而富有生命力,唤起学生体验的欲望和学习的兴趣,帮助学生更好地理解化学课程内容。利用化学史料创设教学情境,让学生能感受到化学发展过程和认识过程中蕴含了大量的化学研究的重要方法和思想,学生通过对这些重要方法和思想的学习,可以学会科学探究的基本方法,形成学科基本观念,培育化学学科核心素养。

(二)案例点拨

案例 4-4 "元素周期律"教学情境创设

教学案例	分析点拨
【讲述或播放 PPT】 　1865 年,英国化学家纽兰兹把当时已知的元素按原子量大小的顺序进行排列,发现每隔八个元素,元素之间的性质就相近,这很像音乐上的八度音循环,他把元素的这种周期性叫做"八音律",并据此画出了标示元素关系的"八音律"表。但当时的条件限制了他作进一步的探索,因为当时不少原子量的测定值有错误,而且他也没有考虑到还有尚未发现的元素,只是机械地按当时的原子量大小将元素排列起来。他在已经下意识地摸到了"真理女神"裙角的情况下,没能揭示出元素之间的内在规律。 　俄国化学家门捷列夫利用 63 张卡片分别记录了当时已发现的 63 种元素的名称、原子量、化合物的化学式和主要性质。他在批判地继承前人工作的基础上,对大量实验事实进行了订正、分析和概括,终于在 1869 年 3 月,将表面看来似乎是杂乱无章的已知元素编制成一张秩序井然的元素周期表,并总结出这样一条规律:把元素按原子量的大小排列起来,在元素性质上会出现明显的周期性;原子量的大小决定元素在周期表中的位置;可根据元素周期律修正已知元素的原子量。	让学生了解元素周期表的历史,以真实的事例感染学生,学生更真切地感受到任何科学真理的发现都不会是一帆风顺的,离不开艰苦的探索、坚韧的毅力和创新精神,进而激发起学习热情。设计使原本较为刻板的元素周期律知识变得生动有趣,学生在学习元素周期律的知识的同时,也在潜移默化地学习科学家的优良品质。

（续表）

教学案例	分析点拨
门捷列夫还在表中留下空位,预言了类似硼、铝、硅的未知元素(门捷列夫分别称其为类硼、类铝和类硅,即以后发现的钪、镓、锗)的性质,并指出当时测定的某些元素原子量的数值有错误。他在周期表中也没有机械地完全按照原子量数值的顺序排列。若干年后,他的预言都得到了证实。这是科学史上一个伟大的业绩,人们为了纪念他的功绩,将元素周期律和周期表称为门捷列夫元素周期律和门捷列夫元素周期表。	
【问题】通过上述介绍(文字),对比现在的元素周期表,你能否对门捷列夫的贡献和历史局限性作一简要概括?	在化学史情境的引导下,调动学生学习的积极性和主动性,学生通过比较建构自己对元素周期表的理解,掌握元素周期表的编排方式和规律,同时认识到科学需要不断发展,培养了批判性思维。

（三）实施要点

1. 以化学史创设教学情境应通过化学史料内容来影响和感染学生,因此选取的材料不仅有史实的陈述,还要蕴含丰富的教育价值。在表现方式上,要以显性的史实和隐性的教育内容结合,使学生获得感受和体验,以达到激发兴趣、领悟方法、培养品质的目的。在表现手段上,要以情感人,以情育人,因此在介绍化学史实时,教师要富有情感,形成感染力。

2. 以化学史创设教学情境要注意揭示其蕴含的科学方法,因此,要把握好故事情境、知识内容和科学方法之间的密切关联,透过故事现象,把握本质内涵,帮助学生掌握科学方法,提高科学素养。

3. 以化学史创设情境,考虑到内容的相对完整性,一般需要有一定的语言叙述量,但创设情境环节又不能耗费过多的时间,因此在表述时既要主线明确、生动具体,又要简明扼要、重点突出。过于冗长的表述或枝节过多,都会影响情境创设的效果。必要时可借助多媒体手段,既可丰富内容、节省时间,又能增强形象负载、提高感染力。

五、故事引发

(一) 理念意义

生活经验告诉我们:读一本理论书不如看一本小说印象深刻,读一本小说则不如看一场电影记忆犹新,一个重要原因就是它们所包含的形象负载不同。科学研究表明,人的左、右半脑是有分工的,左半脑是抽象思维神经中枢,侧重于语言和逻辑推理等;右半脑是形象思维神经中枢,侧重于形象、想象、音乐、空间位置等。两半脑的机能充分表明:形象思维和逻辑思维是人类理性认识中思维的两种基本方式,相辅相成。美国心理学家奥托通过研究指出:"在正常情况下,一个人所发挥出来的能力只占全部能力的百分之四。而造成这种情况的主要原因是不能很好地协调左、右半脑的功能,尤其是发挥右半脑的功能和作用。"[①]在化学教学中,有不少知识内容比较抽象、枯燥,学生学起来容易感到乏味,而通过引入一些生动有趣的故事,能很好地激发学生的学习兴趣,引发学生的思考,学生在轻松有趣的故事中获得形象负载,产生互动的热情,提高学习效果。

(二) 案例点拨

案例 4 - 5 "甲烷性质"教学情境创设

教学案例	分析点拨
【教师】今天,老师先给大家讲一个真实的故事。有一次,在澳大利亚的一个农庄,一头牛好几天没吃东西了,可牛的肚子却是鼓鼓的,这可把农庄庄主急坏了。他想:牛不吃东西,会不会是牛嘴里有什么毛病?于是他叫人把牛嘴巴撬开,点了一支火把想看看究竟。谁知当火把刚一接近牛的嘴巴,就从牛嘴里射出了一条长长的火焰! 【学生】(饶有兴趣地听讲)	借助故事,联系生活,把课堂要学习的内容蕴含在生动形象的故事中,形成悬念,活跃了课堂气氛,增强了课堂的吸引力和知识的形象负载,配合之后进行的实验,使学生对甲烷的产生和性质印象更深刻。

---

① 邵永富.开发人的右半脑[M].上海:上海文化出版社,1988.

（续表）

教学案例	分析点拨
【教师】请问同学们："为什么会从牛嘴里射出一条长长的火焰？" 【学生】（思考、猜测可能的答案）	故事点燃了学生互动的热情，激发了学生强烈的探究兴趣。教师因势利导引导学生探究 CH_4 的产生和性质，同时让学生在解决问题中获得成功的体验。

（三）实施要点

1. 以故事创设情境，选取的故事要有生动的情节，从而激发学生兴趣，增加形象负载，提高学生的注意强度和记忆效果。

2. 以故事创设情境，选取的故事应能产生悬念，唤起学生探究的欲望。

3. 以故事创设情境，故事中的悬念必须与学习的内容密切相关，为落实教学目标服务。

六、要闻热议

（一）理念意义

现实生活中的新闻事件大多是人们热议的话题，并且能给人留下深刻的印象。通过新闻事件创设情境，既有真实感和现实性，让学生在真实事件中领悟到掌握知识的重要性和其中蕴含的化学原理，同时还能结合事件，引导学生关心社会、热爱生活，学会正确分析问题、解决问题的方法，培养正确的价值观和良好的习惯，形成积极的情感态度。

（二）案例点拨

案例 4-6 "镁、铝的性质"教学情境创设

教学案例	分析点拨
【教师】2014 年江苏昆山中荣金属制品有限公司"8.2"特大铝粉尘爆炸事故，导致了许多人员伤亡，造成了重大经济损失，令人震惊和痛惜。这个事故主要就是金属铝的粉尘引起的爆炸。酿成这一重大事故的原因，一是没有执行安全制度，二是工作人员缺乏必备的专业知识。 【学生】（仔细听讲）	借助新闻事件，联系生活，引起学生的注意，增强对学习和掌握知识重要性的认识。

（续表）

教学案例	分析点拨
【教师】请同学们帮助分析一下： （1）爆炸的条件有哪些？ （2）镁、铝粉尘为什么能引起爆炸？ （3）如何预防这类爆炸事故？ 【学生】（课堂气氛活跃起来，学生围绕事件热烈讨论，发表自己的见解）	借助情境引发学生互动。通过互动，让学生主动学习和掌握知识，教育学生关心社会、热爱生活，形成社会责任感。

（三）实施要点

1. 选取的新闻事件要有一定的冲击性，能对学生心理上产生一定影响，从而对教学目标产生强烈的注意，为新知识的学习和掌握奠定基础，为情感发展埋下伏笔。

2. 通过要闻引起学生的注意只是一种手段，关键是通过这种引发促进学生"热议"，让学生在热烈的议论中交流思想，产生碰撞，深化记忆和理解，产生深刻的情感体验。因此，教师在抛出要闻后，要引导学生深入地开展议论。

3. 抛出要闻是引发互动，促进热议是推动互动，创设教学情境一定是为实现教学目标服务的，因此，教师要能从新闻事件中引导学生关注事件背后的原因和解决方法，使学生在热议互动中得到发展。

七、借助诗词

（一）理念意义

宋代理学家程颐说过："教人未见其趣，必不乐学。"化学学科的科学术语、专用名词往往给人一种晦涩难懂、枯燥乏味的感觉，教学中如能适时引入一些优美典雅、意蕴深刻的诗词，会给化学课堂注入一股清泉，产生很好的情境效果和情感影响。诗词作为中华文化的瑰宝，由于其文辞优美、韵味十足、内涵深刻、想象丰富，不但能激发学生的兴趣，增强对问题的记忆和认识，同时还能陶冶情操，激发起学生对祖国文化的热爱，提升文学修养。化学内容不但与社会生活密切相关，其本身也具有非常强烈的人文色彩，如物质的结构、性质、制备、用途本身就存在着一种动态美，犹如一首流动的诗歌。如果化学教师在教学过程中将固定的物性予以诗情化，就可以更大程度地刺激和调动学生，促使学生乐学、会学、要学,学有所获。如讲到"环境保护"一节引入新课时,描写美好和谐的自然景色是"两个黄鹂鸣翠柳,一行白鹭上青天",介绍到由于乱砍滥伐、"三废"排放、土地沙漠化时,一些地区已成为"千里黄云白日曛""大漠风尘日色昏",生存环境的日益恶化,严重威胁着人类的健康和生命。这样的情境创设,既使课堂充满人文蕴味,激发学生对自然、生活的热爱,也能起到更深刻的警示:保护地球、保护生命刻不容缓。

（二）案例点拨

案例 4-7 "金属的冶炼"教学情境创设

教学案例	分析点拨
【教师】初中我们学习碳酸钙性质时,曾引用了于谦的诗《石灰吟》,想必大家印象深刻,从中我们感受到诗人的高风亮节。今天我再给大家介绍于谦的另一首诗,大家听后又能得到什么感受和启发?	以学生熟悉的于谦的诗来创设问题情境,能有效地激发学生学习兴趣,并引发思考。
【播放配乐朗诵PPT】 咏煤炭 于　谦 凿开混沌得乌金,蓄藏阳和意最深。 爝火燃回春浩浩,洪炉照破夜沉沉。 鼎彝元赖生成力,铁石犹存死后心。 但愿苍生俱饱暖,不辞辛苦出山林。 （学生聆听朗诵,开始议论。） 【教师】诗中如何用诗的语言描述铁是如何冶炼出来的?这首诗中说到了碳的什么特性? （学生兴趣盎然地讨论,之后回答） 【学生1】碳有还原性,能把铁从铁矿石中冶炼出来:$Fe_2O_3+3C\xrightarrow{\text{高温}}2Fe+3CO\uparrow$。 【学生2】这首诗表达了作者忧国忧民,并甘愿为之献身的高尚情操。 【学生3】我觉得化学方程式应该是$Fe_2O_3+3CO\xrightarrow{\text{高温}}2Fe+3CO_2$,因为我了解到工业上是先用焦炭产生一氧化碳,然后一氧化碳再和氧化铁反应。 ………	这是一首以诗言志的作品。古称煤炭为乌薪、黑金等。诗中说煤炭原是从地下开采出来的,它蕴藏大量的热量。煤炭燃烧可使人感到春回大地,生起洪炉能照亮漆黑的夜空。鼎彝等铁器都是靠煤炭烧炼出来的,从铁器身上就看到了煤的作用。作者以煤为喻,表达自己拯救百姓、匡时济世的竭诚之志。全诗八句,句句比喻,语语双关,运笔自如,情感深沉,意蕴浑然。 通过讨论,学生初步了解碳还原氧化铁的反应原理,同时暴露自己认识的困惑,以进一步深化认识,减少错误。

（续表）

教学案例	分析点拨
【教师】是啊，从这首诗中我们不但能感受到诗人关心百姓疾苦、忧国忧民的情感，还能感受到诗人甘愿为国为民出力献身的高风亮节。此外，诗中隐喻了一个人要为社会做贡献，还必须有一定的能力，正像煤炭所蕴藏的能量那样。 关于反应原理，两个同学提出两种观点，都有道理。我们再仔细推敲一下，当碳在高温时，除了与氧化铁发生反应外，还能与什么物质发生反应？生成的产物又能与哪种物质发生什么反应？ （学生讨论） ……	学生在初中学过碳还原氧化铜，所以对铁冶炼原理的理解并不困难，但由于教材上提供的化学方程式是一氧化碳和氧化铁反应，如果直接告诉学生结论，学生易产生困惑和误解。通过诗的引入，让学生充分讨论，激发学生学习兴趣，深化对铁的冶炼原理的理解，消除认识上的模糊，同时有机渗透情感态度价值观教育。 教师通过两位学生的回答，引发认知冲突，借助提出的问题引发互动，进一步把铁的冶炼问题引向深入，使学生准确、全面地认识工业炼铁反应原理，正确书写化学方程式。

（三）实施要点

1. 在化学教学中引入诗词不但可以使教学语言简洁，令人耳目一新，而且能激发学生学习兴趣。但必须巧妙地结合教学内容，自然贴切，不能生搬硬套，更不能喧宾夺主，否则会适得其反，无法起到感染学生、提高教学效果的作用。

2. 在运用诗词创设情境过程中，引用要恰到好处，必要时还可以略加修改以符合教学情境的需要。

3. 诗词中所蕴含的一种感发生命的感动和召唤，蓄积了诗人的所有心灵、智慧、品格、襟怀和修养，所以中国传统一直有"诗教"之说。诗词（当然也应包括歌曲、成语等）的灵活运用也应达到曲径通幽的效果，除了帮助记忆和理解知识外，还应让学生受到深刻的哲理启迪，能领悟到一种诗意的美感，既可以学习科学知识，又能获得艺术享受，感悟自然和生活的哲理，陶冶情操，从而达到最优化的教学效果。

八、运用媒体

（一）理念意义

实验心理学家赤瑞特拉（Treicher）经过大量研究发现：人类获取的信息有83％来自视觉，11％来自听觉，还有 3.5％来自嗅觉，1.5％来自触觉，1％来自味觉。这就说明学生通过多种感官的刺激所获取的信息量比单一地听教师讲解要大得多,而且相同的内容以不同的形式出现也更有利于学生获得感性认识并深刻理解所获取信息的意义。多媒体技术把视频、音频、动画有机地结合起来,可突破时空、环境的限制,进行逼真的模拟,给学生以多重刺激,极大地调动学生的眼、耳、手、脑等器官,增强感官体验,激发学习热情,增强学习效果。

　　化学学科由于其自身的特点,运用多媒体技术除了有上述作用外,还可以将学生难以理解的抽象概念,无法直接观察的微观结构、模型和反应机理,通过模拟动画方式加以呈现,实现微观问题宏观化、抽象问题形象化、静态图示动态化,增强形象性,降低学生学习的难度;可以将无法或不宜在课堂完成的实验(如缺少仪器药品、有危险、有污染或需要较长时间等)现象进行再现;可以将许多稍纵即逝或只有通过极为细致的观察才能把握的现象,通过多媒体技术以慢镜头、放大特写等方式呈现出来,让学生有较为充裕的时间进行观察和分析,从而掌握现象的本质。运用多媒体资源还能在较短的时间内呈现给学生丰富的教学信息,可将跨度较大的自然现象、特定场景及生活中的事件,有主题、可对比地在课堂中呈现。例如选取优美的自然风光与浓烟滚滚的高烟囱、看不到烟尘的新能源汽车和正在排放着黑色尾气的旧公交车等,给学生形成强烈的视觉冲击和心灵上的震撼,产生身临其境的逼真效果,有利于通过情境激发学生的环境意识,培养学生对社会的责任感及科学探究精神,进而激发学生的学习热情。

　　(二) 案例点拨

案例 4-8　"元素周期表的应用中同主族元素性质的预测"教学情境创设

教学案例	分析点拨
【教师】元素周期律告诉我们,元素性质呈周期性变化,那么,同一主族的各元素性质有什么变化规律呢? 【演示】钠与水反应。 【教师】对于钠与水反应的现象大家比较熟悉,那么与钠处于一个"大家族"中的兄弟钾、铷、铯与水反应的情况又是如何呢?同学们可以先想象一下。 【播放】钾、铷、铯分别与水反应的录像。 【教师】为什么同为碱金属元素,与水反应现象有如此大的差别?	因为钾、铷、铯与水反应过于剧烈,不宜在课堂内作演示实验,但如果只是讲解,学生无法留下深刻的印象,甚至产生怀疑。借助实验和录像相结合,让学生直观地感受钾、铷、铯与水反应的现象,并比较异同,便很容易得出同一主族元素性质的递变规律。 　　学生在观看实验录像之后会产生疑问,为什么同为碱金属,与水反应时反应现象差别如此之大?有了疑问,学生就可以在丰富的视听资料的刺激下,展开对碱金属性质递变规律的学习。

（三）实施要点

1. 多媒体以其丰富的声音、图片、动画、音乐、视频等形式，最大限度地调动学生的视觉感官系统，充分展示教学手段的多样化，改变传统教学的枯燥与乏味，给教学注入新鲜的活力。但是运用多媒体创设情境必须是以落实学习任务为目标，以激发学生思维为核心，让学生将已有的、熟悉的经验迁移到要学的新知识中，使原来陌生的、抽象的或枯燥的知识变得生动形象、富有趣味，有利于学生的思维开发和能力的培养，从而更好地体验教学的内容和情感。切不可哗众取宠、喧宾夺主、远离主题，或是为多媒体添加过多的美化和装饰，成为教学的干扰源，分散学生的注意力。

2. 多媒体技术运用的时机要适当，要注意和教师的讲解相配合。一般在播放前应有必要的引导或交代，帮助学生明确目的，抓住重点，避免观看过程流于表面。在观看后要组织学生开展讨论，强化提供的信息，解决目标性问题。

3. 多媒体技术虽然有诸多优势，但在教学中的运用并非多多益善，要用其所长，要清楚地认识到多媒体是辅助教学的，什么时候使用、在什么地方使用应当认真研究，对于能运用真实情境的应尽可能不用多媒体。多媒体若使用不当或过度，反而会画蛇添足，影响教学目标的实现。尤其是化学实验，切不可以多媒体演示代替必要的化学实验。化学是以实验为基础的科学，实验的功能不仅在于让学生正确感知化学事实、深刻理解化学知识，还体现在培养学生实事求是的科学态度和探索创新的科学精神。同时学生通过实验过程还可以直接获得成长所必需的成功和失败的体验。所以课堂上可以进行的演示实验、学生实验，不应人为地制成多媒体课件在课堂上演示。

第二节　问题生成策略

晋代学者张载有几句名言："读书先要会疑。于不疑处有疑，方是进矣。有疑而不疑者，不曾学，学则须疑。"这段话很好地诠释了学习的方法，它充分说明学习是一个不断质疑和释疑的过程。爱因斯坦也曾说过："提出一个问题往往比解决一个问题更重要。因为解决问题也许仅是一个数学上或实验上的技能而已，而提出新的问题，却需要有创造性的想象力，而且标志着科学的真正进步。"现代心理学研究表明,疑问是思维的导火索,是创造发明的源泉之一,显然,在追求创新的今天,"问题生成"已成为创新人才素质的重要组成部分,是学生可持续发展所必备的基本能力。《化学课程标准》指出:"培养学生形成较强的问题意识,善于发现和找到具有价值的问题,能够独自质疑、思考问题,逐渐养成很强的问题意识。"由此可见,在化学教学中培养学生的问题意识已是一项重要的任务。

化学教学中的问题生成,主要包括两个方面。一是教师提出问题(简称教师提问),这是课堂教学最常见的一种教学行为,是引发学生互动与思维的重要手段;二是学生提出问题(简称学生提问),它是学生在原有知识经验的基础上,对问题情境的一种认知状态,是新知识与原有知识之间产生的矛盾冲突在学生大脑中的反映。教育实践表明,问题生成能有效地引发师生互动,师生互动又反过来促进问题生成。因此,在化学教学中"问题生成"就既成为促进师生互动的一种教学手段,又成为培养学生的问题意识,让学生善于发现和表述问题、敢于质疑、勤于思考的重要教学方法。

一、教师的提问

教师的提问是引发师生互动最常用的手段。教学过程是教师的"教"与学生的"学"的双向过程,而启动、引导和推动"教"与"学"双向交流最直接的方式就是教师的提问。教师的提问具有创设问题情境、指明学习目标、促进思维发展、搭建互动平台、形成反馈渠道、完善知识结构等功能。提问主要的功能可简洁直观地用图 4-1 表示。教师的提问除上述显性作用外,还有一个很重要的隐性功能,就是为学生示范如何发现问题、表述问题。因此,教师的提问对课堂教学有着非常重要的作用。

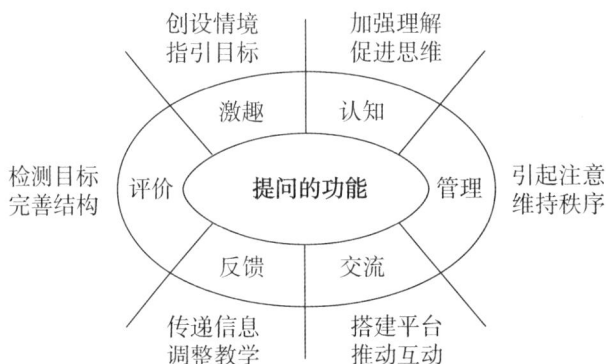

图 4-1　课堂提问的功能

新课改坚持以"为了学生终身发展"的思想为指导,让学生成为学习过程中的主体,这个主体的形成很重要的方面就是学生积极主动地思考,而教师的提问能有效地引发和促进学生的思考。但不同的提问内容、方法和策略会产生不同的效果,这就对教师的提问提出更高的要求,需要更科学地把握提问内容、方法和策略。

（一）灵活地运用提问方式

不同的提问方式有不同的功能与作用,会产生不同的效果。从引发学生思考、促进积极的互动角度来考虑,化学教学中应根据不同的教学目的,采用不同的方式,注意多种提问方式相结合,并经常变换手法,切忌僵化成一个固定的模式,即使对同一内容,在不同的场合下提问也要注意转换角度,让学生有一种新鲜感。

1. 直问式

所谓直问,就是开门见山、直截了当地提出问题,直指问题中心和目标。直问是课堂最常用的提问方式。直问的特点是简洁明了,有助于集中学生的注意力,让学生直接进入思考状态,引导他们积极地分析、解决问题,同时还能为学生示范如何发现和思考问题,抓住主要矛盾。

例如,在学习氨与酸反应时,教师在演示了蘸有浓氨水和浓盐酸的玻璃棒接近时的实验后,直接问:"为什么蘸有浓氨水和浓盐酸的玻璃棒接近时会有白烟生成?"再如,学习电离平衡时,可直接问:"水能否电离？向水中加入少量的盐酸是促进水的电离还是抑制水的电离?"这样的问题能让学生很快进入思维状态,思考问题的关键。

2. 曲问式

所谓曲问式,就是提问时采用迂回的方式,即先不直接提出所要解决的问题,而是提出与此有关的其他问题作为铺垫,然后找准时机,引出须解决的问题的提问方法。曲问的方式能为学生搭建认知的台阶,形成"稳扎稳打""层层推进",有利于加强知识间的联系,使学生对问题有一种豁然开朗、水到渠成的感觉。

如学习"盐类的水解"内容时,用硫酸铝溶液和小苏打溶液混合演示泡沫灭火器原理,虽然学生对这个实验现象很感兴趣,很想马上知道"为什么会有泡沫冲出",但因为这个问题有一定难度,如直接提问学生不一定能回答得好。教师可采用曲问的方式,搭建解决问题的阶梯,将问题设计为:"(1)硫酸铝属于哪种类型的盐?其溶液中存在怎样的平衡?(2)碳酸氢钠属于哪种类型的盐?其溶液中存在怎样的平衡?(3)两种溶液混合后,原来的平衡有什么改变?"通过这样迂回的问题,不但降低了问题的难度,让学生处于积极的思维状态,感受到获得成功的体验,还能引导学生建立知识间的联系,养成良好的学习习惯,深化对盐类水解本质及其影响条件的理解。

3. 比较式

比较式提问是指运用比较来提问的方法。比较式可以在同种事物或不同种事物之间进行,也可以在同一事物的不同部分、不同方面之间进行,或同中求异,或异中求同。乌申斯基说过:"比较是一切理解和思维的基础,我们正是通过比较来了解世界上的一切。"比较式的提问有利于学生认清事物间的相同或不同点,了解知识间的关联与区别,从而达到增强记忆、加深理解、灵活运用的目的。在比较中发现规律,有利于发展学生的求同思维或求异思维能力。

如在学习乙炔内容时,提出:"请同学们比较甲烷、乙烯和乙炔的结构和性质有哪些异同点。"再如,学习硝化反应时提出:"实验室制乙烯、硝基苯和石油蒸馏实验中,温度计的使用方法有何不同?"这样的提问,不仅能激发学生的思维,让学生在问题引导下积极地提取、整理信息,还能引导学生对所学知识进行再整理和再加工,使所学知识能更好地结构化,形成知识间的联系,抓住本质属性,掌握知识间的异同点,为灵活运用奠定基础。

4. 收敛式

收敛式问题是将多种知识集中,从某种角度提出应用要求,强化某些知识技能的问题形式。收敛式问题对加强认识物质属性和分类,帮助理解概念,学会归纳,找到诸多问题之间的共性,使学生获得的知识明确化、系统化等方面有着积极的作用。如学习氢气还原氧化铜实验操作时提出两个问题,第一个问题从正面提出:"通入氢气一会儿后点燃酒精灯,有什么现象?并加以解释。"第二个问题从逆向提出:"要发生 $2Cu + O_2 \xrightarrow{\triangle} 2CuO$ 这个反应,应该进行什么操作?看到什么现象?"通过这样的收敛式问题,可以加深学生认识问题的力度。

5. 发散式

发散式问题意在激励学生探索各种可能性,获得新的发现,重视多样性,不强调唯一的标准答案。发散性问题不仅能激起学生强烈的求知欲望,还能引导学生从多角度、多途径去思考,开阔学生的视野,培养思维和创新能力;发散式问题不仅有利于学生发挥学习主动性,学会应用经整理、整合的已学知识解决问题,还能帮助学生养成高层次思维的行为习惯。教师在提出发散式问题时要做到以下几方面:第一,流畅性。提出的问题要让学生在一定时间作出迅速且多变的反应。第二,变通性。使学生能摆脱心理定式的影响,从新的不同角度考虑问题。第三,精致性。对复杂问题,提供多方面的细节补充并进行润色,使学生的思维更加科学,更加适应需要。如学习"铜的性质"时,提出问题:"利用哪些途径可以实现由 $Cu \longrightarrow CuSO_4$ 的转化?"这就为学生主动学习、有效整理和运用知识打开思路。

6. 中心式

中心式问题是用一个或多个问题服务于一个中心,它是集知识、能力考察为一体的问题。如复习碳和碳的化合物性质时提问:"蜂窝煤炉里煤燃烧时共发生了哪几个化学反应?"这一问题用化学方程式为骨架编制出单元知识网络,形成丰富的思维材料,把学生的思维推向更深的层次。

7. 组合式

组合式问题是将若干个相互关联的问题组合成一个"问题群"或"问题链"(指一组有中心、有序列、有层次、相对独立的问题)。组合式问题的一个优势是根据事物之间必然的联系,通过递进式问题,一环扣一环、一层连一层推进,使问题逐步完善或加深。组合式问题有利于搭建认知台阶,针对学生可能出现的困惑,把教学难点分化瓦解,增强学习动机,提高学生的学习兴趣,引导学生的思维向知识的深度和广度发展。同时,化学教学中知识的整体性较强,一些问题的范围太大或难度过深,解决过程容易造成分散、费时、缺乏整体性。组合式问题充分考虑了问题的相互关联、层次、受益面、解决问题时的时间利用率等方面,充分注意到了发挥现有问题的作用,保持思维连续性、层次性,提高课堂教学效率和实效,这是组合式问题的另一个优势。通过对"问题群"的讨论,不但能够为解决课堂重点和难点铺设阶梯,还能产生"整体大于部分之和"的效果,提高课堂提问的经济性和有效性。

如在"盐类水解"教学中,学生对水解的实质、水解产物的确定、水解后溶液的性质等较难判断。如直接让学生回答,往往会出现"冷场"现象,很多学生易出现思维受阻。如果以"分析水的电离平衡"作为先行组织者,用勒夏特列原理作分析,设计成下列有梯度的组合式问题,学生会在轻松愉快的讨论氛围中得出正确的结论。

问题1:如何使平衡向电离的方向(水离解成离子的方向)移动?

问题2:如果向水中加入一种只能减小 H^+ 浓度的微粒,平衡将如何移动?溶液性质将如何变化?

问题3:如果向水中加入一种只能减小 OH^- 浓度的微粒,平衡将如何移动?溶液的性质将如何变化?

问题4:具有怎样性质的物质可以结合水中的两种离子? 可以用实验证明吗?

(二) 合理地使用提问的类型

依据不同的标准,可以将课堂提问分为许多不同的类型序列。在化学教学中,根据提问的功能主要可以将提问分为以下类型,不同类型的问题有不同的功效。

1. 引入性提问

引入性问题引导学生进入学习状态,为教学中心内容作引导性的准备。引入性问题既可以在新课前导学部分呈现,也可以在课堂中呈现。引入性问题的呈现必须适切,其主要功能就是让学生体验概念、原理和规律等的提出过程,结合已有知识进行资料查阅并作简单的信息处理。引入性问题使用得当,可以承上启下,在熟悉旧知的基础上,为学习新的内容扫清障碍。

如学习"元素周期律"知识时,可提出这样的引入性问题:"门捷列夫是如何发现元素周期律的? 元素周期律解决了哪些问题?"这些问题很自然地将学生引入主动学习的氛围之中。

2. 激思性提问

激思性提问是化学课堂提问最常用的一种方式,通过提问,引发学习动机,促进学生积极思维,建立知识间的联系,理解和掌握学习内容,达到发展思维、提高问题解决能力的目标。激思性提问的关键是能激发学生的思考,培养思维能力。

如学习"氮的性质"内容时,针对氮元素性质特殊,氮气反应条件要求高,只通过简单的讲解,学生对这一问题记忆和理解都不深刻。教师由此提出激思性问题:"农民们常说'一场雷雨一场肥',从化学的角度,这里包含怎样的化学反应原理?"通过这样的问题,能激发学生主动思考,加深了对氮气稳定性的认识和氮气在一定条件下发生反应的理解:氮气在放电的条件下能部分转化为一氧化氮,一氧化氮在空气中被氧化成二氧化氮,二氧化氮与雨水作用生成硝酸,极稀的硝酸进入土壤转化为硝酸盐成为肥料。这些问题的提出能有效地激发学生思维,促进学生主动学习和理解。同时,由于问题贴近学生的最近发展区,让学生用化学知识解释自然现象,学生能体验到成功的情感。

3. 诊断性提问

诊断性提问主要是了解学生识记、理解和掌握情况的一种提问方式。研究表明,教学中只向学生介绍成功的方法和途径,将会破坏学生对学科思维的神秘感和好奇心。事实上,允许学生犯错误也是对其求异思维的保护和创新思维的培养。通过对失败原因的探讨及错误思维过程的反思,可提高学生思维的自我监控能力。诊断性问题是围绕教学内容中的重点、难点、疑点和易错处,精心设计的一些具有针对性的问题,诱使学生充分暴露错误和薄弱环节,然后教师可对症分析,进行教学会诊,使学生在出错、指错、究错、纠错中获得真知和技能。

如在进行"电解质和非电解质"内容学习时,可设计如下诊断性问题:"什么是电解质和非电解质? 盐酸是不是电解质? 二氧化硫、二氧化碳、氯化钠中哪些是电解质? 原因是什么?"通过师生共同归纳、整理和总结,进而明确:判断是否电解质,首先考虑这种物质是不是化合物,再考虑该化合物是不是离子化合物,如果是离子化合物则是电解质,如果是共价化合物,还要考虑溶于水后该化合物本身电离还是生成物电离。这样的诊断性问题能很好地消除可能存在的模糊认识。

4. 质疑性提问

学生理解、掌握化学概念需要经过形象感知到抽象概括的过程,如果学生在学习化学概念和原理时出现一知半解、似懂非懂的情况,这时教师就应从知识的正反两方面来提出问题,让学生自己动脑、得出结论,以提高学生的判断能力,培养学生探索和追求真理的精神。

如学习"弱电解质的电离平衡"内容时,学生对弱电解质电离的概念似乎不难理解,也很难就概念本身提出多少具有建设性的问题。教学时,教师可以反过来问学生:"外界条件对速率的影响、对平衡的影响与弱电解质电离平衡概念中'在一定条件下的可逆反应……',这三个地方的'条件'有何联系? 又有哪些不同？为什么？"这样的提问使学生的思维向知识的纵深扩展,加强了学生对抽象概念之"所以然"的理解,也使学生的思维更加严谨。教师引发质疑式提问,通过对提出问题的剖析,教会学生思考和钻研化学抽象概念的方法。

5. 迁移性提问

迁移式提问就是利用已学过的知识或方法,借助问题,引导学生进行合理的运用,达到解决新问题的方法,同时在此过程中培养学生善于灵活迁移的思维品质。不少化学知识在内容和形式上有类似之处,可以在提问或学生回顾旧知识的基础上过渡到对新知识的提问,为学生架起知识联系的桥梁,将学生已掌握的知识和思维方法迁移到新内容中去,更有效地解决问题。

如学习"氯化氢气体性质"时进行"喷泉实验"过程中,当学生了解了氯化氢气体产生喷泉的原理后,提出问题:"若希望让二氧化碳气体、二氧化硫气体也能发生喷泉现象,你能设计出这个实验的装置吗?"学生就能根据提出的问题进行知识迁移,并灵活地运用,同时有利于对产生"喷泉"原理的深入理解,发现规律,活用知识。

6. 探究性提问

科学探究是科学家探索和研究问题通用的科学方法。通过对探究性问题的讨论,可以激起学生的认知冲突,激发他们的求知欲望,让学生在主动的探究中迸发思维的火花,并在探究过程中体验、理解和掌握科学研究的基本方法。有效的化学探究性问题设计应充分体现课程教学目标,必须建立在学生认知发展水平的基础上,强调学生从已有化学知识和生活经验出发,让学生在问题解决过程中思考、质疑、交流、归纳、总结,让学生经历"直观—感性认识—理性思考—疑问—挑战—交流—释疑"的活动过程,进而完成对知识的主动建构,在活动中学会学习。

如学习"化学反应中的能量变化"内容时,利用与生活密切联系的"即热饭盒"设计探究性问题:

"即热饭盒"使用起来非常方便,撤去底部的厚纸板几分钟后,饭菜就变热了。

(1)"即热饭盒"能加热食物的原理是什么？应满足哪些条件？

(2)探讨有哪些可作为生活用"即热饭盒"的反应原料。

(3)画出即热饭盒的构造,并自己动手设计一个"即热饭盒"。

这样的探究性问题能增强学生对化学知识的探究兴趣,给学生提供充分的从事化学活动的时间和问题解决的机会,帮助他们在自主探究和合作交流的过程中掌握基本的化学知识与技能、化学思维方法,并初步形成科学的思维,真正落实学生的认识发展。

7. 预测性提问

所谓预测就是依据一定的事实材料和理论知识,对事物现象等研究对象的未知特征本质和规律的一种推测性判断。这是科学家常用的思维方式,它的特点是既能总结已有的知识,又能对未知领域进行新的探索,这样的问题可以提高学生思维的概括性,培养学生的科学探索精神。

如学习"苯酚的性质"内容时,可设计如下问题:"根据苯酚分子结构特点,你能推测苯酚有哪些可能的化学性质吗?"通过这样的问题将苯酚结构与其性质联系到一起,通过苯、醇的结构推测苯酚可能有的性质,将苯酚、苯、醇的结构、性质建立起联系,从而构成了新的知识网络。

8. 总结性提问

所谓总结性提问,即让学生主动地对所学知识进行梳理和归纳,唤起知识回忆和形成系统知识结构而设计问题,其目的在于让学生自己总结本节课或本单元所学知识的结构或内在联系,对平时学到的分散的、孤立的知识进行归纳总结、分析比较,从而形成一个系统化、结构化的知识网络。

如进行"物质的量与物质的量浓度的复习"时,提出问题:"什么是物质的量?计算物质的量有哪些方法? 物质的量浓度与质量分数之间有什么联系,关系如何?"学生自然会根据自己对本单元内容的理解,主动地建构起自己的知识体系。

(三) 清晰地表述提出的问题

语言表达能力是教师应该具备的最基本的能力之一。教师在课堂教学过程中主要通过语言行为来向学生阐述自己的教学思路和思想。要提高课堂提问的有效性,教师除了在设计问题时要深思熟虑、精心挑选,还要注意阐述问题必须明确简练、富有条理,使学生明确问题的指向,应避免言语啰唆、逻辑不清,并且尽可能每一次只提出一个问题,必要时可将关键部分进行适当重复,这样可以使学生在短时间内的注意力得到集中,在听完问题后能够立即明白问题的关键,有目的地进行思考,实现提问的有效性。

例如,在铁的化合物章节学习中,教师可以这样提问:"氢氧化亚铁沉淀是什么颜色?""为什么往硫酸亚铁溶液中滴加氢氧化钠溶液后生成的沉淀会出现颜色变化?""利用硫氰化钾溶液,可以根据什么现象检验溶液中三价铁离子的存在?"这样一个个提出的问题指向明确清晰,学生在思考时有方向,能较好地达到提问的目的。

一般来说,问题的表述应遵循"六要六不要"的原则。即提问要具体明确,不要过于抽象;指向要明确,不要模棱两可;切入点要小巧,不要漫无边际;要尽量使用"是什么""为什么""怎么样",不用或少用"是不是""能不能""该不该",以免学生猜答;要尽量运用短句,不要添加太多的修饰语;要多用生动活泼的口语,不要使用文绉绉的书面语。

(四) 系统地组织问题的结构

化学教学中,一堂课中的问题往往是有一定结构的,把握了问题的结构,就能整体地、系统地思考问题的设置。系统性、层次性好的问题能给学生提供思维的路标,学生的思维也会富有逻辑性。在设计问题时应注意考虑问题之间的关联和问题的层次,每个层次的问题所要达到的目的应是不同的。从问题的内部结构来看,问题结构主要包括主题问题、核心问题、关键问题、辅助性问题、关联性问题和衍生性问题。问题设计时一定要围绕主题,确定核心,抓住关键,用好辅助,关注关联性和衍生性问题。

明确主题问题是问题设计的首要环节。根据教学目标、围绕主题问题设计核心问题,能使问题具有较好的层次性。核心问题有利于激活学生的思维活动,提高学生的课堂学习效率。设计主题问题、核心问题的过程,也是明确本节课主要教学目标的过程,围绕教学目标设计的各项教学活动应指向主题问题、核心问题的解决,要使学生能够清楚本节课所要研究的问题,做到在整节课的学习中思维里一直存在这些问题。要用问题驱动学生思考,让学生的思维随着教学的进行,朝着问题解决的方向前进。

核心问题至关重要,但核心问题通常是比较复杂的问题,这就需要将核心问题进行适当的分解,使之变为若干子问题。一节课的核心问题也不宜过多,一般来说,每一节课有一个主题问题,主题问题下有一二个核心问题和数个非核心问题,每一个核心问题下有一二个关键问题和若干个非关键问题。

对问题之间的相互关系不能孤立地、片面地看待,只有放在问题系统中考虑才会更为恰当。在设计问题系统时,要注意结构基本完整,使其具有较好的逻辑性。为此,必须弄清楚哪些下级问题是上级问题的核心部分、关键部分,哪些是不难解决的一般性问题,做到逻辑层次分明,能突出核心问题、抓住关键问题。另一方面,在重视问题的系统性、逻辑性,做好问题系统设计的同时,还要善于根据学生的实际情况,设计一些关联性问题和衍生性问题,灵活地加强知识的联系和拓展。对不重要的问题和过于简单的问题应作恰当的省略,以免它们分散学生对重要问题的关注,提高问题系统的有效性。

如"乙烯"教学问题设计时,可按下列结构框架进行设计。

表 4-1　乙烯的结构、性质问题系统设计框架

乙烯是什么样的物质,有什么用途?(主题问题)	乙烯具有怎样的物理性质?		
	乙烯的分子结构是怎样的?(核心问题)	乙烯分子中的 2 个碳原子和 4 个氢原子是怎样结合的?	比较乙烯和乙烷的结构。
		如何书写乙烯分子的电子式、结构式和结构简式?	
		乙烯分子具有怎样的结构特点?(关键问题)	
	乙烯具有哪些化学性质?(核心问题)	试书写乙烯燃烧的化学方程式,并解释乙烯燃烧时产生黑烟的原因。	如何检验乙烯燃烧时有水和二氧化碳生成?
		根据酸性高锰酸钾溶液的性质,结合实验现象,试推测乙烯具有怎样的化学性质。(关键问题)	如何鉴别乙烯和乙烷?
		将过量的乙烯通入盛有溴水的试管中,溴水褪色,说明什么问题?(关键问题)向反应后的溶液中加入经硝酸酸化的硝酸银溶液,无明显现象,说明什么问题?	乙烯与溴反应是取代反应吗?
			乙烯和乙烷都与溴反应生成 1,2 -二溴乙烷,两个反应有什么不同?
			能与乙烯发生加成反应的试剂有:H_2、HCl、H_2O 等,请写出三个反应的化学方程式。

（五）灵活地设计问题情境

灵活地设计问题情境，可以激发学生对问题的兴趣，进而积极主动地探索问题。通过特定的情境问题，使问题与学生原有认知结构中的经验发生联系，唤醒学生的学习热情。设计问题情境应该注意把握三要素：

一是新的、与生活实际密切联系的、未知的事物（目的），这是产生问题情境的核心要素。为了在教学中设置问题情境，必须要求学生完成某种任务，把需要掌握的知识融入未知事物的探索过程中，以未知的事物反映思维对象。化学课程标准强调："注意从学生已有的经验出发，让他们在熟悉的生活情境中感受化学的重要性，了解化学与日常生活的密切关系，逐步学会分析和解决与化学有关的一些简单的实际问题。"新课改也从过去注重单一的认知性学习目标，转变为认知性、技能性、体验性三个维度目标的有机结合。因此，教师应着眼于学生的主体地位，利用丰富的课程资源，积累与生活、生产实际相关的素材，整合设计成能激起学生求知欲的问题情境，促成学生良好的内心体验和化学学习情感。

二是思维动机（如何达到），即对未知事物的需要。正是学生的已有知识和经验与新知识或新问题的矛盾冲突激发了学生对新知识的需要和探索的欲望。心理学研究表明，人都有填补认知空缺、解决认知失衡的本能。所以，对未知事物的需要是产生问题情境的基本条件。

三是学生的知识能力水平（察觉到问题），包括学生的创造能力和学生已达到的知识水平。所提出的问题必须能让学生在已有的知识水平上能觉察得到，这是思维的开端，然后学生必须具备一定的能力才能使思维进行下去，最终解决问题。学生具有的觉察和解决问题的可能性越大，即他们的知识、能力水平越高，未知事物与学生认知差距就越少，他们可能完成解决问题的思维步子就会迈得越大。学生的知识、能力水平是进行思维的重要保证。

如"铁性质的探究"内容学习时，可设计如下问题情境：

播放视频"缺铁性贫血"的相关报道。

【情境】缺铁性贫血是我国高发病率的营养缺乏疾病之一。专家表示，补铁试剂的推广将有助于这一问题的解决（展示某补铁保健品）。

【问题】作为补铁剂，①铁元素以什么价态存在？是单质铁还是 Fe^{3+}，Fe^{2+}？

②如何检验其中的铁元素?

【情境】(魔术表演)实验 1:Fe^{3+} 的检验——一张用 KSCN 处理过的滤纸,喷上 $FeCl_3$ 溶液,出现图案。

【问题】口服液中有 Fe^{3+} 吗? 如何证明?

【情境】实验 2:口服液中滴加 KSCN 溶液后,再逐滴滴加 $KMnO_4$ 溶液,观察现象(开始不变色,随着 $KMnO_4$ 溶液的继续滴加,溶液最终呈现血红色)。

【问题】口服液中含有 Fe^{2+},那么:①为什么一开始没有看到出现血红色的现象? ②有同学猜测口服液中含有还原剂,查看配料表,哪一种物质可能是还原剂? ③还原剂的作用是什么?

(六) 精准地把握提问内容

1. 紧扣教学目标,服务学生发展

化学课堂提问必须有助于达成教学目标,有助于学生发展。问题设计,是指围绕教学目标而进行的学习任务设计,它通常是通过问题的形式来重新组织课程内容,学生解决问题之时即为教学目标达成之时。

一是把握教学目标的阶段性,如学习氧化还原反应内容,基础型课程和拓展性课程的教学目标要求的层次是不同的。如在高一学习"进一步认识氧化还原反应"时,教学提问的内容设计应该是定位在对初中得氧和失氧的基础上,以反应过程中元素的化合价变化判断氧化还原反应为过渡,让学生逐步掌握氧化还原反应的本质是发生电子转移,进而学会判断氧化还原反应中的氧化剂和还原剂。从学生的认知发展和教学容量的要求来说,不宜对氧化还原化学方程式的配平、根据金属活动性顺序判断相应阳离子的氧化性强弱等内容提出要求。

二是教学目标的全面性。课堂提问不但应关注认知目标,更要关注学科核心素养的落实,促进学生形成积极的情感体验。如在高一学习"氧化还原反应"时,提出问题:"从得氧失氧、化合价变化、得失电子才能判断氧化还原反应,你认为哪种方式更能反映氧化还原的本质,你能否找到它们的适用范围以及之间的联系?"这样就能促进学生的主动学习,帮助学生掌握建立知识之间联系的方法,并能使学生在学习过程中获得积极的情感体验。

2. 把握问题的深度和广度,贴近学生的最近发展区

提出问题的深度和广度对学习效果起着很大的影响。问题过于简单,学

生往往张口就答,不假思索。问题也不能过深过难,如高一新课时,有些教师用高考题或高考模拟题作为问题,由于学生尚不具备深入分析理解和综合能力,课堂往往一片寂静,虽然教师强调"试试看,答错没关系",但仍无法互动,出现"冷场"现象。教师尽管用较长时间解说引导,部分学生仍一知半解,难免觉得枯燥难解,从而渐渐对高中化学的学习失去信心。因此,在设计问题内容时,教师应从学生的角度,基于目标和学生实际情况,不急于求成,注意阶段性目标,充分把握好问题的深度,让学生不再感觉问题的解决是遥不可及的事情。若不从学生的角度考虑而盲目拔高,学生必修知识基础打得不扎实,提问效果必定适得其反。

例如,学习"从铝土矿中提取铝"的工艺流程中,涉及将偏铝酸钠溶液转化为氢氧化铝沉淀。相关的问题"为何实际操作中要通入过量的 CO_2"学生不难理解:使偏铝酸钠溶液充分转化为沉淀。至于问题"①若向偏铝酸钠溶液中通入少量 CO_2,产物是什么? ②能否设计实验比较碳酸、偏铝酸、HCO_3^- 的酸性?"则可与后续的"往苯酚钠中通入 CO_2,有什么现象和产物?"问题一同进行探究。只有提出的问题贴近学生的最近发展区,才能更好地引发学生的思维,触发学生的互动。

在提问时除了注意问题的深度外,还要关注问题覆盖知识的广度,提出与本课时教学紧密关联的问题,加强知识间的联系,为灵活运用知识奠定基础。如前面提及的"乙烯的结构、性质问题系统设计框架"中设计的问题:"比较乙烯和乙烷的结构。""如何检验乙烯燃烧时有水和二氧化碳生成?""如何鉴别乙烯和乙烷?"这些问题既可以巩固新知识,也可以加强知识间的比较与联系。

(七) 巧妙地设计问题梯度

提问要掌握难易梯度。问题过于简单,达不到启发的目的,学生也不会感兴趣;提问内容太难,学生无从下手,不知所措,则影响学习兴趣。因此,好的问题如同为学生搭置了合适的台阶,让学生循着台阶拾级而上,既有思维过程的体现,又有获得成果的喜悦。对于化学学科一些难理解的原理、规律等,应围绕中心问题进行剖析,然后按照一定的逻辑结构精心设计成问题链,能帮助学生形成思维的阶梯,指引学生循序渐进。

如在"氯气的性质与制取"教学中,可设计以下阶梯性问题:

① 氯气有哪些主要的化学性质?

② 氯气为什么能使湿润的有色布条褪色?

③ 氯气能溶于水,但可用排饱和食盐水法收集氯气,请用平衡理论说明原因。

④ 如何设计一实验装置制取和收集氯气,并尽可能消除可能带来的污染?

借助以上一组提问,学生可以增强对氯气性质的记忆和理解,掌握制取的原理和注意事项,增强环保意识。

修订版的布鲁姆教育目标分类法将知识目标用"知识类别"和"认知过程"两个维度来表述,不同水平的问题都与学习者不同类型的思维活动相联系[①]。根据上述不同层次水平的问题,可列出如表 4-2 所示问题与其层次及思维活动关系表。

表 4-2　氯气性质与制取有关问题层次表

序号	实例	知识类别	思维活动	问题层次
A	氯气有哪些主要的化学性质?	事实性知识	记忆、复述	记忆性问题
B	为什么氯气能使湿润的有色布条褪色?	事实性知识	说明、解释、举例	理解性问题
C	氯气能溶于水,但却可用排饱和食盐水方法收集,请用平衡理论说明原因。	概念性知识	分析、推论、解释	分析性问题
D	设计一实验装置制取和收集氯气,并尽量消除可能带来的污染。	程序性知识	预测、推理、创造	创造性问题

上述问题的目标也可形象地用"知识类别"和"认知过程"两个维度来表述(图 4-2),可清晰地看出问题处在认知过程和知识类别相交的位置上。

---

① L.W.安德森.学习、教学和评估的分类学(布卢姆教育目标分类学修订版)[M].皮连生,译.华东师范大学出版社,2008.

知识类别

元认知

程序性　　　　　　　　　　　　　　　　　　　●

概念性　　　　　　　　　　　　　●

事实性　　　●

　　　　记忆　理解　应用　分析　评价　创造　认知位置

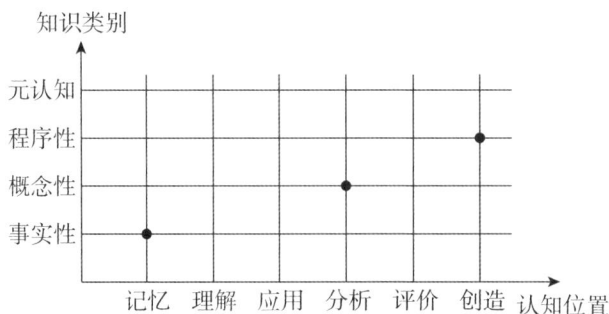

图 4 - 2　问题水平层次图

(八) 适当地选择提问的时机

"不愤不启,不悱不发"表明教育应注重启发学生的时机。课堂提问也应关注问题的类型和学生的学习状态,抓住最佳时机才能达到最好效果。

1. 在学生充满好奇的状态下提问

如在实验探究时,学生对实验现象充满好奇,对实验的结果满怀期待,这时抛出问题,学生就很容易与教师和同学产生积极的互动。例如:在金属钠与水反应的教学中,当完成实验、学生们充满疑惑时,教师可提出以下问题让学生思考:"①钠为什么浮在水面上? ②钠为什么熔成小球并向四周游动? ③钠投入水中为什么有嘶嘶的声音? ④钠与水反应后的溶液中滴加酚酞后为什么会变红?"这些问题的提出,会引发学生的积极思考,激发学生对现象背后的原因的探索。再如,当学生了解金属钠与水反应的有关知识后,要解决"金属钠能否置换出硫酸铜溶液中的铜"这一问题,可让学生先做"铁与硫酸铜"反应的实验,让学生分析思考并写出相应的化学方程式;然后让学生推测金属钠与硫酸铜溶液反应的化学方程式,学生根据已有认知会认为金属钠能将铜置换出来;之后教师再演示金属钠与硫酸铜溶液反应的实验,实验事实证明金属钠与硫酸铜溶液反应并无金属铜置换出来,这"出乎意料"的实验现象让学生感到惊讶,他们迫切地希望找出答案。这种由知识的实际应用提出的问题,最能激发学生的求知欲望,调动学生学习化学的积极性。

2. 在知识结构"关键"处提问

知识结构的"关键"之处往往也是需要重点理解或是反映本质特征的点。如学习"苯的性质和结构"时,提问"为什么苯既能和氯气进行取代反应,又能和氢气进行加成反应,你能推测出苯可能有怎样的结构特征",让学生深刻地认识苯的特殊结构。再如,在"氯气的工业制法"教学中,有关氯碱工业的装置,可设计以下问题系列:"①氯碱工业最终得到哪些目标产物? ②若反应在 U 型管中进行,能达到目的吗? ③若分别要制得目标产物,装置应如何改进?"借助以上提问,学生清楚认识到"阳离子交换膜"在氯碱工业中的必要性和重要性。

3. 在学生认知冲突处提问

教学"原电池"时,教师先演示实验:把锌片与铜片分别插入盛有稀硫酸的烧杯中,以此验证锌与稀硫酸反应、铜与稀硫酸不反应的结论——这是学生已有的知识。然后,将锌片与铜片用导线连接起来,再同时插入稀硫酸中,这时可明显发现铜片表面有大量气泡产生,而锌片表面则几乎没有气泡产生——这个"反常"的实验现象与学生固有的知识产生了强烈的认知冲突。这时,教师提问:"锌和稀硫酸反应的实质是什么? 锌和铜相比,哪个更容易失去电子? 氢离子在哪里得到电子,这些电子是谁失去的? 实验中的电流是怎样产生的? 电流方向和电子流动的方向如何? 当锌片与铜片用导线连接起来,再同时插入稀硫酸中,铜片表面有大量气泡产生,是不是铜和稀硫酸反应产生了气体?"在这几个问题的引领下,学生就会主动地思考探索,并能顺利地突破学习难点,较好地理解原电池的工作原理。

4. 在学生困惑时提问

如在学习"电解质的概念"过程中,一些学生往往对概念片面地理解而产生干扰,认为氨气、二氧化硫、二氧化碳等也属于电解质。此时教师不给予简单的判定,而是设置问题:"你认为电解质概念中有哪几个关键词要加以重视? 电解质概念中的内涵是什么?"引导学生进行思考和互动,发现"电解质必须是本身能够发生电离"这一本质属性,进而找到解决问题的路径,收到豁然开朗的效果。

5. 在学生进入学习误区时进行提问

学生在学习过程中难免会进入一些误区,教师可以尝试把"学习误区"当成一种教学资源,巧妙地利用,通过提问引发师生互动,让学生在引导和互动中主动地发现问题、解决问题。如进行"卤素"教学时,因在元素周期表中同一主族的 F、Cl、Br、I 从上到下其非金属性依次减弱,而非金属性越强,其最高价氧化物对应的水化物的酸性越强,据此有同学推测 HFO_4 是最强的含氧酸。针对这一学习误区,教师首先肯定学生利用元素周期律知识推测出 F 是自然界中非金属性最强的元素的正确观点,然后加以引导,让学生写出 F_2 和 H_2O 反应的化学方程式。学生豁然开朗,F 的特殊性决定了不存在 HFO_4,$HClO_4$ 才是最强的含氧酸。以学生的学习误区为生长点,恰当引导,可以使学生在师生互动的过程中,细心体悟错在哪里,自然而然走出误区,提高了自身的思维能力。

6. 在新旧知识"连接"处提问

例如,在教学中教师让学生从化合价升降的角度分析"氧化—还原反应",一些学生茫然不知所措,这时教师可提问:"你能从得氧和失氧的角度分析氢气还原氧化铜的反应吗?"学生回答:"$H_2 \rightarrow H_2O$ 的过程中得到氧,称为氧化反应,H_2 被氧化生成 H_2O,H_2 具有还原性,是还原剂。而 $CuO \rightarrow Cu$ 的过程中失去氧,称为还原反应,CuO 被还原生成 Cu,CuO 具有氧化性,是氧化剂。"接着,教师再让学生把反应的化学方程式中各元素的化合价标示出来,这样学生就能较为容易地从得氧、失氧的角度迁移到从化合价升降的角度来分析氧化—还原反应。

7. 在教学内容"平淡"处提问

例如,在比较实验室用双氧水(二氧化锰作催化剂)制取氧气和实验室用大理石(或石灰石)、稀盐酸制取二氧化碳的装置后,学生很容易掌握这两套装置的适用条件:对固体与液体物质在常温下反应制取气体,在大部分情况下这两套装置可以通用(只有一点区别:一套装置用分液漏斗,另一套装置用长颈漏斗)。在这个看似没有多少疑问之处,教师可提问:"一般情况下用双氧水(二氧化锰作催化剂)制氧气的装置只能用分液漏斗那套装置,而制二氧化碳则两套装置都可以用,你知道是什么原因吗?"学生在讨论中激起思维的"波澜"。

(九) 科学把握提问的节奏

1. 调节好提问的密度

提问虽然是促进教学互动的有效手段,但并不是提出的问题越多越好。即使是非常好的问题,也不是多多益善,要注意其密度和容量。"满堂问"与"满堂灌"同样是不可取的。提出的问题过多,学生忙于应付教师的提问,就会处于过度紧张状态,这样可能引起学生精神上的疲劳和心理上的烦躁;如果提出的问题量偏少,结果可能是教师一个人在"唱独角戏",缺乏与学生的互动,这样课堂氛围就会很沉闷,不利于教师调控学生的学习状态,也不利于提升学生的思维能力。提问是否有效,关键是提出的问题是否能引起学生的探索欲望,是否能发展学生较高的思维水平,让学生学会发现问题、分析问题。一般来说课堂提问贯穿整个教学过程,是教学的一条主线,但提问也应有一个恰到好处的度,即保持整个教学过程在一种互动、交融、和谐、高效的状态下进行。课堂教学中教师只有把握好课堂提问的密度,使提问带动教学的进展,使学生处于一种主动思考、享受思维的状态,才能使课堂提问达到最理想的效果。

2. 控制提问的速度

曾有教育专家研究后得出结论,对学生的提问,在每个问题提出之后,至少应等待 3 秒钟,这样做的好处有:可减少卡壳现象;可增强学生的信心;可提高迟钝学生的积极性;可增加发散思维的成分;可增加学生回答的多样性等。因此教师在提问后要留给学生思考的时间,以提升提问的价值。像"连珠炮"式的提问,会造成学生心理紧张,无法冷静分析教师提出的问题,也就不会产生积极的思维活动。不给学生思考的余地,提问也就失去了价值。如何把握课堂提问的速度? 一是教师提出问题后,不要重复问题或催促学生回答,应留给学生充足的时间,让学生思考后作答。二是学生回答完问题后,不要急于给出答案,可以让学生通过其他同学补充后,进一步思考和完善自己的答案。三是在讨论了稍难的问题后,应让学生思考、消化一会儿再转入后续的问题。四是在讨论重难点、疑点问题时,教师要通过语言音调、节奏等的变化引起学生重视,引导学生深入思考。

课堂提问期间,教师要根据问题的难易程度和学生的反应情况,采取合适的停顿。在停顿的这一段时间内,教师既不能无所事事,也不能步步追问而干扰学生的思维,应用鼓励、期待的目光环视学生,获取反馈信息,确定提问的时机和对象,或在学生需要情况下给予适当的引导和帮助,达到课堂提问的最佳效果。

(十) 重视提问后的教学反馈

在课堂提问中,反馈可以促进学生思维的进一步发展。对学生的行为的反馈越早越有效。美国心理学家贝蒙认为:"通过评定人们的行为,能改变自我知觉,从而影响态度的改变。"新课程改革提倡要注重学生学习行为、学习过程的评价。因此,在化学教学的课堂提问中,对于学生的回答,教师先要给予一个明确的评价,然后再进行全方位的讲解,这个过程中也是学生思维提升的过程。这样有利于鼓励学生积极参与课堂,有利于学生积极主动地思考问题。评价不仅是对知识和技能的甄别,更是促进发展的需要。

1. 耐心并充满期待地解答

教师提出问题后等待时间的长短应根据问题的难易度、学生的具体反应情况来确定。不同基础水平的学生对同一个问题的思考时间会存在差异性,只有学生经过独立、充分的思考并且能够正确回答的问题才算是有效的问题。因此,教师在候答时不但要有耐心,还要对学生充满信任和期待。"罗森塔尔效应"实践告诉我们,学生能否持之以恒地学习,与教师的信任程度有密切关系。当学生不能流利回答问题的时候,教师投去期待的目光,说一句信任的话语,给予一次耐心的等待,帮助他成功一次,那么这个学生在课堂上发言水平将会提高,学习能力会得以增强。如果候答的时间过短,学生来不及思考,便无法达到提问的目的。因此,教师耐心的等待可以让学生的紧张情绪得到缓解,思维得到发展。如果教师想从学生那里得到满意的答案,得到有效的反馈,就应该留给学生足够的时间去思考。

2. 及时而富有激励性的理答

教师理答一般有三方面的内容:肯定与表扬、启发与提示、复述与总结。当学生回答正确时,应给予充分的认可和表扬鼓励;当学生的答案不够完整或不正确时,教师也应保持微笑,对学生进行目光鼓励或语言提示,并注意发现其回答中的闪光点。教师要运用好激励性评价和发展性评价策略,充分调动学生积极思维和互动。当学生回答问题时遇到障碍,教师应保持耐心,并积极引导、启发,必要时给予提示或是搭建降低问题难度的台阶,尽可能让学生自己通过努力完成或是部分完成任务。当学生无法理解问题的内容时,可适当重复,或是换个角度提问,帮助学生理解问题的"关键点";当学生回答问题的声音较小时,教师可重复学生的回答;当教师点评学生的回答时,应尽可能引用学生对问题的表述(在不影响科学性和准确性的前提下),这也是对学生一种隐性的肯定。

除了口头语言反馈之外,教师还可以由体态语言行为进行反馈,如耐心倾听的神态、鼓励的手势、适当的点头赞许等等。有效的理答方式可以增强学生的自信心,激发学生学习的积极性,引导学生思维的发展。教师要针对学生的回答情况及时地作评价与反馈,并尽可能多地采用激励性评价和发展性评价方式,在提问的基础上进一步促进教师与学生之间的交流和提升。

苏霍姆林斯基说过:"学习不是毫无热情地把知识从一个脑袋装进另一个脑袋里,而是师生之间每时每刻都在进行心灵的接触。"教学中,师生之间有来有往的问答就是一次次心灵的接触。教师要着眼于建立一个接纳的、宽容的课堂。当学生的观点被得到肯定和赞赏时,他们会表现出更大的学习积极性。教师要承认学生学习化学的个别差异性,采取不同的模式评价不同的学生,用正确的方法发现和鼓励每一个学生的进步。

二、学生提问能力的培养

美国心理学家布鲁纳(Bruner)认为:"最精湛的教学艺术,遵循的最高的原则就是让学生自己提出问题。"教育家陶行知曾说过:"创造始于问题。"提出问题是思维的动力,是创造的基石,也是解决问题的重要途径。爱因斯坦更是把提出问题的重要性提升到创造性的高度。化学教学中应把学生问题意识的培养放在重要位置,课堂教学不只是关注学生掌握多少知识,不只是教师向学生提出问题,更重要的是让学生学会提出问题,让学生在"思考—提问—探索"的一系列对话中,推动着思维不断发展。学生的提问比教师的提问更重要,没有学生的提问,就不会存在真正意义的对话,就不能更好地体现学生的主体地位。

(一) 影响学生提问的因素

1. 外部影响因素

(1) 教师的教学观念

传统的课堂教学更重视训练听觉接收信息,传授知识时教师已梳理得又仔细又周全,学生少有思考和提问的空间,处于信息"饱和"状态。还有一些教师认为提问是教师的专利,教学只需有目的、有计划、有组织地按照教师设计的问题一个个地加以解决,便可获得好的教学效果,因此,教师对问题的设计"天衣无缝",提出的问题"井井有条",唯恐浪费时间,就连探究实验往往也成了步骤清晰的验证性实验,学生要做的就是认真听讲、认真回答,"教师问,学生答"的模式也就成了必然。一些教师担心学生提问会影响教学进度,过于注重学习的结果而疏于学生思维过程的分析,不重视引导、更没有给学生独立地发现和提出问题的空间,忽视学生问题意识的培养,致使学生学习中有疑不能问、不敢问,严重影响着学生问题意识的培养。虽然也有一些教师意识到要发挥学生的主体性,但由于理解的偏差,把"主体"看成是"回答问题"的主体,为了体现学生的主体性参与,教师就把"满堂灌"的课改成了"满堂问",这种方式也不能真正促进学生问题意识的培养。

(2) 课堂的教学氛围

学生在课堂上是否敢于提问、愿意提问,很大程度上取决于课堂气氛是否宽松民主。如果课堂教学气氛宽松民主,学生的思维就会变得活跃,就能敢于发问,不胆怯于暴露自己的真实想法和水平,不怕可能会造成教师的批评。另一方面,教师与学生的关系是否融洽也直接影响学生的提问,所谓"亲其师,信其道",学生喜欢某位教师,就会全神贯注地投入这门课的学习,更加积极主动地思考,继而提出问题。相反,如果课堂教学气氛紧张,学生的思维活跃度就会降低,从而不愿意提出问题。

(3) 教师的权威

教师权威是指学生在崇高人格的养成、文化知识的占有、人生经历的丰富诸方面对教师作用的认可和对教师形象的崇拜,以及由此引发的教师对学生心理的影响。教育是一种把追求高效率作为主要目标的活动,因而教师的权威指导必不可少。但教师作为教室中唯一由制度赋予权威的人物,若缺少权利的制约机制,很容易形成说一不二的"独裁"现象,主要有以下几种表现:一是知识传播中的武断行为,不容许学生提出质疑,不给学生"插嘴"的机会;二是认识过程中的教条主义,更多的是要求学生记忆而忽视学生对知识的理解,不授予学生发现知识的方法,很少鼓励批判性思维,学生更多的是接受教师的要求而少有自己的思考;三是不能根据学生的差异加以不同的引导,呈现的问题不能贴近学生的最近发展区,使学生感到紧张吃力,抑制了学生的问题意识。

(4) 教师对待学生提问的态度

教师对待学生提问的态度直接影响学生提出问题的数量和质量。当教师对学生提出问题的行为表示喜欢、支持、鼓励时,学生的问题会变得越来越多,也越来越有质量,将有利于学生提出问题能力的发展。反之,当教师对学生提出问题的行为表示回避、阻止,学生得不到鼓励性评价时,则会挫伤学生的提问积极性。在现实教学中,一些教师把学生的好奇、提问等创造行为当作一种干扰,认为课堂时间很紧张,让学生自己提问题会耽误教学,影响教学进度,所以不给学生提问的机会,其至禁止学生提问;有的教师对学生提出的"出格"的问题不予理睬,其至嘲讽、训斥;有些教师对学生思考不够成熟的提问缺乏正确的评价,这些都会影响学生提问的积极性,渐渐地造成学生不敢问也不愿意问,阻碍了学生提出问题能力的发展。

2. 内在影响因素

(1) 学生的学习兴趣

学生进入中学后,学业负担日益加重,忙于完成作业和应对考试,身心的疲惫使学生对知识缺乏兴趣,忽视了对其他问题的思考。学生对分数的看重程度远远大于对能力发展的期望,对知识停留在"是什么"而不是"为什么",思维缺乏完整性,当然也就不会自己寻找问题。一些学生由于缺乏兴趣,逐渐产生心理惰性,一些问题即使有了萌芽,也只是昙花一现,并没有给予深究。

(2) 学生的心理因素

学生的提问往往更多的是向别人请教自己还不理解的问题,是暴露自己"疑惑"和"无知"的过程。随着年龄的增长,学生的自我保护意识不断增强,往往不愿意表露出自己的真实想法和心声。有的学生性格内向、害羞,不善于表达自己的观点,不会与人交往,有问题不愿意问同学和老师。有的学生在意别人的评价,既害怕自己提出问题词不达意或出现错误,沦为同学的笑柄,又害怕提出的问题思维浅薄,给老师留下不好的印象,因而往往选择了沉默。这些都在一定程度上影响了学生的主动提问,久而久之,学生就容易形成不愿问也不敢问的心理。

(3) 学生认知水平

一是学生对待提问的观念。由于受传统教学模式影响,学生一般习惯于教师讲、学生听,教师写、学生记,教师问、学生答的方式。在这样的课堂学习方式下,学生处于回答、解决教师事先设计好的各种问题的被动状态和地位,观念深处极易形成"提问就是教师的专利"的思维定式,习惯了管"答"不管"问",过度迷信教师和教材,很少想到要在课堂上向教师和同学提出问题,更不敢提出批判性的见解,逐步形成了依赖式学习。

二是学生提出问题的能力。虽然有一些学生有提问的愿望,但不知该如何提问题。总觉得教师讲课都听得懂,自己看书也都理解了,由此缺乏深入的思考,也从来没有经历过提问的训练,因而不知问题是怎样产生的,更不知道在什么地方容易产生问题,即"不会问"。还有一些学生虽然也发现了一些问题,注意了信息储存的方法,但信息处于无序状态,难于提取和组织,缺乏提问的技能,想提问但不知怎么问,缺乏一定的思维方法和语言表达能力,造成无法很好地提问。

(二) 学生提问能力的培养策略

1. 营造良好环境,使学生敢于提问

人本主义认为,要使个人的创造力得到充分的发挥和发展,首先必须使他达到心理安全。学生课堂上敢不敢提问、愿不愿意提问,很大程度上取决于课堂气氛是否宽松民主。

(1) 建立平等的师生关系

建立平等的师生关系,首要的是教师角色的转变。教师应由知识的传授者转变为促进者,由学习的管理者转变为引导者,由居高临下的"师尊"转变为平等中的"首席"。只有融洽了师生关系,课堂才能真正形成和谐、民主、宽松的教学气氛,学生才能感到心情愉悦,心理上感到安全自由,不怕被教师批评、被同学嘲笑,思维才能不被约束,才能勇于表达自己的观点和思考,提出自己的质疑和见解。

建立平等的师生关系,其次要关心和走近学生。如上课时面带微笑,关注学生的情感;发现学生有闪光点时,给予及时的表扬和鼓励;当学生回答问题遇到困难时,要有充分的耐心和信心,鼓励和引导学生,力争让他们自己回答问题,而不是轻易地给出答案或是叫别人回答。下课时,尽可能多地与学生在一起,观察和了解学生对课上的内容是否理解了,和学生一起聊聊天,使学生在课堂没有过多的压力。随着时间的推移,学生会真切感受到教师的可亲可信,体会到教师关怀的温暖。

(2) 消除学生心理障碍

学生不愿在课堂提问的心理障碍主要来自以下几方面:一是害怕在课堂上提问会影响教师的教学程序而受到教师的批评、指责;二是随着年龄的增长,自我保护意识不断增强,学生害怕提出过于"幼稚"甚至是错误的问题,给教师留下不好的印象或成为同学的笑料,因此往往选择了沉默;还有的学生没有把握,所以犹豫、观望。久而久之,学生向教师提问的次数逐年减少,以至于问题愈积愈多，愈多愈不敢问，造成恶性循环。

要消除学生的心理障碍，需要把握好以下几点：一是要让学生明确，问题是学习过程中必然存在的，是自己积极思考的表现。任何人都会遇到问题，包括教师在内。二是破除唯师独尊的旧的教育观念，淡化教师的权威，让学生感受到教师也不是万能和智者，尤其是在当前所处的信息社会，也有许多需要学习和探索才能解决的问题。例如许多新媒体，学生往往掌握得比教师快，就某一知识点，学生掌握的信息可能比教师多，教师也可向学生请教，以一个学习者的姿态出现在教学中，和学生共同探索，作虚心好学的表率。此外，教师也可时常提出一些尚不能解决的问题，或是对一些问题提出一些新的更完善的想法，这样可以潜移默化地影响学生，使他们也成为一个爱思考、爱问问题的学生。三是要建立良好的学风，以积极提问为荣，让学生在提问过程中学会提问。

（3）保护学生的提问热情

学生提问的信心，来自于教师的关注、肯定和鼓励。教师要想让学生多提问，一是要认真倾听和领会学生的提问。有时，学生由于认知水平、表达能力有限及紧张心理，往往表达得不够准确、清晰和完整。教师在学生提问的过程中，应认真倾听，努力领会学生所要表达的问题，必要时通过引导以还原学生想要表达的问题。当学生因紧张而表述得结结巴巴时，教师要有极大的耐心倾听并给予鼓励。二是对学生提出的问题要予以关注和回应，让学生感受到教师在关注他所提出的问题——哪怕是非常简单、幼稚甚至是错误的问题——保护学生提出问题的积极性。尤其是学困生，对其提出的简单问题或错误问题，不能一味地指责、讽刺，一定要耐心引导，并努力启发其思维，使他们能够提出质量更高的问题。三是重视运用鼓励性评价。对于大胆提问的学生应及时表扬和鼓励，当学生提出的问题有独特的见解时，教师要给予充分的肯定并予以激励性的评价。

例如，在学习"除去粗盐中的 $MgCl_2$"内容时，一位平时性格内向、学习基础较差的同学鼓足勇气提出："向粗盐溶液中加入 $AgNO_3$ 溶液可以除去 $MgCl_2$ 吗？"虽然这一想法考虑得很不成熟，但教师还是热情鼓励，充分肯定了这个学生想到了利用生成沉淀的方式除去杂质，对已学过的知识进行运用，然后引导学生思考在除杂过程中需要避免的问题。在教师的引导启发下，这位平时很少发言的学生纠正了自己的错误观念，表现出快乐的情绪。再如，学习酸碱中和滴定,教师讲到用盐酸滴定氢氧化钠时,用酚酞或者甲基橙作指示剂判断滴定的终点。有一位学生提出:"能用橙汁作指示剂吗?"当时全班哄堂大笑,但教师却热情地表扬了这个学生:"这个问题提得好,联系生活。虽然我现在也不能回答这个问题,但我们可以把这个问题作为研究小课题,同学们可以通过查资料、做实验,合作来探究这个问题,好吗?"这样的艺术处理方式,既没有耽误上课,也保护了学生的积极性,同时教师也放下"权威"的架子,激发起学生提出问题、主动探索的热情。

2. 激发学习兴趣,使学生愿意提问

"好之者,不如乐之者。"兴趣是最好的老师。学生对所学的内容有兴趣,才会引发思考;在哪方面有兴趣,就会在哪方面提出问题;兴趣越大,问题越多。所以兴趣是启发学生思考、产生问题的动力之一。激发学生的兴趣方式很多,可以从以下几个方面入手。

(1) 利用化学实验激发学生的兴趣

以实验为基础是化学学科的重要特征之一,对学生而言,实验有着天然的吸引力。化学反应中物质发生着魔术般的变化,不仅有颜色、状态、气味的改变,同时还伴有热量的变化和光能的产生。实验中隐含许多可以提出的问题,尤其要重视引导学生通过观察,发现"异常",提出问题。例如,在"乙烯的实验室制法"教学中,学生通过仔细观察不难发现:烧瓶中的溶液变黑,液面上有"白烟"。这些现象虽然在教材中没有描述,但是如果我们刻意回避这些"异常"现象,恰恰会给学生以误导。因为此实验中有 SO_2 气体生成,将这样的气体通入酸性 $KMnO_4$ 溶液中褪色速率很快。这时,明智的做法不是教师去提出问题,而是引导学生通过观察,发现烧瓶中的"异常"(和理论上的反应现象不一致),然后让学生讨论:"烧瓶内的溶液为什么会变黑?""出现的'白烟'可能是什么?""要得到比较纯净的乙烯,应当采取什么措施?"这样不但培养了学生的问题意识,还能使学生感到发现问题的成功体验,进而激发起学生的学习兴趣,增强发现和提出问题的动机。此外,还能让学生明白,许多化学反应貌似简单,其实并非像化学方程式所表征的那样"单纯"。在实验中,经常会出现实验现象与教材中描述的不完全一致的情况,需要我们有一双慧眼加以区分。又如,有的学生在做乙醛与新制的氢氧化铜反应的实验时,由于不注意控制硫酸铜的用量而出现黑色沉淀,这时,教师应留有空间,让学生在疑惑中发问:为什么得到的沉淀物是黑色而不是想象中的红色？……化学教材中安排了大量的实验，而学生对实验有浓厚的兴趣，要抓住学生这一心理特征，在实验中注意引导学生观察、思考，适时引导学生归纳提出问题。

（2）联系生活实际增强学习兴趣

生活中处处有化学，教师要鼓励学生关注生活，留心观察生活中的化学现象，积极思考现象产生的原因，从中找出很多有价值的问题，然后应用化学知识解释和解决实际生活的问题。通过这样引导，学生会逐步强化问题意识，提出的问题就会越来越多、越来越有质量。例如，食醋为什么能除去瓶胆中的水垢？铁制品为什么会生锈？铝合金为什么耐腐蚀？做馒头时为什么要加入少量的小苏打？肥皂为什么可以用来洗衣服？因为和生活联系起来，学生就会有很多具体的问题，而运用化学知识来解释和解决问题更进一步增添了学生的学习兴趣和动力。

（3）利用化学小故事激发学生兴趣

"好玩"是学生的天性，教师如能抓住学生这一特点，利用生动的故事创设问题情境，学生的学习兴趣和问题意识自然能被激发。化学故事中既蕴含着许多化学知识，也包含着诸多发人深思的问题。在课上可以通过穿插化学小故事，将问题与知识有效结合，既活跃了课堂氛围，又激发了学生的好奇心，引发学生的问题。如在学习"从海带中提取碘"时，介绍碘元素发现的小故事：一战期间，库尔特瓦正在研究利用海藻灰来制取硝石，以解决火药生产中硝石短缺的问题。一天，库尔特瓦仍专心致志地在实验室里工作，忽听"当"的一声，一只调皮的猫把试验台上盛着海藻灰的酒精溶液的瓶子以及盛着浓硫酸的瓶子碰倒了。当两种液体混合后，立即升起一股美丽的紫色的蒸气，蒸气散发出一种难闻的刺鼻的气味。这个意外的现象，引起了库尔特瓦极大的兴趣，库尔特瓦仔细研究后，发现了碘元素。通过这个饶有趣味故事，让学生猜测实验最终获得的产物，自然能激发起学生的问题意识，学生会提出系列问题："紫色蒸气是碘吗？""海藻灰中含有什么物质？""海藻灰和浓硫酸发生了什么反应？"等等。发现碘的历史情境以故事方式合理地运用到教学之中，不仅帮助学生获得了碘的制法、性质，也培养了学生的问题意识和创新精神。

（4）利用社会热点焦点问题激发学生兴趣

随着高科技的发展突飞猛进，教师可以利用与社会热点、焦点有关的问题设置情境,既可以引导学生关注社会,培养学生的社会责任感,又可以激发学生兴趣。比如在讲化学能与热能时,首先给学生播放一段"神舟十一号"发射升空的视频,学生为祖国航天技术感叹时,让学生讨论"'神舟'神在哪里"。学生有了焦点问题,有了兴趣动力,很快就七嘴八舌地从化学视角议论起来:"飞船是如何上天的?借助什么力?使用了什么燃料?发生了哪些化学反应?飞船是什么材料做的?宇航员穿的是什么材料的衣服?"教师借助学生的疑问开启学习,不但能使较为枯燥的化学能与热能的转化知识变得有意义,同时引导学生关注化学研究的重要方向——获取新材料和新能源,在此过程中培养学生的问题意识和提问能力。

(5)利用竞赛激发学生的兴趣

学生天生争强好胜,在教学中引导学生开展"问题"竞赛活动,可以让学生在比拼中表现,从而激发兴趣,唤起学生思维。可借助小组合作学习的方式,采取组间异质、组内同质的方式,在组内共同发现问题,在组与组之间展开"提出问题"比赛,每周对学生提出的问题进行统计,每月对小组进行评比,选出提出问题最多、质量最高的组,进行鼓励。在评比中,学生为了能提出疑问,必须学会用发现的眼光来阅读、听课、思考,这样才能更好地发现问题、提出问题,并期待着解决问题,体现了学生主动获得知识的过程。

3. 创设问题情境,使学生有问题可问

创设问题情境在本章的第一节已有介绍,此处不再赘述。所需要注意的,创设引发学生提出问题的问题情境,一定要贴近学生的原有知识和经验,能引发学生的认知冲突;一定要留给学生提问的空间,必要时要做好适当的引导。只要教师善于创设与教学目标、教学内容及学习认知有关的事物情境,引导学生建立联系,学生就会有问题可问。

4. 完善学习方式,让学生有机会提问

在传统的教学中,学生的学习方式主要是接受性学习。固然,接受性学习(尤其是"有意义的接受性学习")对于学生高效、系统、牢固地掌握学科知识有一定优势。但是,长期以来学生的学习方式过于单一,主要依靠听、记、背、练,学习过程中始终处于被动接受的状态,"问题意识"当然无从产生。

(1)树立正确的教学观念

要让学生能够主动提问,必须要转变学生的学习方式,积极倡导自主探究、实践体验、合作交流的学习方式与接受式学习方式有机结合,倡导"做""想""讲"有机统一的学习过程,让学生有更多的机会来提出问题,发表自己的观点。现代教学理论认为,教学作为一种培养人的社会实践活动,是以增强学生的主体意识、发展学生的主体能力和培养学生的主体人格为目标的。在教学活动中,学生的学习是通过自主活动对知识意义的建构过程,而不是一种简单的接受过程。因此,教师充分尊重学生的主体地位是还事实以本来面目的举措,决不是教师对学生的"恩赐"。有了正确教学观念的指引,教师在教学过程中就不会独霸讲台,一味灌输,而会采用恰当的教学策略,促进学生积极主动地投入到学习活动中。在这样的学习活动中,学生问题意识的产生便会水到渠成。

(2)多给学生说的机会

学生之所以在课堂中不敢表达自己的观点,主要在于教师没有提供给学生机会,没有创设学生提问的空间,总是急于把学生的思维纳入教师的预设中。因此,在教学中,应多给学生说的机会,让学生多说。在教学中,教师可经常"逼"着学生找问题,"逼"着学生说问题。如在新授课中让学生在阅读后找出自己的问题,在复习课中让同学之间相互提问,这样持之以恒,学生就逐步愿意且能够提出问题,有时还会给教师意外的惊喜,如:"氯气有毒,为什么在自来水处理中可以使用?""氯化氢气体能使湿润的蓝色石蕊试纸变红,氯气也能使湿润的蓝色石蕊试纸变红吗?"

(3)体现学科基本特点

通过改进实验方式,尽可能多地将演示实验改为学生实验,就能给学生提供更多的提问机会。如:将"萃取"演示实验设计成学生实验,学生通过自己动手实验,产生了很多问题:"萃取过程中四氯化碳层变成了紫红色,是发生化学反应了吗?""怎样才能检验四氯化碳溶液中是否有碘?"实验过程不过短短几分钟,学生在实验过程中提出的问题远超出教师的预设。而从学生提出问题,到学生自己分析问题、解决问题,整个过程这不但没有影响教学任务的落实,而且大大提高了学生的学习兴趣,增强了学生的自信心。学生在学习过程中勇于发现问题,并且逐渐培养了分析问题、解决问题的能力。

5.教给基本方法,使学生善于提问

提问,不仅是对问题的认识,也需要一定的技能,而这种技能需要经过持续不断的有意、科学的训练才会形成。有资料记载:茅以升在教学时通过学生考老师的方法和学生互考的方法,来训练学生提问,提高学生提问的积极性,久而久之学生提出的问题越来越有深度。课堂提问有助于引发学生的认知冲突,给学生造成一种心理上的困境,驱使学生积极主动地进行知识的回忆和重建,帮助学生在探索新知的过程中产生新的问题意识。同时,学生在不断地分析问题、解决问题的过程中,逐渐地将知识内化,形成自己的"见识"和"观点",并且思维能力逐渐得到提高,这有助于学生提出高水平的问题。所以,教师要科学合理地利用课堂提问,通过引发学生的认知冲突,发展学生的思维能力,促使学生有效地发现和提出问题。

(1)授之以法,让学生知道怎么问

提问需要一定的提问技能,否则即使想提问,也无法清楚地把疑问表达出来,或者即使提出问题,也抓不住学习内容的关键。因此,教师必须帮助学生掌握适当的提问方法,让学生主动提出问题,这样既可以帮助学生完善化学知识结构,又为培养学生的问题意识奠定智力基础。

一般来说,化学从提问性质的角度大致有"是什么""为什么""怎么样"等问题。"是什么"是一些关于记忆性的问题。如:什么是气体摩尔体积?钠有哪些主要的化学性质?盐类水解的规律是怎样的?"为什么"是一些分析性问题。如:二氧化硫为什么能使品红褪色?为什么钠与硫酸铜溶液反应不能置换出铜单质?"怎么样"是涉及评价性的问题。如:在"原料铜和硝酸反应制备硝酸铜的实验"中,有三种设计方案,分别是:①$Cu + 4HNO_3(浓) \longrightarrow Cu(NO_3)_2 + 2NO_2 \uparrow + 2H_2O$;②$3Cu + 8HNO_3(稀) \longrightarrow 3Cu(NO_3)_2 + 2NO \uparrow + 4H_2O$;③$2Cu + O_2 \xrightarrow{\triangle} 2CuO,CuO + 2HNO_3 \longrightarrow Cu(NO_3)_2 + 2H_2O$,你认为哪种方案最好?为什么?

从提问的思维方式有,有类比、联想、因果、逆向、发散等方式。例如,在类比中发现问题:"Cl、Br、I 最外层都有 7 个电子,Br_2、I_2 是否和 Cl_2 有相似性,彼此之间关系如何?"又如,从逆向思维中提出问题:"共价化合物中肯定含有共价键,含有共价键的化合物是不是一定都是共价化合物?"

(2)引导挖掘,让学生知道问什么

一是在阅读中发掘问题。阅读是学生获取新信息和发掘问题的重要源泉之一。学生理解有关阅读内容时总是以他们的已有知识为基础。教师要引导学生带着问题去阅读,通过引导学生阅读教材,从阅读中找出疑问和关键,学会以问题的方式促进理解,抓住重点和关键,进行表达交流。例如,让学生阅读HCl的性质和喷泉实验的原理时,一些学生提出:"氯化氢形成'喷泉'的原理是什么?""用CO_2是否也能像HCl一样形成喷泉?"再如,学生阅读硫酸工业制法三个阶段原理文字内容和主要设备流程图时,教师引导学生发掘出以下一些问题,帮助学生理解这一生产的关键过程:①为什么黄铁矿在煅烧前要粉碎?②为什么要净化炉气?③为什么要采用上、下多层催化剂?④为什么在吸收塔中用浓H_2SO_4而不用稀H_2SO_4或水吸收SO_3?⑤为什么SO_3气体与浓硫酸要逆向流动?

通过在阅读中发掘问题,可以培养学生养成良好的阅读习惯。教师要引导学生学会经常问自己这样一些问题:"我是怎样理解概念的?""我是怎样得出结论的?"

二是在实验中挖掘问题。化学离不开实验,可以从实验现象、装置、试剂选用、除杂、尾气吸收、方案设计与评价等不同的角度提问。如在实验室用乙酸和乙醇合成乙酸乙酯的实验中,可提问:①为什么乙醇加入的量较多?②为什么最后才加入浓H_2SO_4?③导管口伸入作为接收器的试管中,为什么在液面上方?④为什么要用饱和Na_2CO_3溶液作为接收液?⑤NaOH同样能与醋酸反应,为什么不用NaOH?⑥为什么要用比较长的导管?再如,组织学生进行氯化铝和氢氧化钠溶液反应中产物与反应物量的关系探索时,在实验中,学生很快发现"很多异常的现象",如不同的滴加顺序出现不同的现象。学生能够发现并提出问题,这些被提出的问题就构成了知识的生长点。通过对具体问题的提出,将有助于学生加深对实验原理的理解。

三是从对概念原理理解过程中挖掘问题。如电解质概念"通常把在熔融状态或水溶液中能电离的物质称为电解质",这里为什么用"或"而不是"和"?

四是对"知识的串联综合"提问。一方面,随着学习的深入,学生所学的知识逐渐丰富,而许多化学知识之间有着各种形式的联系和区别,这也为提问提供了很好的题材。如讲同分异构体的知识,就会产生"什么是同系物?""什么是同位素?""什么是同素异形体?""它们有什么相同点和不同点?"等问题。如在讲二氧化硫的漂白性,就会联想到二氧化硫的漂白性和氯水的漂白性以及活性炭的漂白性有什么不同。在讲电解池时,就会产生"电解池和原电池原理的相同点和不同点有哪些?""电解池和原电池的两极有什么不同,反应又如何?"等的问题。

课堂提问有助于引发学生的认知冲突,给学生造成一种心理上的困境,驱使学生积极主动地进行知识的回忆和重建,帮助学生在探索新知识的过程中产生新的问题意识。同时,学生在不断地分析问题、解决问题的过程中,逐渐地将知识内化,形成自己的"见识"和"观点",思维能力逐渐得到提高,这有助于学生提出高水平的问题。所以,教师要科学合理地利用课堂提问,通过引发学生的认知冲突,发展学生的思维能力,促使学生有效地发现和提出问题。

(3) 鼓励尝试,让学生习惯自我提问

学生在阅读教材时通常凭自己已有的知识和经验为基础,运用自己的思维方式理解所阅读的内容。由于旧知与新知发生冲突,导致问题的产生。列出自我提问清单是一种很好的学习策略,进行自我提问训练可以使学生面临某一化学情境时,能自发产生"是什么""为什么""有没有新问题""怎样设法去解决"等一系列自我思考的问题,从而启发思路,并对思维进行自我监控和自我调节,有助于提高学习主动性和提问能力。下面就是学生在学习氮元素时编写的自我提问单:"氮气的分子式怎么写? 它的分子结构有什么特点? 为什么氮气化学性质很稳定? 从结构中推断出它可能具有哪些性质? 二氧化氮是硝酸的酸酐吗? 硝酸和盐酸、硫酸有什么相同点和不同点?"这样的自我提问学习单既能让学生提出自己的困惑,也能帮助学生梳理知识的关键内容,同时发展学生的提问能力。

(4) 榜样示范,让学生问得得法

教师作为学习的引导者,其"示范性"在很大程度上会影响学生的思维和行为。教师在教学过程中提问语言的准确性、逻辑性和深刻性,会直接影响学生的思维和表达。当学生在学习过程中再次遇到问题时,他们会模仿教师是如何引领他们思考的,进行深入思考后,模仿教师是如何用较准确的语言表达出来的。如果一位教师在课堂教学中,化学用语欠规范,学生的表述往往也就变得随意;如果教师对学生提出的问题多是封闭的、记忆性的问题,那么学生在思考问题时往往也就只能停留在"是什么"的层面上。因此,在教学中,教师要高度重视提问的明确性、逻辑性和深刻性,多从不同角度设问,多提出一些能引发深入思考的问题,以自身提问的"示范性"来影响学生,教给学生提出高水平问题的方法。

三、生成性问题的利用

所谓生成性问题,是指在教学情境中,即时生成的一些超出教师设计的"意外"的新问题。生成性问题普遍存在于教学过程中,是一种非常重要的教学资源,但往往容易被教师忽视。这些动态生成资源蕴藏着学生的问题、困惑和需要,如果教师能准确、及时地捕捉到这些生成性问题,并加以科学分析、正确引导和有效利用,借"问题"使师生间碰撞出智慧的火花,将能更好地促进学生的发展,使课堂不断呈现精彩、鲜活的画面。同时,有效地处理课堂教学中的生成性问题,既是教师扎实的专业知识技能的体现,也是教师灵活、高效驾驭课堂能力的体现,更是教师对学生学习能力和需求尊重的体现,能很好地激发学生学习化学的兴趣,让课堂充满生机和活力,更能促进师生的共同进步。

（一）生成性问题的特征

生成性问题是具有课程潜能的有效学习资源,有其自身的特点,归纳起来,主要有以下五大主要特征:

1. 非预期性

课堂教学活动始终是动态变化的,教学活动的主体——学生,是一个个充满了生命活力的、鲜活的个体,他们每时每刻、随时随地都在发生着改变。化学教学过程中,通过师生的共同活动而产生的动态生成,这些生成的产生时间、产生条件以及产生方式各不相同,因不同的学生而异。在教学互动中,学生根据自己对知识的理解和认识,从不同的思维角度,在特定情境的影响下,会产生不同的联系,它可能随时出现在教学活动的任何一刻,可能与学生的情绪和状态有关,可能与学生的认知能力有关,因此,所提出的问题往往超出教师的预期,具有明显的偶发性和不确定性,教师在课前往往很难设想或预料到。

2. 开放性

生成性问题往往是学生在学习活动中自主地提出来的,一些问题并不按照教师设定的教学进程和目标,而是反映学生自己的经验、认识和兴趣点,因此,提出的问题往往更具有开放性。这些开放性的问题,反映了学生的思维状况和认识水平,很多问题可能远离本节课教学的内容范围和水平层次,因此,教师要能准确领会学生所要表达的想法,进而能因势利导,妥善处理和积极利用。

3. 情境性

教学过程中动态生成的课堂资源包含在一个个鲜活的教学事件、生动具体的教学情境甚至是意外情况、偶发事件之中,一个化学实验、一个概念、一个故事,都可能引发生成性问题的产生。这种生成性问题来自日常教学过程中师生间的交往活动,它的产生与存在依赖于具体的情境,具有很强的情境性。离开了一定的情境,没有情境中各因素的相互碰撞,生成性问题就无法产生和表现出来。对这些生成性问题的认识和理解必须结合具体的课堂情境与形象来进行阐发和判断。

4. 瞬时性

教学过程中动态生成的课程资源随着教学情境的发展而变化,与静态的课程资源不同,它是流动的、是瞬间的,其存在也是短暂的。生成性资源的生成情境复杂多变,生成的情境在每时每刻都可能表现出不同的状态,这也就决定了生成性资源的不可重复性和瞬时性,它是稍纵即逝的,不可预设,也不可保存。正如俗话说的"机不可失,失不再来",一旦没有及时把握有价值的生成性资源的精彩瞬间,就很难再有相类似的情境引起相类似资源的产生。因此,生成性资源需要在变化的情境中敏锐地把握与捕捉。

5. 价值性

不能把教学中学生所有的生成性问题都当作资源。生成性问题应对课程实施有着积极意义,其指向应是正向、积极的,体现学生在认知过程中自己提出的观点、想法和问题,发生的偏差或失误,包括超出教师设计的回答、课堂中突发的事件或学生的特殊表现等。这些观点、认识、偏差或失误通过双边互动,在课堂中被教师利用于教学,在集体"识错""思错"和"纠错"中帮助学生正确掌握知识、理解概念、发展能力。课堂中一些无聊、怪异的观点和行为,虽然也是教师没有预料到的,但不能把这些视为生成性的资源,因为这样的观点和行为不仅没有教育价值,而且还会阻碍课堂教学的健康发展。生成性问题的价值性在于:它可以促进课堂教学积极、正向地发展;它来源于教学,最终又回到教学之中;它可以促进师生之间的交流互动,促进学生的发展。

(二) 生成性问题的成因

1. 学情掌握的偏差

学情主要是指学生实际掌握的知识和发展水平,包括学生的思维能力、年龄心理特征、个性差异、学习起点和学习需要等。由于一个班级的学生的知识基础、学习能力、个性特征和兴趣爱好等各不相同，即使教师在课前采用各种沟通交流方式，但仍然会存在一定的差距。

如：酒精是学生熟知的一种物质，但在问及医用酒精能否用于解热镇痛时，学生的意见很不一致。甲："医用酒精是消毒用的，不能解热镇痛。"乙："发高烧时，医生用酒精给我擦身降温。这是解热吗？"丙："医用酒精能镇痛的，打针的时候，擦酒精消毒，感觉凉凉的，起到镇痛的作用。"丁："不对的，擦了酒精，打针还是很痛的。"……

2. 学生认知上的冲突

认知冲突是个体已有观点与新的问题情境相互矛盾而产生的一种心理不平衡，当个体不能通过同化的方式处理面临的刺激情境或问题情境时，认知冲突就出现了。

如：在进行"从海带中提取碘"探究性实验中，学生向海带灰浸出液中加入了较多量的新制氯水，再加入少量的四氯化碳，振荡，但仍无明显现象。学生感到困惑，这和前面学到的氯气可将碘离子氧化相矛盾，生成性问题就产生了。"老师，氯水是不是含氯气的量太少，不能氧化碘离子？""是不是氯水氧化性太强，把生成的碘又氧化成其他物质了？"

3. 学生认识的偏差

不同的学生对同一问题的认识水平不一样，有些同学能正确理解，抓住关键，有些同学理解不全面，存在一定偏差，这会产生一定的生成性问题。

如：学习"电解质"时，对电解质概念"在水溶液或熔融状态下能导电的化合物"，一些学生没有能抓住关键词"或"和"化合物"，误认为碳酸钙不溶于水，因此不是电解质；盐酸中能电离出氯离子和氯离子，因此盐酸是电解质。此外，在化学学习中学生的认识也时常受到一些前概念的影响。例如在化学反应速率的学习中，学生知道了"温度升高，反应速率加快"。但是在学习了化学平衡之后，学生又知道了温度对平衡的影响是"降低温度会使平衡向放热反应方向移动，升高温度会使平衡向吸热反应方向移动"。这时候再回到速率问题时学生就会受到平衡的影响，认为一个放热反应，在升高温度时，反应速率会降低。这就是产生了负迁移。

4. 教学情境的诱导

教学情境是学生知识获得、理解、实践应用，以及情感体验的学习环境。合适的教学情境能促进学生积极思考,建立联系,主动探究与质疑。

如:"金属钠"教学中,教师提问:钠是否能置换出硫酸铜溶液中的铜?

学生根据前面所学知识可知钠的化学性质非常活泼,且金属活动性顺序表中排在铜之前,所以给予肯定的回答。

教师:那请你们在草稿纸上写出这个化学方程式来。

不少学生都写了:$2Na + CuSO_4 \longrightarrow Na_2SO_4 + Cu$。

教师:现在在实验桌上有硫酸铜溶液、钠单质和试管等仪器,你们可以自己动手做一下实验,将所观察到的现象与自己所写的化学方程式进行对比。

学生做完实验后感到意外,发现实验结果和自己的预测大相径庭。此时课堂气氛非常活跃,学生迫切想知道原因:"钠与硫酸铜溶液反应怎么会生成蓝色的沉淀?""怎么没有置换出铜?怎么还有气体产生?""钠与硫酸铜溶液反应是不是分成两步完成的,化学方程式可否写成:$2Na + 2H_2O \longrightarrow 2NaOH + H_2\uparrow$,$2NaOH + CuSO_4 \longrightarrow Cu(OH)_2\downarrow + Na_2SO_4$?"

（三）生成性问题的主要类型

依据问题产生原因的不同,以及学生个体的差异,可将生成性问题分为以下三种类型:

1. 情境型问题

教学活动总是在一定的情境下进行,一定的情境又对学生产生刺激作用,引发学生的思考、联想、迁移,和学生原有知识互动,因此会出现生成性问题。如在探究"二氧化硫的性质"时,学生用事先配制好的亚硫酸溶液滴入氯化钡溶液中,意外地发现有少量白色沉淀生成。在讨论为什么试管中有少量白色沉淀时,一部分学生认为不可能。因为 $H_2SO_2 + BaCl_2 \longrightarrow BaSO_3\downarrow + 2HCl$,根据所学过的经验"强酸制弱酸",这个反应是不能发生的,应该是试剂搞错了。另一部分学生猜测,是不是亚硫酸钡也可能有少量沉淀?因为化学反应中也有"弱酸制强酸"的情况,并列举了 H_2S 气体的检验,所用试剂为硫酸铜溶液,化学方程式为 $H_2S + CuSO_4 \longrightarrow CuS\downarrow + H_2SO_4$。另有位同学说,会不会是亚硫酸有少量变质了,变成了硫酸,所以会有少量白色沉淀?但是什么物质将 H_2SO_3 中 +4 价的硫转化为 +6 价的硫呢?这些在活动过程中生成的问题体现出了情境性。

2. 意外型问题

布卢姆说过:"人们无法预料教学所产生的成果的全部范围。"教学是有目标、有计划的活动,教学的运行也需要一定的程序,因此,预设是教学的基本要求,并因此表现出相对的封闭性。然而学生的想法是不可限定的,受到各种因素和情境影响,学生的思维往往产生与其他问题的关联,甚至形成跳跃性的问题,所以教学过程中有"意外"问题生成在所难免。但这种"意外"也是学生在学习过程中遇到的真实问题,或是他们思考过程中的真实想法。例如在学习进行"氯气的检验"分组实验时,理论上氯气能使湿润的淀粉-KI试纸变蓝,其原理是 $Cl_2 + 2I^- \longrightarrow 2Cl^- + I_2$,$I_2$ 遇淀粉变蓝色。但学生在操作中发现,氯水滴到淀粉-KI试纸上,出现了先变蓝后又褪色的现象。这个现象为非正常教学要求,也超出了学生的预期,他们议论纷纷:"为什么会出现这种现象?"再如,学习浓硫酸与非金属反应,进行浓硫酸氧化碳单质的实验时,实验正常有序,但有一学生举手提问:"铅笔芯是石墨制成的,石墨是碳的一种,但我把铅笔芯放在浓硫酸中,好像并不发生反应……"

3. 错误型问题

错误型问题是课堂生成性问题中最常见的生成性资源。学生在认知的过程中都会产生错误,学生的学习过程总是在出错和纠错的循环过程中,不断发展和完善。这些错误都是学习过程中的宝贵经验,是非常重要的学习资源,教师在课堂上及时捕捉学生出现的错误、分析错误形成的原因、寻找改正错误的方法,是落实"过程与方法"这一目标的重要途径。因此,错误是非常有利用价值的课堂动态资源。心理学家盖耶说:"谁不愿意尝试错误,不允许学生犯错误,就将错过最富有成效的学习时刻。"如,学习电解质溶液时,稀释醋酸溶液,pH增大,部分学生误认为醋酸稀释后,溶液中氢离子浓度减小,电离度也减小。利用这一错误,有利于及时纠正学生的片面认识,帮助学生正确理解弱电解质电离的概念及电离度与溶液的酸碱度关系。

(四) 生成性问题利用策略

1. 意外型问题,因势利导

案例4-9 "乙醇"学习中的意外型问题

在学习"乙醇"内容时,教师安排了学生完成乙醇催化氧化的实验,并让学生自己去发现和总结实验现象。实验完毕,教师请两组学生分别描述自己观察到的实验现象,他们的回答和教材上描述的现象基本相同,然后教师又让学生试着解释为什么会产生这样的现象,他们分析得也非常正确。通过一步步的设问,教师很顺利地和学生探讨了乙醇催化氧化的基本原理,课堂气氛非常活跃,效果很好。正当教师准备小结这个实验时,意外情况发生了,有一个学生大声说:"老师,我观察到的实验现象和刚才两位同学描述的有些不同,当我把铜丝放在酒精灯外焰上加热的时候确实变黑了,可是如果将铜丝移到内焰灯芯处时,已经变黑的铜丝又变回了红色。这是什么原因呢?"教师听完这位学生的问题后,微笑地竖起大拇指。学生们都觉得很好奇,于是又重复了一次实验,现象果真如此。接着教师提出问题:"意外的实验现象背后一定有它发生的原因,通过我们刚才对乙醇催化氧化的学习,谁能解释这意外的现象呢?"学生马上相互讨论起来,课堂气氛更加活跃。学生很快找到了意外现象产生的原因:初中曾学过,酒精灯内焰燃烧不完全,可能有挥发出来的乙醇蒸气,可能是乙醇蒸气与氧化铜反应,将氧化铜还原成了红色的铜。

叶澜教授曾说过:"课堂应是向未知方向挺进的旅程,随时都有可能发现意外的通道和美丽的图景,而不是一切都必须遵循固定线路而没有激情的行程。"课堂中发生的非预期的问题是一种重要的动态生成资源,不但需要教师用宽容的心态来接纳,还需要教师具有高度的智慧和教学应变能力才能发现和把握,将其转变为具有教育作用和意义的课堂资源。教师对于课堂上出现的突发事件,不能持回避、畏惧的心理,应该沉着冷静、因势利导,通过引导学生合作、交流、探究,将生成的一些"意外"的新问题、新情况转化为学生发现问题、解决问题的资源,一方面加强了学生在课堂上的参与程度,使学生成为课堂的主体,另一方面也激发了教师在教学过程中的主观能动性,通过和学生一起发掘意外现象的根源,培养学生严谨、勇于探究的科学态度。课堂的生成性问题的探索和解决,使师生的创造性和发展性都得到了很大的提升,形成一种"不可预约的精彩"。

2.错误型问题,追根溯源

案例4-10 "盐类水解"学习中的错误型问题

教师:25℃时,0.1 mol/L CH_3COOH 溶液的 pH 约为 3,向其中加入少量 CH_3COONa 晶体,晶体溶解后,发现溶液的 pH 增大,结合离子方程式解释原因。

学生:因为 CH_3COONa 溶解后电离出的 CH_3COO^- 水解呈碱性,中和了 H^+,所以 pH 增大。

(此时,大多数学生都表示赞同,也有少数学生表示不同意。教师没有直接给出结论)

教师:请同学们围绕该问题,小组相互讨论。

(学生开展讨论)

老师:请一位持不同观点的学生回答。

学生:我认为是 CH_3COONa 电离出的 CH_3COO^- 抑制了 CH_3COOH 的电离,使溶液中的 $c(H^+)$ 减小,所以溶液的 pH 增大。

(此时,大部分学生改为同意第二种观点了)

教师:我们分析问题应抓住主要矛盾。从这个角度来分析刚才的问题,我们可以得出结论:明白了应该是第二种观点正确。

布鲁纳曾经说过:"学生的错误都是有价值的",因为错误往往是通向真理的垫脚石。由于中学生的化学知识和思维能力有限,有时考虑问题不周,往往会在学习中得出一些意外的错误结论,这是不可避免的。上述案例中,面对学生的错误,教师没有立即否定,给出正确答案,而是把机会让给其他学生,让学生之间争辩、解释,教师在一旁认真倾听,仔细推敲,当不一样的思想出现时,立即捕捉亮点,因势利导,从而发掘出学生的智慧。这位教师利用学生的"错误",进行合理的开发,形成了生成性资源,表面上看耗费了一定的教学时间,但实际学生对知识的认识更加清晰。

教师一定要保持正确的心态,要将错误当成一种有用的教学资源,从这些错误的结论中,教师能更好地了解学生对化学知识的掌握程度,剖析学生思维的来龙去脉,找到问题的症结,从而引导学生认识错误、分析错误、走出错误、探求真知,提高学生思维的全面性。上述案例中,正是教师充分地利用了这个错误资源,使学生不仅掌握了外界条件对弱电解质电离的影响这一问题,还学会了分析问题的方法,建立了科学的化学学科观念。由此可见,教师要确立"学生的错误是一种动态资源"的观念,及时调整原有的教学方案,对错误资源进行重组和设计,帮助学生分析错误产生的原因,实现课堂的精彩。

3. 情境型问题,借景明理

案例 4–11　"乙烯实验室制法"学习中的情境型问题

教师:今天我们学习实验室制乙烯。在圆底烧瓶中加入体积比为 1:3 的乙醇和浓硫酸混合液 20 mL,放入碎瓷片,注意控制加热的温度,防止混合液受热暴沸。观察实验现象并做好记录,写出反应原理的化学方程式。

学生按要求开始实验,加热混合液至 170℃,生成的气体分别通入高锰酸钾溶液和溴的四氯化碳溶液,两种溶液都褪色;写出的化学方程式为:$CH_3CH_2OH \xrightarrow[170℃]{浓硫酸} CH_2{=\!=}CH_2\uparrow + H_2O$。但随着反应的进行,有学生闻到了刺激性气味,有学生看到了烧瓶中液体变黑了,在此情境下,学生产生了问题。

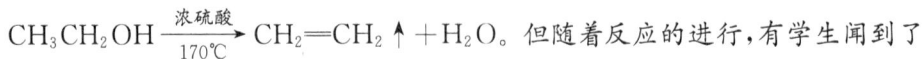

学生 A:"生成的乙烯怎么会有刺激性气味,和书上说得不一样?""乙醇、浓硫酸和生成的乙烯都应该是无色的,怎么溶液会变黑呢?"

学生 B:我在一本资料上看到,烧瓶底部变黑是生成了碳,碳与浓硫酸反应产生 CO_2 和 SO_2,有刺激性气味的可能是 SO_2?会不会是 SO_2 使高锰酸钾溶液和溴的四氯化碳溶液褪色的?

学生 C:加热应该有 C_2H_5OH 逸出,C_2H_5OH 是不是也能让高锰酸钾溶液褪色?

教师:同学们对实验观察得非常仔细,推测也很有道理,我们还是用实验事实来明辨是非。

随后教师组织学生设计以下实验:

(1) 先验证是否有 SO_2 产生。气体导入盛有品红溶液的试管,溶液褪色。

(表明可能存在 SO_2 气体)

(2) 在乙烯发生装置与品红溶液试管间连接盛有 NaOH 溶液的洗气瓶,除去气体 CO_2、SO_2、C_2H_5OH,观察表明,品红溶液不褪色。

(通过实验的验证表明,是 SO_2 气体使品红溶液褪色)

(3) 往高锰酸钾溶液中加入足量 C_2H_5OH 液体,高锰酸钾溶液褪色。

(验证 C_2H_5OH 蒸气能使高锰酸钾溶液褪色)

(4) 乙烯与高锰酸钾溶液反应前要通过浓 NaOH 溶液。

(去除 SO_2 气体和 C_2H_5OH 蒸气干扰,从而证明生成的气体是乙烯)

现代教育心理学研究表明,情境下的学习更能激活人的思维。课堂教学活动始终是动态变化的,学生在不同的教学情境中会生成一些关联的问题,引发知识间的联系,形成新的认识和思考。教师应充分利用学生的学习主动性,针对问题产生的情境,从情境中来,到情境中去,借助情境来了解学生的思维;合理地运用情境,根据学习的需要和学生可接受程度,合理设置互动交流,促进生成性资源的开发,引导和组织学生来解决问题,澄清误区,激发学习积极性和创造性。这样具有丰富情境的课堂教学就会构建出高效优质的化学生成性课堂。

第三节 主题研讨策略

所谓主题研讨,是指围绕一定的学习主题,在教师引导和问题驱动下,学生开展交流讨论、研究探索活动,实现观点分享、智慧碰撞、问题解决的一种学习方式。主题研讨的心理学基础是"通过认识过程去掌握认知结构",即让学生掌握学习方法,具有独立研讨问题的心理准备和心理负载能力,能够逐步离开教师这根"拐杖"独立"行走",从"学会"走向"会学"。

主题研讨作为教学互动的一种重要形式,与传统的教学方式不同。在主题研讨活动中,学生不再是被动的知识接受者,而是围绕确立的主题,在自主学习和搜集资料基础上,积极参与到交流讨论过程中,充分发表自己的观点,成为学习活动中的主体。教师在教学活动中也不再是知识的传递者,而是承担着学习的组织者、引导者、支持者、合作者的角色,帮助和支持学生主动学习。在主题研讨过程中,学生既有独立思考,又有交流分享,既有质疑争辩,又有合作探究,在宽松和开放的学习环境下,教学互动能更好地展开。学生既增强了学习兴趣,激发了学习内驱力,使个体的主体性得到充分的展示和发挥;又能在交互中相互启发,相互促进,相互帮助,以达到促进主动学习、深化对问题的理解、完善认知结构、发展能力的目的。

一、主题研讨的基本特点

主题研讨包含两个要素:一是有明确的主题,聚焦学习目标;二是以讨论方式,通过互动深化认识。主题研讨一般具有以下几方面的特点:

(一) 主题性

主题研讨是有主题、有目标的,不是随意、漫无边际的,虽然在讨论的过程中也会超出问题的范围,也会生成一些新的问题,但总的方向是围绕主题开展的。研讨的主题既可以是关键的知识点、学习的难点,也可以是发现规律处和思维发散处,还可能是学生在学习过程中生成的薄弱点、兴趣点。从基于问题解决的角度出发,研讨的主题必须明确、具体,使学生能知道要讨论什么问题;问题还应位于学生的最近发展区,能引起学生主动参与的兴趣。

（二）开放性

主题研讨一般会有一定的开放性,具体表现为:一是过程的开放。主题研讨活动要求学生尽可能多地参与讨论,在讨论中学习,不再是教师讲、学生听,而是大家都可以讲,大家都在听,整个教学过程比较开放。二是学习空间的开放。在主题研讨中,很重要的一点就是让学生有充分的时间表达自己的观点,因此学习空间应开放。而能积极有效地参与讨论和表达,要求学生不仅有心理上的准备,还要有知识性准备,这也迫使学生主动学习,拓宽自己的学习空间。三是观点的开放。不同的学生会有不同的观点和认识、不同的视角、不同的解决问题方式,而主题研讨活动是在一个主题下,各种观点、思想、方法交流碰撞的过程。教师应在研讨过程中让学生充分发表自己的观点。四是结果的开放性。对待同一问题,因不同视角和不同方法,学生会形成多元的认识、多元的方法,而很多时候并不存在哪种方法更好,只是更适合运用哪种方式。多元的智慧带来了结果的开放性。

（三）自主性

在主题研讨活动中学生是学习的主体。学生通过自主地查找资料,主动地与教师、同学交流观点,在交流分享、思维碰撞、辩论质疑过程中提出自己的认识和解决问题的办法,主动地建构自己的知识体系。在研讨活动中,每个学生都可充分地发挥个人的自主性,积极地参与讨论,积极获取他人的想法和思路,听取他人的见解和建议。学生自主地参与讨论和学习,在自学中思考问题,通过相互讨论对某一问题实现全面的了解,这样的自由研讨更容易丰富学生的学习内容,激发学习兴趣。

（四）非指导性

非指导性并不是说在主题研讨中不需要教师的指导,而是指在活动过程中,教师采用的是非指导性策略。在学生对主题进行研讨时,教师要让学生充分发表自己的观点,暴露自己的想法,引发思维碰撞,进而发现问题,借用学生的智慧解决问题。在此过程中教师不是充当指导者、评判者,而是质询者、引导者、促进者,教师不应急于对学生的观点进行评价,表明自己"正确"的观点,而是应让学生成为学习的主体。

(五) 互动性

互动性是主题研讨中最突出的特性。主题研讨的基础就是每个学生进行互动。为了探究和解决问题,学生在研讨的过程中充分交流分享、思维碰撞、辩论质疑,在研讨中得到他人的见解和建议,获取他人的想法和思路,不断完善自己的认知结构,有助于学生综合能力的提高。

二、主题研讨的一般程序

根据化学学科和中学生的特点,主题研讨的一般程序为:提出问题,引发思考—组织材料,形成观点—交流分享,深化认识—总结归纳,明晰问题。

(一) 提出问题,引发思考

提出问题是主题研讨的第一个环节,也是至关重要的环节。"疑是思之始,学之端",思维是从疑问和惊奇开始的。主题研讨所提出的问题和一般的提问既有相同点,也有不同点:这些问题要有一定的探索和讨论的价值,要富于启发性、趣味性和挑战性,有时还要有一定的开放性,才能引发学生探究的积极性和主动性。

在教学过程中提出的讨论问题,可以是教师课前预设的问题,也可以是教学过程中生成的疑难问题,还可以是由学生提出的"原汁原味"的问题。由教师提出的研讨主题,应该是教师深入钻研教材、研究学生学情后,将教学中的知识重难点、方法突破点、情感培育点综合考虑,演绎成的有培养目标和研讨价值的问题。这些问题的提出,能让学生有思考的空间和探究的欲望,能激发起讨论的热情。

根据主题的内容和形式,主题的呈现方式应多种多样,既可以当堂提出,也可以提前呈现,让学生通过自主学习,认真准备,促进学生主动学习。如在学习元素周期表前,提出研讨问题:"你能从元素周期表上发现哪些规律和秘密,关于元素周期表又有哪些故事和启示?"

(二) 组织材料,形成观点

这一环节重点在于促进学生主动学习和思考。教师在确定讨论问题后,首先要给学生独立思考和动手实验的时间和机会。学生在经过深思熟虑或通过实验探究后,酝酿出对问题的看法,得出自己的实验事实,才能在讨论时有话可说,才会讲得有根据,才会使讨论激烈生动,产生心灵的共鸣、思维的碰撞以及情感的交融。若教师提出问题后,学生没有经过思考(或应实验探究的而没有进行实验)就开始讨论,则既没有达到促进学生自主学习的目的,也会导致学生因准备不足而无所适从、无话可讲、无据可依,使得讨论低效。

组织材料的过程可以是学生个体独立开展,也可以是小组分工合作开展。小组成员交流自己独立思考后对问题的看法或疑问,交换观点和想法,让智慧碰撞。小组通力协作整理出本小组的意见,参与全班的研讨。教师在小组讨论的过程中,要去学生中巡视,注意倾听、关注、了解学生在讨论过程中生成的问题,为点拨解难阶段的教学做好准备。

(三) 交流分享,深化认识

交流分享是主题研讨过程中最重要、特征最鲜明的环节。根据讨论问题的实际情况,可采用学生同伴交流、小组交流和班级交流等方式。该环节中最关键的是让学生能充分地发表自己的观点,暴露自己的思维,接受他人的质询,让不同的观点进行碰撞,并在辩论、研讨中实现智慧共享,明确问题解决的关键,促进知识的主动建构。教师在学生的交流过程中起到组织者、引导者和促进者的作用,要根据学生在交流中出现的困难进行适时引导,对学生产生的思维障碍或问题进行适当的启发点拨,更多地让学生通过自己的交流、感悟和探究来发现,而不是充当传授者、指导者和评判者的角色,直接给出所谓的正确答案。从以下案例中,我们可以看到教师是如何一步一步地引导学生主动地学习和交流的。

案例 4-12 "醋酸"主题研讨交流环节

A 组代表:(图片展示"醋"字,讲述"醋"字来源与传说)传说在古代的中兴国,即今山西运城,有个叫杜康的人发明了酒。他的儿子黑塔也跟杜康学会了酿酒技术。后来,黑塔率族移居现江苏镇江的地方。他们觉得酿酒后余下的酒糟扔掉很可惜,就存放在缸里浸泡。到了第二十一日的酉时,一开缸,一股从来没有闻过的香气扑鼻而来。在浓郁香味的诱惑下,黑塔尝了一口,感觉酸甜可口,便把它储藏起来作为"调味浆"。给这种调味浆起什么名字呢?黑塔就把"二十一日"加"酉"字来命名这种物质,也就是"醋"。据说,直到今天,镇江的酱醋厂酿制一批醋的期限还是二十一天呢。醋酸有不少特点,它是有机物,但它却易溶于水;它有酸性,但是一种弱酸,电离方程式为 $CH_3COOH \rightleftharpoons CH_3COO^- + H^+$;它沸点比水高,为 $117℃$,而当温度低于 $16.6℃$ 时,就会凝结成冰状晶体,所以无水醋酸又叫冰醋酸。

B组代表:醋酸在日常生活中有很多妙用。烧鱼时,放一些醋和酒,可以去除鱼腥味;在洗澡水中加少量的醋,泡澡后会感觉格外舒服;将食醋加入水瓶中可以除水垢;花生用醋泡后食用,可以降血压,防止动脉硬化;用醋熏蒸可以杀菌消毒;在吃了较多的油腻食物后,可喝加醋的羹汤来帮助消化;醋还能醒酒,酒喝多了,喝点醋,醋酸能把乙醇反应掉;此外,醋酸还是重要的有机化工原料,在油漆、塑料、醋酸纤维等化工生产中都需要大量使用。

C组代表:(展示一瓶食醋、一瓶白醋和一瓶无水乙酸,请其他同学观察颜色,并打开瓶盖请同学嗅闻气味)醋酸是无色、有刺激性气味的液体,易溶于水和乙醇,熔沸点较低,易挥发。食醋中含有 $3\%—5\%$ 的乙酸,所以乙酸俗称醋酸。醋酸的分子式为 $C_2H_4O_2$,比乙醇少 2 个 H、多 1 个 O 原子,结构简式

$$CH_3-\overset{\overset{\textstyle O}{\|}}{C}-OH$$,官能团是"—COOH",叫做羧基。醋酸能与碱及较活泼的金属反应,还能和乙醇反应生成乙酸乙酯,化学方程式为 $CH_3COOH + C_2H_5OH \underset{\triangle}{\overset{浓硫酸}{\rightleftharpoons}} CH_3COOC_2H_5 + H_2O$。

……

A组代表:我认为 B 组同学说醋还能醒酒不科学,醋酸和乙醇反应生成乙酸乙酯需要有浓硫酸作为催化剂,而人胃里没有浓硫酸,所以醋酸不能把乙醇反应掉。

B组代表:我们是听很多人都这样说,网上也查到酒后喝点醋可以快速解酒的方法。

教师:(引导)两组争论的焦点是醋酸和乙醇在什么条件下能反应。如何解决这一问题?

学生:可以通过实验。

教师:大家就针对这一问题,设计实验方案解决上述争论,同时确定什么样的条件比较有利于乙酸乙酯的生成。

(学生小组讨论后,再次汇报)

A组代表:我们组想用 2 支试管,一支加乙醇、乙酸和少量盐酸,用手焐着,因为手焐着的温度和人体胃中的温度相近,就能知道喝醋能不能很快解酒。另一支试管加乙醇、乙酸和浓硫酸,用酒精灯加热,观察反应现象。

E组代表:我们组的方案是这样的:在一支试管里加入 3 mL 乙醇,再加入 2 mL 浓硫酸和 2 mL 冰醋酸,再加入少量的沸石;另一支试管将浓硫酸换成浓盐酸,其他相同。分别用酒精灯加热,用导管将产生的蒸气通到饱和碳酸钠溶液的液面上,通过这样的设计就可以探究分别用浓硫酸和浓盐酸作催化剂的效果了。但书上提示将蒸气通到饱和碳酸钠液面上,对这个操作我们不太理解。

C组代表:书上介绍的是乙醇、乙酸在有浓硫酸存在条件下反应生成乙酸乙酯,没有提到用浓盐酸,所以我们组想试试乙醇、乙酸在有浓盐酸存在的条件下能不能反应生成乙酸乙酯,并和用浓硫酸做催化剂反应的情况作比较,看有什么不同?

……

教师:同学们的设计都有明确的目的,有些组考虑得还非常仔细,有些设计虽不太精细,但思路基本是正确的,说明大家都有自己的思考,并有一定的探究能力。可参照教材上的试剂用量,开展我们的探究之旅,要注意实验规则,确保安全,对刚才 E 组提出的问题,大家可结合反应物和生成物的性质综合考虑。另外,考虑到乙酸、乙醇和乙酸乙酯的沸点(乙酸乙酯沸点为 77℃),加热时应尽可能将温度控制在什么范围? 可考虑用什么装置控制温度?

(学生实验后作报告)

A组代表:我们做了两组实验,一组是乙醇、乙酸和少量盐酸,用手焐着将近 10 分钟,也没看到有什么明显反应,我们推测醋酸和乙醇在人体胃中很难发生酯化反应。另一组是乙醇、乙酸和浓硫酸,用酒精灯加热,几分钟后,便能看到生成的油状的乙酸乙酯浮在饱和碳酸钠溶液表面。

C组代表:我们组和 A 组的设计相同,但多做了乙醇、乙酸和少量浓盐酸在加热条件下的实验,通过实验发现:乙醇和乙酸混合,用盐酸作催化剂,在常温下几乎看不到明显反应;在加热条件下,在饱和碳酸钠溶液表面有大量气泡生成,加热停止后,发现有少量油状物质生成,但在同样时间里远不如用浓硫酸做催化剂的那组实验多。

……

　　教师:从大家的实验中我们初步获得三个结论:一是明确在常温下,乙酸和乙醇不能反应,反应需要有催化剂和加热的条件才能进行。这是一个可逆反应。二是这基本支持了喝醋并不能很快地解酒的结论,但由于课堂时间和实验条件有限,而这一反应的影响因素是多方面的,所以只能说基本支持,不能下武断的结论,大家有兴趣可以继续探索。三是大家在探索中发现,用浓盐酸和浓硫酸作催化剂在加热的条件下都能生成有香味的油状物质,但反应的速度不一样,用浓硫酸得到的产物多,说明用浓硫酸作催化剂的效果更好一些,所以我们一般用浓硫酸作催化剂。这里衍生出一个问题,大家能否从平衡移动观点和浓硫酸的特性来解释这一现象可能的原因。

　　学生:乙酸和乙醇的反应是一个可逆反应,浓硫酸有吸水性,使平衡向正反应方向移动。

　　教师:大家有没有注意到,实验装置中有几个细节问题和特别之处,大家发现了哪些? 如何解释?

　　B组代表:反应混合物中加入了沸石,是为了防止暴沸。导管口未插入饱和碳酸钠溶液中是为了防止倒吸。

　　D组代表:用饱和碳酸钠溶液而不是用水来吸收生成的乙酸乙酯,但我们不知道为什么要用饱和碳酸钠溶液。

　　教师:哪组同学能帮助解决?

　　C组代表:我们认为用饱和碳酸钠溶液是为了吸收挥发的醋酸。

　　D组代表:既然是吸收醋酸,那为什么不用氢氧化钠呢? 氢氧化钠碱性更强。

　　……

　　(四) 总结归纳,明晰问题

　　通过交流分享的环节,学生在交流分享、思维碰撞的过程中进一步深化对问题的认识,但学生对问题的研讨和对结论的组织并不一定系统,需要教师在总结归纳环节中引导学生予以完善。要注意总结学生研讨时的疏漏点和薄弱点,解决关键问题;要重视学生在研讨中暴露出来的问题,解决学生的思维障碍;要引导学生建立知识间的联系,帮助学生完善知识结构。

三、主题研讨实施策略

(一) 精心设计有讨论价值的问题

在课堂中主题研讨要成功开展,设计有讨论价值的问题是关键。有思考价值的问题才有讨论的意义。在具体设计时,需要把握以下几个原则:

一是要有针对性。教师在选择讨论的问题时要紧紧依托本节课的教学目标,围绕教学内容的重点、学生的兴趣点和思维的难点作为突破,这样提炼出的问题是由重点和难点演绎出来的,具有很强的针对性和典型性,倘若重、难点问题都能讨论解决,那么其他内容的学习也就水到渠成,其他问题也就迎刃而解。

二是难度要适宜,能激发学生思维。若问题太难,学生会无从下手,望而生畏,容易挫伤学生的学习积极性和自信心;如问题太容易,浮光掠影,流于肤浅,学生无须思考就唾手可得,没有思考的余地,便失去了讨论的意义。因此,所提出的问题应尽可能贴近学生的"最近发展区",使学生愿意开动脑筋去讨论。如在研讨"杜康酿酒话乙醇"主题时,提出问题:"如何证明金属钠与乙醇反应的产物是氢气? 如果 1 mol C_2H_5OH 与 Na 完全反应,能生成 0.5 mol H_2,乙醇分子可能的结构简式应是怎样? 你是怎样思考的?"

三是容量要适中,从教学实际出发。教师不可能整堂课都留给学生来讨论,而且并不是中学化学所有内容都需要讨论,因此教师要控制好讨论的节奏和时间。

四是要有一定的开放性。有开放性才可能有更多的讨论空间,才能形成多样的观点。对于开放性问题,学生可以不受约束,畅所欲言地发表见解,比如一些化学现象的解释需要考虑多种原因,或是一些问题的解决有多种方法,或是一些实验有多种设计方案等。

此外,提出讨论的问题还要有启发性、生动性等,注意以情境为背景,从情境中生成问题,使学生饶有趣味地开展讨论,培养学生分析问题、解决问题的能力。如在学习醋酸时,针对学生对醋酸有一定生活经验,但缺乏深入系统的认识,可设计这样的研讨主题:"同学们喜欢'吃醋'吗? 从化学研究的角度,谈谈你所认识的醋酸。"由于这个问题与学生的生活经验密切相关,又有一定的研讨空间,很容易调动学生主动学习的兴趣。

（二）科学地安排研讨的方式

根据化学教学特点和教学内容的不同，化学课堂主题研讨可分为穿插式研讨、专题式研讨和生成式研讨。

穿插式研讨的问题一般相对较小，运用也比较灵活，可根据教学的需要，灵活穿插在课堂教学之中。新课程改革强调过程与方法目标的达成，穿插式的研讨就能发挥很好的作用，可以有效地改变以讲授为主的教学方式，活化课堂气氛，启发学生思维，完善学生学习方式，提高学生学习兴趣。专题式研讨的主题相对要大一些，一个主题中可能包括若干个互有联系的问题，是一种有计划、有目标的设计。通过专题式研讨，可以促进学生主动学习，发展学生的能力，帮助学生深化对主题知识的理解和掌握，建构知识体系，使之系统化。生成性研讨是针对教学过程中出现的一些生成性问题，需要让学生及时消除疑惑。通过研讨，能帮助学生更深刻地认识和解决问题，达成共识。

根据研讨的组织规模分类，一般可分为同伴研讨、小组讨论、全班讨论。同伴讨论规模最小，主要是座位靠近的两个同学之间相互讨论、交流看法。小组讨论一般是4—6人的合作学习小组内成员之间相对正式的合作学习，通过小组成员之间的交流分享，达到集思广益、取长补短、共同提高的目的。当发现共性问题不能解决或是需要面向全体学生时，需要组织全班讨论。全班讨论既可以是一个个学生自由发言，也可以是以合作学习小组为单位的团体代表发展。全班讨论的规模最大，要尽量使每一个学生都有平等的机会发表自己的观点和见解。课堂教学中主题研讨方式的选择应根据学习情境灵活地组织。

在交流对象的选取上，既可以采用个体自由式的交流，更提倡以小组协作的方式进行交流。在小组交流中，教师组织各小组代表在全班发表自己组的观点，其他成员可作适当的补充。各小组代表讲解本小组对问题的看法，其他小组成员要认真倾听，适时进行质疑、补充以及评价。通过小组展示，让小组成员代表敢于、乐于分享自己团队的劳动成果，充分体现各小组讨论的情况，展现各组的风采，满足学生的好奇心、展示欲、成就感和认同感，增强个体的自信心，增进了小组成员的集体荣誉感和责任感。另外，通过小组展示，集思广益，教师能快速、准确地了解问题解决的具体情况，为自己接下来的"解难补充"明确了方向，提高了针对性，真正做到以学定教。

（三）给予学生充分的信任和充足的研讨时间

开展主题讨论的一个很重要的目的，就是促进学生主动学习，让学生在交流互动中建构自己的知识结构。因此确定了主题后，要让学生有充足的时间开展自主学习、交流研讨。自主学习的时间可以在课堂内，也可以在课堂外，如课堂外学生通过自主地阅读教材、查寻资料、收集证据等，丰富学习经历，深化对问题的认识。对于一些需要进行实验探究的问题，教师应在适度指导下，放手让学生动手实验，增强体验，得出解决问题的方法和结论。课堂上要让学生能发表自己的观点，暴露思维过程，分享不同的观点，产生积极的思维碰撞。同时，作为讨论的问题多是教学内容中的重难点，由于受已有知识和经验的限制，学生面对问题不可能马上在大脑中产生有效的解决方法，也需要一定的时间来思考、交流。

要充分相信学生通过交流互动能获得比单纯教师讲授更好的学习效果。从表面上看，给予学生充足的讨论时间有时似乎影响了教学进度，其实，通过对教学中的难点问题进行讨论后，学生可以真正理解、内化重点知识，并自己找到解决难点问题的方法，对后续学习起到促进作用，从而节省学生在后续知识学习中耗费的时间；同时在交流讨论中，能更好地激发学生的学习兴趣，有效地培养学生的表达能力、合作技能，形成积极的情感。当然，给予学生讨论时间的多少要视问题的难易度和学生对问题理解的基础条件而定。

（四）适时引导启发和调控

为师之道，贵在于导。主题研讨时教师要及时了解学生情况，善于启发引导。教师对学生适时的帮助、调控和鼓励有助于讨论顺利地进行。通过激励、点拨、引导学生，使课堂讨论顺利达到预定目标。因此在课堂讨论的过程中，教师并不是无所事事，而是应该关注得更多，成为舞台后注意力更集中的"导演"。

一要准确地把握讨论的时机。只有及时捕捉和准确把握讨论的最佳时机，才能在最需要的时候展开问题的讨论，才能最大限度地发挥课堂讨论的功效。而对一些非预设的研讨，也要顺势而为，合理利用。教学内容有主次之分，在重点、难点之处教师要多花时间和精力；对于一些简单或次要的问题，可以让学生在课后自己研究或讨论，教师只须稍作点拨即可。如在学习了"化学平衡"之后，设置以下问题："如何判断一个可逆反应是否处于平衡状态？"由于刚学完该部分内容,学生的印象比较深刻,思维比较活跃,参与积极性很高,通过小组讨论后提出了多种方案。教师据此可判断出学生是否真正把握了化学平衡的特征,有效地检验了课堂教学效果。又如,在学生学习过程中出现的对某些知识点的理解偏差,教师要不失时机地把这些具有普遍性的问题加以归类,组织学生进行讨论,这比教师单纯讲解的效果要好得多。

二是要规范研讨行为。小组讨论中,教师要加强在小组间的巡视,认真观察和了解每个小组的讨论情况。当发现个别学生做与讨论无关的活动或者讨论遇到困难时,教师要及时明确讨论要求并予以指导,避免课堂讨论流于形式。在开放式讨论中,教师要注意引导学生围绕话题中心进行发言,避免偏离讨论主题。教师在学生讨论的过程中,要准确把握好指导的"度",正确处理好"导"与"放"的关系,既不能放任自流,也不能包办代替。要加强对问题讨论的组织管理,要"放得开",还要"收得住",即学生讨论时要让学生积极、热烈、自由地发表自己的意见,但又必须防止学生自由散漫而导致课堂秩序混乱。因此在主题研讨中,教师必须能"控制"住局面。

三是要适当启发引导。教师在学生讨论的时候并不能只做一个旁观者,而应深入到各个讨论小组中,及时了解学生讨论的情况。对讨论中出现的一些有争议的问题,都应及时进行必要的启发、引导。教师适时、适度的引导非常关键,既不能把思路方法过早、过度地透露给学生,影响学生自主发现的机会,将学生的思维束缚在教师预设的框架里,阻碍学生将讨论引向深入;也不能坐视不管,过晚干预,让学生处于消极应付的松散状态,影响讨论效果。如,在研讨"元素周期律的运用"时,一些学生对比较同一主族元素或同周期元素的金属性能顺利地解决,但在比较处于不同周期、不同主族的元素金属性时感到困难,教师可适时地给予点拨,借助数学中的"A>B、B>C,即得到 A>C"的逻辑联系,学生豁然开朗,掌握了基本方法和规律。再如,一些学生受对问题理解水平和语言表述能力的限制,思考问题时往往顾此失彼,表述往往不完整或语句破碎。若仅仅按照学生讨论发言的"原内容"作为问题讨论的结论或作为解决问题的方法,那学生获得的知识就不严密,缺乏逻辑性,今后解决类似的问题时仍会产生困难。教师应适时地把学生发言的"原内容"用关键词板书在黑板上,然后启发、引导学生补充完整,再用较为严密,流畅的语句进行表述,帮助学生完整地表达自己的想法和思路,更好地进行交流和讨论。

四是适当控制时间、节奏。课堂研讨的时间需要灵活掌握。当教师提出一个有效的问题后,学生要想顺利解答,需要经过一个复杂的思维过程。有效的课堂讨论需要学生先进行独立思考,待学生形成一定的观点或想法之后再提供共同讨论的机会,这样学生才能有话可说,讨论才可能深入和有效。教师要给学生足够的时间和空间,让不同程度的学生都能尽情发挥。如果讨论的时间较短,交流就会受到影响,学生没有经过认真的思考,可能会忽略很多问题,草草了事,达不到讨论的目的。相反,讨论时间过长,学生的观点已阐明、结论已确定,仍在要求学生讨论,不仅使讨论失去了真正的意义,也会占用其他教学活动的时间。

五是提供激励推动。教师在课堂讨论的过程中要及时鼓励学生,帮助学生树立自信心;引导学生积极发言,使每个学生都能乐于发言、乐于倾听。教师要鼓励学生把思维的过程表达出来,而不只注重于结果;教师要判断学生思维正确与否,正确把握学生的思维水平,在情感上充分尊重学生;教师要让学生充分发表自己的见解,鼓励不同观点进行争论,通过讨论让学生自己来判断、评价思考过程的合理性。教师尤其要鼓励学困生参与讨论、大胆发言。当发现学生有独到的见解、富有创意的想法时,教师可以把它们写在黑板上,给学生以鼓舞,借此激发全体学生讨论的热情。讨论中,教师不要急于做出评价,不要匆忙得出结论,尽可能运用非指导性策略,让学生多说、多辩,并适时地再追问"是这样吗",然后启发学生再想、再辩论。在找出最佳方案前,应让学生提供多种思路和方法,切不可"强行"向学生灌输标准答案。有的讨论的答案可能连最佳也无法确定,更不要谈给什么"标准"答案了。

(五) 及时地归纳总结、完善结构

讨论的结束不是问题的终结,而是新问题的开始。课堂讨论之后,教师要组织学生进行及时的反馈、归纳和总结。研讨的总结,不但要对学生在讨论过程中的知识性错误进行总结,让学生发现并纠正错误,并防止以后出现类似的错误;还要对学生在讨论过程中的行为表现、情感态度等给予及时、恰当的评价,引导学生积极主动地参与到学习之中,学会相互学习、取长补短、共同发展。在设定的学习目标达到后,教师适时的归纳总结能使学生产生新的学习需要,点燃学生求知的火花,引发新的探索,进而确定新的探讨方向和目标。

　　一是要注意学生研讨时的疏漏点或薄弱点的补救。如上例中,学生对醋酸的结构提及不多,重视不够,教师在总结归纳的环节中予以加强:通过提供结构模型增强形象效果;通过对乙酸和乙醇的分子结构进行比较,突出醋酸所拥有的特征官能团——羧基。二是要引导学生整理本节课所学习的知识内容,形成知识体系,提高认知效果。如在上例中,教师从"结构—性质—用途"的思路,理清本节课所学知识的脉络,在检查学习目标的落实情况的同时,完善了学生知识的组织结构。三是要明晰一些关键问题。如上例中,明确醋酸与乙醇发生酯化反应的反应条件、生成的产物及其特点,为什么实验中产生的蒸气用饱和碳酸钠溶液吸收,等等。四是引导学生建立知识间的联系。如上例在总结时提出:酯化反应和取代反应之间是什么关系? 能否将本节课所学的醋酸和前面所学的乙醇建立联系? 这样的问题能更好地引导学生深入思考,养成建立知识间的联系的习惯。

第五章　化学教学中生生互动策略

随着人们对学生主体性的认识,教学过程中学生主体作用的发挥越来越受到重视,开发生生互动的资源已成为化学课堂教学改革的重要内容。生生互动是同龄的学习伙伴之间的相互影响,是学习活动中重要而又有特殊功能的资源,这种资源对学生的发展有着不可替代的作用。然而,生生互动并不会自发地有效生成。作为尚处于成长发展中的中学生,需要通过教师适当的引导,才能更好地在互动中相互理解、相互帮助、形成共识,从而实现化学知识与技能、过程与方法、情感态度与价值观的建构及生成;生生互动也有着自身的规律,需要合适的组织和实施策略才能达到较好的效果。因此,研究和探索生生互动策略具有重要的现实意义。化学教学中促进生生互动有多种方式,但运用得最多、最富有成效的是小组合作学习。本章重点以小组合作学习为载体,研究生生互动的有关策略。

第一节　生生互动的组织策略

一、合作小组的构建

科学地构建合作学习小组是组织生生互动的起点,也是有效开展生生互动的基础。鉴于合作学习小组在整个生生互动中的核心地位,合理地构建学习小组将有利于其功能的发挥,因此需要对学习小组的构建策略予以特别的重视。合作学习小组构建策略应关注以下几方面:

(一) 小组的规模

对于合作学习小组的构建,国内外已有大量深入的研究,形成了较为一致的结论,认为以2—6人为宜。通常规模较小的小组,易于识别学生在合作中遇到的问题,也能促使学生不偷懒、不"搭便车",但由于组员共有的知识范围较小,合作的资源较少,集体思维的广度与深度均受影响,其效力也较小。而小组规模较大,虽效力也较大,但如果小组人数过多,则难以实现小组内部的全员沟通,会使小组内成员参与度减小,易造成部分学生无事可做甚至滥竽充数的现象;同时会增加活动组织的难度,产生诸如个人在讨论中更易受到压抑,性格外向、喜欢表达的组员可能独占小组活动时间等新的制约因素,成员间的交流和碰撞也会减少,降低了小组成员间的友谊和个人提供的支持。考虑到合作学习的效果、便于操作等实际情况,化学学科的合作学习小组大多采用 4 人制(除"二人协作法"外)。实践表明,对化学学科小组合作学习初期,小组人数可适当少一些,可为 2—3 人,转入正常的合作学习则以 4 人为宜,有利于活动的组织和成员之间的互动。考虑到一些学校班额数较大,小组成员数可略多,但不宜超过 6 人。小组合作学习成员数越多,对合作学习的组织和成员的技能要求会越高,反而不利于充分的互动。

（二）小组成员的构成

与传统教学的学习小组按能力、兴趣或学业成绩同质分组不同,合作学习采用"组内异质,组间同质"的分组原则,使各组内保证有异质资源,各组之间保持"质量平衡"和"数量平衡"。这种分组机制充分利用了人际交往中的合作与竞争来保障生生之间的有效互动。小组成员的安排一般由教师确定,也可在遵循分组原则的前提下兼顾学生的意愿。

"组内异质",即在同一组中的成员尽可能在性别、个性特点、能力倾向、学业成绩等方面有所差异,更好地利用差异化资源。组内异质形成的思维、技能多样性,能够使学生更好地互相激发,碰撞出创造性的火花,有利于学生在小组内进行合作互助学习时形成相互理解、欣赏和接纳等积极情感。在具体操作时,可抓住以下几个主要因素来考虑:①学生的学业水平。不同的学业水平反映学生的学习基础和学习能力,这是异质小组需要考虑的重要条件。②性别特征。每组男生和女生应大致平均分配。男生和女生在小组分工过程中适合充当的角色不一样,一般而言女生更加细致,记录更详细;男生富有创造力,动手能力较强,因此各小组的男女生比例要协调,起到互补的作用。③学生性格特点。希波克拉底(Hippcrates)把气质分成四种类型,可根据学生气质类型的不同进行分组,例如急躁型可以和慎思型分在一组,外向型可以和内向型分在一组等。④学生能力特点。每一位学生身上都有外显或内隐的能力,有的学生表达能力强,有的学生善于观察,有的学生可以从杂乱事物中梳理出主干,将具有不同能力的学生协调在一起,能更高效地发挥学生不同方面的潜质,促进学生发展。

"组间同质",即各组之间尽可能均衡考虑,水平相当,兼顾因材施教和集体教育,又保证全班各小组之间展开公平竞赛,易于形成良性竞争氛围,有利于学习目标的达成。

(三) 小组内角色分配

角色是群体对某一个体所期望的行为模式,反映了个体的工作职能和相应的权利、职责与义务。合作学习小组组建之后,若没有明确的任务分工,没有给每一位组员指派某一特定的小组角色,组员之间没有形成积极的角色互赖,便难以形成学习共同体,无法很好地协同完成任务。

小组内的成员可以根据活动的需要以及小组人数设定不同的角色。小组成员通过承担不同的角色,丰富自己的经验和经历,得到多方面能力的锻炼和发展。在化学小组合作学习中,一般来说小组内可设置如下角色:

组长:组织小组成员积极讨论,确认小组合作学习目标、小组任务的分配,确认小组主要结论与答案,关注小组成员及活动情况,做好总结。

联络员:负责为小组取来所需材料,与教师及其他小组进行联络,负责保管本组所需的学习工具或材料。

操作员:完成实验操作或其他操作性任务,解释实验中的有关现象和问题。

记录员:负责记录实验数据、小组讨论重点议题、实验方案和研讨结果及小组自评分数,并撰写小组报告。

讲解员:负责重述小组的主要结论或答案,对其他同学的提问和质疑做出合理解答,并在需要时通过黑板、电子白板、投影屏幕等手段向全班同学和教师作展示,并作为主要回答者回答教师和其他组同学提出的问题。

检查员:负责关注小组合作的情况,包括时间、进度和纪律的控制,明确小组成员都能够清楚地说出主要答案或结论,确保小组成员都已达成任务目标。

总结人:负责重述小组的主要结论或答案,确定形成统一认识。

考虑到需要的角色和小组人数不一定一致,每个小组成员可以承担1—2

种不同任务的角色,如是 4 人小组,记录员可兼任联络员,讲解员和检查员可由 1 人承担。每个组员承担各自的责任,角色每 2—3 周轮换一次,使每个学生都能在承担不同的角色中得到锻炼。

(四) 小组文化建设

小组文化是指合作学习小组在其发展过程中形成的共同价值观、精神、行为准则及在规章制度、行为方式和物质设施中的外在表现。小组文化是组织中的一种系统变量,它规范着组织成员的行为。有影响力的小组文化能凝聚小组成员的思想,引导和塑造成员的态度和行为,增强小组凝聚力。

一是明确小组成员共同身份,形成凝聚力。共同身份有助于激发小组成员对其所在小组的归属感,增强凝聚力。在组建合作学习小组时,可鼓励每个小组选择一个名称、口号或标记,这些是小组的象征和标志,也寄托了学生对本组的期望,会进一步增强他们的参与热情和自信心,激发其主人翁的使命感和责任感,从而更加积极地投入到小组活动中去。

二是确立小组共同目标,形成积极的互赖。共同目标对小组至关重要,它为小组聚焦提供能量。合作学习专家约翰逊把"积极的互赖"放在合作学习五个要素之首。只有当小组成员致力于实现共同关注的目标时,他们才会主动而真诚地奉献和投入,产生自觉的创造性。各小组在教师指导下形成目标时,应注意以下几点:(1)目标应当具体。具体的目标比一般的含混不清的目标更能激发人的行为,使之达到更好的工作绩效。(2)目标难度应适中。过于容易或过于困难的目标都不利于激发小组成员的学习兴趣。(3)目标应被个人所接受,只有学生自己接受的目标才能最大限度地激发他们的学习动机,调动他们学习的积极性。

三是明确小组成员的责任,促进共同发展。小组成员不但要自己完成学习任务,还要帮助同组的其他成员完成学习任务。要让每一个成员明白,小组成员是一个合作的整体,帮助他人不只是小组内的一项任务,在向他人讲解知识时自己的认识也在深化。

四是强调成功机会均等。合作学习倡导促进每个学生的发展,在评价上的一个很重要的特色就是,创造一种让每一个学生都能对小组作出贡献的计分方法,包括运用提高分、组间同质公平竞赛、使学习任务适合个人成绩水平等方法。

五是形成有利于交流的环境,促进不同思想的交流碰撞。在合作小组中,生生互动的很重要的方面就是信息交流、观点碰撞。要实现信息交流畅通,观点碰撞而不产生激烈的对抗,形成有利于交流的环境文化起着重要的保障作用。在小组互动中除了要形成积极互赖的氛围,还要让学生养成善于倾听的习惯,哪怕是和自己的观点不一致,或是自己不认同的观点;要形成勇于质疑的态度,但质疑只是针对对方的观点,而不是抨击个人,不作人身攻击,应使交流辩论在和谐的气氛中进行。

二、合作学习任务的设计

(一) 选择适合的合作学习内容

合作学习的任务与生生互动的广度与深度有着密切的关系。

什么样的任务适合合作学习,使学生能在合作学习中更好地互动? 一般说来,学习内容越能贴近学生的实际生活、符合学生的兴趣爱好、满足学生的心理需要,就越能激发学生的参与热情;学习内容越能激发学生的思考、越具有开放性和挑战性,就越能激发学生的兴趣。研究表明,合作学习适宜于较为复杂或较高层次的认知学习任务,适合于处于"最近发展区"的富有挑战性的问题[①],适宜于绝大多数的包含情感、态度与价值观目标的学习任务,如果教学目标本身包含了人际交往品质与能力培养,就更需要运用合作学习的方式。

1. 合作任务要有开放性

开放性的合作任务意味着多样性、不确定性,因而可以给学生在互动时创造一定的空间,利用生生之间宝贵的资源差异,发挥其自身优势,培养学生的发散式思维,训练学生思维的灵活性。一个开放式的合作主题可以引起学生自主参与的思考与争论,而学生对问题的不同见解可以使学生的思维产生激烈的冲突和深层的碰撞,从而使学生能够在互动中有更为深入的交互影响和作用。如学习"弱电解质溶液"时,让学生合作研讨"如何证明 CH_3COOH 是一种弱酸";再如,学习"氢氧化铝的制取"时,提出问题:"以铝为原料制取氢氧化铝,你能想出几种方法? 你认为哪种方法最好? 理由是什么?"这样的问题会给小组成员

---

① 杨文斌. 高中化学合作学习实验报告[J]. 化学教学,2004(7 - 8):14.

较大的交流空间,产生更多的智慧碰撞。实践也表明,上述问题通过小组成员之间互相合作,最终每一个小组都设计出了几种方案。

2. 合作任务有一定的挑战性

在合作学习生生互动的过程中,并不是任何水平的合作任务都能有效地激发学生的主体参与、促进的学生思维发展。任务难度太低,没有合作价值,学生很快就能自行解决,无须合作;难度太高,学生即便通过小组讨论也无法解决问题,会挫伤学生的学习积极性,影响学习的信心。不同层次水平的合作任务在促进学生的发展上具有不同的效应,合作任务一定要落在学习的最近发展区附近,即"从独立解决问题确定的实际发展水平与通过成人指导或与更有能力的同伴的合作完成问题解决确定的潜在发展水平之间的距离"。因此,教师在确定合作学习任务时,不仅要考虑学生现有的发展水平,还应考虑学生的最近发展水平,也就是合作任务既要高于学生现有发展水平,要有一定的挑战性,又要让学生通过努力合作或是在教师启发引导下可以解决。如在学习"钠的化合物"时,提出"Na_2O_2与水反应生成的产物是什么"的问题,则学生无须合作就能很快解决,无法激起学生的合作兴趣,纵然提出合作要求,也只会形成假合作,无法促进小组成员的互动,浪费宝贵的时间。如果将这一问题设计成"过氧化钠使酚酞溶液褪色现象探究",则既能激发学生探究的兴趣,让学生主动参与到学习之中,形成对褪色可能原因的猜测,激发学习主动性;又因为这个问题有较高的开放度和一定的难度,具备合作的需要,学生在小组互动中必然会产生各种思维的交流和碰撞,这样才能使互动真正开展,促进学生深度学习;同时,因为合作,能使学生在互动中形成合作技能,感受团队的力量,获得成功的体验。

3. 合作任务要有针对性

合作学习不只是要达成认知目标,还要达成过程与方法目标,情感、态度与价值观目标,因此在设计合作学习任务时,一定要考虑任务的明确指向性,既要在一定时间内完成既定的认知教学目标,通过生生之间的交往互动,激发思维,突破学习难点,又要注重学习过程,引发生生之间实质性的合作互动,激发学生的学习动机和兴趣,促进学生以积极的互动主体参与进来,主动地建构知识,在学习过程中获得交往技能,形成积极的社会情感。例如,为了使学生加深对"盐类水解"概念的理解,设置问题:"联系自己的生活实际,能否用显酸性的盐代替酸使用,显碱性的盐代替碱使用? 并设计实验证明。"这样的问题有一定的开放性和挑战性,同时又密切联系学生生活实际,让学生能结合自己的经验来谈,促进了每个人的参与;通过合作设计实验方案,开展实验操作,让每位成员都投入活动中,并根据赋予的角色承担职责,在合作中解决问题、促进思维发展、形成合作技能,"在合作中学会合作"。

（二）把握合作任务的投放时间

合作学习中生生互动有没有实效,合作任务投放的时机也很关键。不是什么时候都适宜让学生展开互动:教师讲累了让学生互动一下,能直接得出答案的也要互动一下,这样必然使互动和合作流于形式。教师在投放合作任务之前应了解学情,了解学生现有的认知水平、兴趣点、需要及困惑等,并且必须保证学生先经历足够时间的独立学习,对要互动的合作任务内容有一定的了解,只有心中有了底气,互动时才有话可说。

1. 在学生思维受阻时投放合作任务

合作学习一般围绕问题展开,当教学内容出现难点、疑点,学生往往思维局限在以往的认知框架之内,面对难点问题时思维受阻,恰恰是开展生生互动的有利时机。此时,由于思维受阻,学生内心产生了困惑感,这种困惑感使学生产生了极其强烈的学习需要,而这种强烈的学习需要促使学生从同伴那里寻求帮助,从而产生了强烈的合作互动需要。小组合作学习可以使学生在互相交流过程中得到提示、开拓思路、展开想象,从而突破、掌握难点。教师应及时抓住这一时机,有效地组织学生进行生生互动,使学生积极、自主地与同伴一同思考探究、合作交流。如在学习"$Fe(OH)_2$制备方法"时,学生在向$FeSO_4$溶液中滴加$NaOH$溶液时,并没有看到$Fe(OH)_2$的白色絮状沉淀,而是出现了灰绿色或是红褐色沉淀,这与学生头脑中本应制得$Fe(OH)_2$白色絮状沉淀的认知不符,使学生产生疑惑。教师应及时利用学生的认知冲突,组织学生进行小组合作学习,在探讨中得出结论。

2. 在学习任务难以独立完成时投放合作任务

在进行教学时,有一些学习任务比较复杂,仅靠个人的努力很难完成或根本无法完成,在这种情况下投放合作任务,让学生通过积极互赖、个体支持、信息共享、启发鼓励,共同完成学习任务。如要求学生"测定含有少量氯化钠的碳酸钠固体的纯度",由于这一问题既涉及实验原理分析、指示剂选用、误差分析等理论问题,也涉及试剂称量、溶解、定容、滴定等操作性任务,还涉及实验现象的观察、记录,实验数据的整理分析,实验报告的完成等任务,包含着多重任务和目标,靠一个学生在课堂有限的时间内,很难完成任务,而通过小组合作就能顺利解决这一问题,完成学习任务。

3. 在学生出现意见分歧时投放合作任务

由于不同学生对同一问题思考的角度和理解的深度、广度都存在差异,因此学生的意见往往会出现分歧,这其中有正确的、有错误的、有多重解释的,而此时正是投放合作任务的极好时机。通过小组合作,学生将自己的观点叙述出来,学生在组内、组与组之间展开讨论与争辩,互相切磋、互相甄别,问题的答案便会慢慢孕育而生。这个过程不仅能让学生的判断能力有所提升,也能提升学生在与别人持不同见解时如何智慧地予以解决的能力,培养了合作技能。例如,在学习"合成溴苯"时,在向装有苯与铁屑的蒸馏烧瓶中滴入液溴后有白雾产生,有学生认为是溴苯小液滴,有学生认为是 HBr 结合空气中的水蒸气而成,在讨论后得出 HBr 是易挥发的气体,白雾应是 HBr 结合空气中的水蒸气而形成的,在接下来的"吸收装置中 $NaOH$ 溶液吸收的是什么"这一问题便也迎刃而解了。

4. 在探究结论(规律)时投放合作任务

化学作为一门以实验为基础的自然学科,在学习过程中存在大量的探究和发现任务。在探究这些规律、发现这些结论的过程中,每个学生都想更多地发现蕴藏在问题之中的奥秘,因而激发出很高的学习热情。而在解决问题过程中,需要小组成员集思广益,密切配合,承担各种角色,才能较好地完成探究任务。如学习"卤素"时,组织小组学习、探究"碘盐中的碘是以什么形式存在于盐之中的",任务提出后,各小组的学生跃跃欲试,都希望比其他小组更早地发现正确的答案,各小组之间也无形中会形成良性竞争气氛。

(三)选择适当的合作学习方法

合作学习已开发出多种较为成熟的方法,不同的方法具有不同的特点和功能,适合不同学习时期和不同学习内容。教师要根据学生的实际情况、教学目标和知识的类型综合考虑,合理地选用,同时也要根据化学学科的特点,创造性地运用各种方法,为我所用,创新发展。关于合作学习的具体方法及其适用条件,将在本章的第二节专门介绍,此处不作详述。

三、合作学习课堂的管理

(一) 改变座位形式

课堂教学的空间布局能够影响课堂教学中学生的心理状态和交往活动。"恰当的空间组织方式、合适的空间密度有利于学生情绪的稳定,减少冲突和攻击等不良行为发生的可能性,并有助于学生积极、主动的认知探索活动;而空间分隔不当、空间密度过小,则可能增大学生冲突的可能;相反空间密度过大,则会削弱或抑制学生交往的欲望,不利于相互的合作与交流。"[①]课堂的座位编排影响学生的互动机会。传统课堂"秧田式"的课堂空间布局适应教师讲、学生听的消极静态特点,不利于教学信息的全方位流通。要变革传统课堂结构下教学信息流通不畅、学生参与度不高的特征,改变学生座位形式是重要手段之一,如变秧田型座位布置为会晤型、圆桌型和 U 字型等布置(见图 5 - 1)。

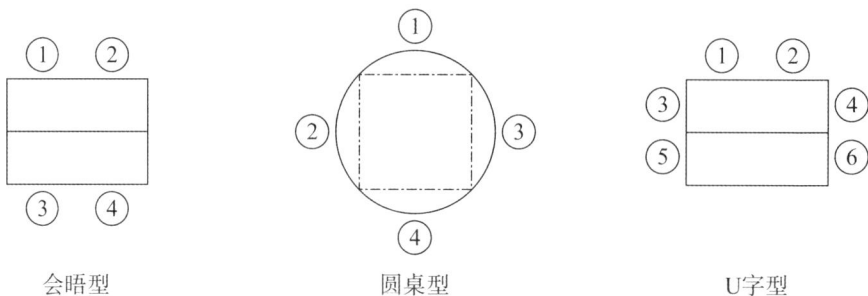

会晤型　　　　　　　　圆桌型　　　　　　　　U字型

图 5 - 1　小组合作学习座位安排图

将合作性人际交往结构引入课堂,建立一个立体、多边、全通道的课堂交往结构,这种空间形态有利于进行集体性学习活动,可以使学生与教师、特别是同伴之间进行更方便的语言和情感交流,"且这种形式其存在本身也有利于学生的集体归属感意识的形成"。[②] 课堂空间形态的变化也使学生之间的情感交流、感染和互动的机会大为增加,正如博尔诺夫所认为的:教育的成功与否往往取决于生活环境中一定的内部气氛和情感态度。

化学学科除具有一般的课堂特点外,还有其自身特点,最为突出的一点就

---

① 冯建军.生命化教育[M].北京:教育科学出版社,2007:190.
② 吴康宁.课堂教学社会学[M].南京:南京师范大学出版社,1999:286.

是实验探索任务多。因此，采用会晤型、圆桌型和 U 字型等形式的座位方式，组内成员的位置尽量靠近，各组之间留有足够的距离，既便于组内成员开展互动讨论和实验，又不致因本组成员讨论声音过大或走动而影响他人，也方便教师在组间走动，指导各小组讨论并解答疑问。

（二）实行动态编组

合作学习小组在组成一段时间后，应根据实际教学情况与学生合作学习效果进行适当的调整，实行动态管理。通过重新编组可达到以下几方面的目的：一是可以使学生有机会与更多的同伴进行合作学习，从不同伙伴身上受到启发，学习不同伙伴的不同的技能与经验，进一步发展合作技能，有助于学生将来应对现实生活的实际状况。二是可以避免因长时间同组学习可能形成的小帮派、小团体现象，使学生学会与不同伙伴相处与合作，结成更多的友谊。三是要改变一些小组由于各种原因，在小组竞赛中始终处于劣势、影响学习情绪和信心的状况，给小组成员获得新的成功的机会，同时也可以将之前的优异小组的优异学生分散到其他小组中，带动弱势小组成员的学习积极性与热情，推动班级整体向前发展。四是使之前个别问题小组的矛盾得到缓解或化解，阻止问题进一步深化而影响组内或班级其他同学。

（三）培养合作技能

同伴之间在组内和组际交流互动时，常常会出现不会合作的问题，这势必会影响互动的实效和深度。为了确保小组学生间能够较好地开展互动合作，首先应使学生掌握必备的合作技能。生生互动常用的合作技能主要包括三类：

第一类是组成小组的技能，主要包括：（1）向他人打招呼问候；（2）自我介绍—介绍他人；（3）对讲话人称呼名字；（4）结束小组活动；（5）说再见，等等。

第二类是小组活动的基本技能，主要包括：（1）表达感谢—对感谢的应答；（2）注意倾听他人的讲话；（3）赞扬—对赞扬的应答；（4）耐心等候—尽量不让他人等候；（5）求助—提供帮助；（6）道歉—接受道歉；（7）提问—对提问的应答；（8）拒绝—对拒绝的应答；（9）给出指令—按指令去做；（10）有礼貌地打断别人的讲话—有礼貌地接受被别人打断讲话；（11）用幽默的方式帮助小组继续活动；（12）让小组返回活动；（13）解释；（14）观察和评论小组活动，等等。

第三类是交流思想的技能,主要包括:(1)提建议—对建议的应答;询问原因—提供原因;(2)寻求反馈——提供反馈;(3)有礼貌地表示不赞同—对不赞同的应答;(4)批评—对批评的应答;(5)检查听得(理解)是否准确—接受检查;(6)说服他人;(7)达成一致意见,等等。

学生在小组中的合作技能不是与生俱来的,也不是一蹴而就的。合作技能同认知技能、动作技能一样,需要经过有计划的系统训练才能形成。在实际操作中,可采用以下方法:

一是开设专题讲座,通过讲座让学生了解合作技能的重要性。如介绍美国在 1995 年曾对世界 300 家大企业开展未来社会所需人才素质的调查,结果合作能力排在第一位,以此引导学生认识到合作技能是人们交流合作的必备技能,是更好地适应社会发展需求的重要工具,从而让学生增强对合作技能重要性的认识。通过讲座,还可以让学生了解合作技能的一些基本内容和实践注意事项,增强感性认识。

二是有计划地传授、示范合作技能。教师可有计划地在课间或是活动时间安排传授和示范合作技能,如每节课选取 1—2 项常用合作技能,诸如"表达感谢—对感谢的应答""求助—提供帮助"等进行讲解和示范,由易到难,循序渐进,让学生掌握要领,并在小组活动中和课后进行练习。

三是在小组活动中实践合作技能。通过在教学目标中明确合作技能的要求,让学生在小组活动中重视和运用合作技能,实现"在合作中学会合作",这是培养学生合作技能最重要、最有效的途径。教师在日常的合作学习课堂教学中应当让学生明白彼此之间的尊重、谦让、支持、鼓励、信息交流与共享有助于良好的沟通与交往,使他们学会既善于倾听和判断别人的观点,相互启迪和吸收不同的观点,又要善于积极主动地表达自己的意见、疑问和观点,敢于主动地追问质疑、辩论评价,最终共同寻找解决问题的思路。教师在学生小组进行合作学习时应适时地巡回观察,及时地鼓励学生运用合作技能,为存在困难或问题的学习小组演示合作技能或给予纠正和指导,促使合作学习顺利进行,逐步使学生达到合作技能自动化的水平。

教师在指导学生掌握合作技能时要注意分类要求。对那些性格较为内向、不喜欢同他人进行交流的学生以及学习成绩比较差的学生,对他们在合作学习时主动表达出自己观点的行为应予以鼓励,即便他们所提出的意见和别人的意见之间存在很大的区别，也应该鼓励他们将自己的意见主动地提出来。对那些在性格方面表现比较浮躁的学生，应该向他们强调在学习活动时认真聆听别人的意见，尽可能在理解别人观点的基础上发表自己的建议。对部分化学成绩非常好的学生，也应严格要求他们虚心接受别人所提出的意见，防止他们产生以自我为中心的现象，更要防止班级中出现以学习成绩好的学生的意见为标准答案的状况。要让学生积极分享不同观点，同时注意帮助理解能力相对较差的学生达成学习目标。

（四）重视组长培训

由于小组长在小组活动中能够发挥组织引导、协调推动和决策总结等至关重要的作用，因而加强对小组长的培养，充分发挥其在小组活动中的骨干、桥梁作用非常必要。合作学习小组组长的培训，既是组建有效的合作学习小组非常重要的一环，也是小组技能学习的重点内容之一。对小组长进行训练和培养应根据小组领导职责与合作技能来进行。

1. 组长应当履行以下职责

• 维持组内秩序，促使小组紧密围绕学习任务有序地发言，使每个组员都有事可做；澄清问题，提示问题，引导发言；

• 接纳组员的意见和建议；

• 对讨论的内容、过程进行记录整理；

• 征求各组员的意见，要求各成员贡献自己的观点；

• 提示要点，使小组活动顺利进展；

• 从组内找到问题答案，鼓励组员积极参与，提供解决问题的思路和资源；

• 整合小组讨论的有关意见、观点或建议，并敦促小组达成一致性意见；

• 公正务实，在小组建设性争论中保持中立并促进和推动小组活动积极有效地进行；

• 要说"我们的"而非"我的"，与小组共享奖励和荣誉。

2. 组长应具备的交流能力

• 作为积极的沟通者，将观点清晰简洁地进行编码；

• 沟通小组成员以达到对小组任务的理解和领会；

• 娴熟地协调各组员提出的信息与观点；

- 及时地作出解释和反应；

- 表达小组的关注，尊重他人的发言，与小组共享奖励和荣誉。

在尝试合作学习之初，学生大多缺乏系统的合作技能的训练，组内成员人际交往技能水平差距也可能较大，再加上小组领导能力是要求较高的综合性能力，因此，一般可选那些合作技能较好、具有一定组织协调能力和较高威信的学生担任小组长。此外，还要对小组长进行分批集中培训，使他们逐步掌握领导小组的基本技能。经过一段时间后，随着小组活动开展日趋顺利，可让其他组员担任组长，并让原小组长充当教师的助手，并协助新组长管理好本小组的活动。

小组长的培养可通过集中辅导、分散实践和小组评议的方式进行。即教师先召集各小组长给予讲解和示范辅导，然后组长回各自小组进行实践，再由小组成员对组长的领导行为进行评价，教师则通过巡回察看，掌握各组情况并加以指导或提供纠正和帮助，通过这样的培训模式，让小组长学会如何组织和协调小组活动。

需要注意的是，小组长不是固定的，需要轮换担任，让每个学生都有锻炼的机会。小组长的领导也不是大包大揽地统管一切小组事务，而是在个人角色定位的基础上由小组长来完成引导、促进和协调工作。

（五）制定学习规则

为有效地开展小组合作学习，促进生生互动，建立适当的规则是必要的。这些规则作为合作学习小组内所有的组员必须要遵守的行为准则，是合作学习顺利进行的基本保证。在制定规则时，应充分考虑学生的建议，因为由学生共同探讨形成的规则能够更好地被学生所认可和接受。合作学习的规则可以是正式的，也可以作为一种约定。规则中所涉及的内容应该简单明了，不能过细，只须对小组合作学习过程中经常遇到的一些问题进行规定即可，否则对于合作学习会造成很大的制约。但规则必须要让学生明白，什么事情是正确的，什么事情是不被允许的。

例如，制定"零噪音信号"规则。所谓"零噪音信号"是指当听到该信号，学生应该迅速地停止谈话，集中注意于教师或其他同学的言行举止，保持相对安静。信号的发出可运用各种方式来实现，如教师提醒"请注意！"，或是采用击掌或其他肢体语言。

再如,"研讨交流规则"让学生明确:(1)我是批判观点而非针对个人;(2)鼓励任何个人都参与;(3)如果我没有理解,我可以要求重复;(4)我在改变立场时,必须有充分的理由;(5)我们都是小组中不可或缺的一员;(6)我应认真倾听,即使我不同意;(7)我试图全面地理解观点;(8)先把所有观点提出来,然后再分析综合,等等。

一般而言,班级合作学习规则主要包括:(1)每一个成员都能参与合作,并主动地承担任务;(2)敢于发表自己的观点,不嘲笑、攻击他人;(3)能倾听别人发言,不随意打断,有不同意见可在他人说完后发表;(4)勇于承认自己的错误观点,肯定他人的正确看法;(5)遇困难可向同学请教,随时帮助有困难的同学;(6)服从组长安排,不讨论其他无关话题;(7)看法不统一时,少数服从多数;(8)每次活动时各组都要认真填写活动记录。

第二节　生生互动的实施策略

化学教学中的生生互动是学生与学生之间在学习活动过程中发生的各种相互作用和影响。学生与学生之间以语言或非语言的方式进行互动,互动涉及认知、情感、态度、价值观等方面,也涉及学生的操作性技能和社会性技能及生活经验、行为规范等信息;互动的过程包括分享、讨论、争辩、反馈等外部的"相互交流"活动,以及学生与自身进行的内在的"自我交流"活动。目前,生生互动应用最广泛的是(小组)合作学习。针对合作学习,研究专家创设了许多较为成熟的模式,提供了指导思想明确的操作框架,为有效开展合作学习奠定了坚实的基础。但各学科有其自身的特点,不同方法有其相应的适用范围和功能特点,因此,如何将合作学习的原理运用到化学学科教学中,形成有效的策略,还需要在实践中探索,并灵活地运用,使之更好地促进生生互动,加速学生的发展。

一、二人互助法

(一)理念与意义

精细加工理论认为,在学习教材内容时,两人合作胜过一人。因为两人之间对学习内容的复述、提问等,促使工作记忆为了保持信息,运用内部语言在大脑中重现学习材料或刺激,以将注意力维持在学习材料之上。对简单学习任务的复述与提问,主要是提高学生对学习任务的熟悉程度和记忆效果。对复杂学习任务的复述与提问,主要是先筛选出重要的信息,然后通过对信息进行组织加工来提高学生任务的熟悉程度以及理解水平,要求学生进行更为积极的思维。二人互助法正是运用这一理念,通过复述、提问的方式,强化记忆,促进理解。化学学习中有大量的化学用语、概念和原理需要记忆和理解,一些概念还比较抽象,需要抓住关键、领会内涵才能正确地掌握。通过二人互助的互动方式,同伴间可以相互提醒、相互交流、强化刺激、加深理解,且合作较为方便快捷,不需要较高的合作技能。

（二）操作与案例

1. 实施步骤

表 5 - 1 二人互助法操作流程

程序	内容	主要任务
一	布置任务	教师提出合作学习任务,明确内容和要求。
二	组建小组	将全班同学分成 2 人一组(如班级人数为奇数时,可有一组为 3 人)。一般是事先编好的异质小组,也可以由相邻座位同学组成。
三	独立研读	合作学习小组 2 位同学独立研读教师指定的学习材料(教材或其他资料)内容。如一人先读完,则再次阅读,直到另一人也完成为止。
四	检查交流	(1) 当两人都阅读之后,一人充当采访者,另一人充当讲述者(对特殊的 3 人组可采用一人采访其他两人的方式)。采访过程中,采访者可手持材料,被采访者应不看材料;当有重大错误或遗漏时,采访者可以打断讲述者的讲述或回答,作出重要的修正或提示。具体操作可用两种方式:"讲述—补充式"(讲述者先主动地介绍学到的主要内容,采访人指出错误和遗漏之处)和"提问—回答式"(采访者主动提问,讲述者按要求回答)。 (2) 如时间允许,互换角色进行采访。如时间不足,也可下次活动中轮换角色采访。
五	总结复习	两人对学习内容进行概括和总结,同时讨论、交流一些有助于识记和理解材料的方法,共享采访收获。

2. 教学案例

案例 5 - 1　"原子间相互作用"教学片断

教师：我们知道，构成物质世界的元素只有 100 多种，那么这 100 多种元素是怎样构成已有的数千万种物质的呢？构成物质的的原子之间又具有怎样的结构呢？今天请大家在阅读教材 57—61 页的基础上，通过相邻两人合作的方式，来检查自己和伙伴对知识的掌握情况，通过互动来加强记忆、促进理解。

（学生自动地按相邻两人组成小组，独立阅读后，小组两位同学开始检查提问）

B 同学（讲述者，合上书本，面对采访者）：这一节学了两个概念，一个是化学键，一个是离子键。化学键是相邻原子间的强烈相互作用。离子键是阴阳离子之间的相互吸引所形成的化学键。钠原子失去 1 个电子成为钠离子，氯原子得到 1 个电子成为氯离子，氯离子和钠离子通过相互吸引形成了氯化钠。书上还画了用电子式表示的氯化钠，是这样画的（用笔画出草图）？

A 同学（采访者）：你讲得基本上是对的，但离子键概念错了几个字，应该是"阴阳离子通过静电作用形成的化学键叫离子键"。

B 同学（讲述者）：钠离子带正电荷，氯离子带负电荷，应该是相互吸引。

A 同学（采访者，看着课本）：书上说得很清楚，钠离子和氯离子之间除了有静电吸引外，还有电子与电子、原子核与原子核之间的相互排斥，定义中用的是"静电作用"而不是"静电吸引"。

B 同学（讲述者）：是的，我明白了。

A 同学（采访者）：你画的图是电子式图，氯离子外少了一个方框，这个图表示的是氯化钠的电子式。

B 同学（讲述者）：对，氯离子电子式外是少了一个方框。

A 同学（采访者）：你概念掌握得还不错，就是表述要再准确些。

（交换采访）

B 同学（采访者）：化学键是原子间的一种相互作用，它主要存在于什么原子间？

A 同学（讲述者）：相邻原子间。

B同学(采访者):原子怎样才能达到稳定结构?

A同学(讲述者):反应时通过得失电子或形成共用电子,达到最外层是8个电子的稳定结构。

B同学(采访者):为什么写钠和氯反应生成氯化钠的电子式,氯离子有方框,而钠离子没有方框呢?

A同学(讲述者):离子键是阴、阳离子形成的。是不是氯离子得到电子要把它"包住",不要让它跑了? 书上好像也没讲,这个我也不清楚,过一会儿问老师。

B同学(采访者):离子键一般存在于什么物质中?

A同学(讲述者):活泼的金属和活泼的非金属形成的化合物中。

B同学(采访者):如果金属或非金属不太活泼,或者非金属元素间形成的化合物,存在离子键吗?

A同学(讲述者):应该不能吧。这个我也不清楚,好像后面要学的。

......

(三) 注意要点

1. 二人互助法能够有效开展互动的前提是自主阅读时学生对学习材料有一定的初步了解。因此,阅读阶段中,合作双方要注意力集中,同时尽可能保持阅读时间上的相对协调,不能因自己注意力不集中或忙于其他事情而让对方等待得太久,影响合作的进行。

2. 采访有两种形式,"讲述—补充式"即由讲述者先主动地介绍,应尽可能快地概述阅读材料的重点内容(如一些概念、原理、物质的性质等),然后采访者根据被采访人介绍的实际情况,指出错误和遗漏之处,帮助讲述者记忆和理解,同时就内容的关键之处和自己不清楚的问题提出讨论;"提问—回答式"即采访者就学习材料的主要内容和重点关键等进行提问,讲述者回答。具体选用什么方式,一是根据学生的喜好,二是根据学习内容。一般"讲述—补充式"更多地用于了解记忆性内容的学习,"提问—回答式"更多地用于理解性内容的学习。

3. 采访时,采访者可看材料,讲述者不能看材料。采访者在听取讲述者讲述或回答时要认真倾听,注意力要集中,不能心不在焉;遇到讲述者出现错误,或是自己未听明白的地方，要及时提出。当讲述者有严重的错误或遗漏时，采访者可以打断讲述者的讲述或回答，作出修正或提示；对于一般性的问题，可等讲述完后集中补充、纠正。

4. 遇到观点不一致时，要能明确表述自己的观点和想法，通过交流碰撞，形成集体智慧。如遇观点相左而不能达成一致时，不要固执己见，不能因为一些小的争议而干扰活动的顺利开展。对不能达成一致的问题，可事后及时寻求教师或其他同学协助解决。

5. 回忆检查后，两人小组应进行讨论和总结，对所学内容中易出现问题的地方进行梳理，并交流各自的好的学习方法，共享学习策略。

6. 经过一段时间（一般在 4 周左右）的合作后，合作小组的两人应更换合作伙伴，让学生接触更多的合作伙伴，获得更丰富的异质资源，发展合作技能。

7. 二人互助法既适用于对化学知识的识记，特别是化学概念、符号、性质的掌握，也适用于对一些概念和原理内容的理解，通过两人互动，对认知水平较低的内容主要在于回忆和复述，强化记忆；对认知水平较高的内容，重点是交流、碰撞和辨析，以促进理解。

二、小组共学法

（一）理念与意义

小组共学法是根据约翰逊兄弟等人研究并发的共学式（Learning Together，简称 LT）概念框架上，结合中学生和化学学科特点进行改造形成的。小组共学法通常采用"组内异质，组间同质"编制异质小组的方式（合作学习的大部分方法都是采用这种异质分组方式，后面所讲的异质分组基本都是这种形式）。在化学教学中一般采用 4 人异质编组，要求 4 个能力不同的学生，结合成小组进行活动、讨论，共同完成一项学习任务。小组成员在学习过程中被指定承担特定的角色，形成积极的互赖，发展合作技能，提高认知水平。小组共学法特别强调"积极的互赖、面对面的相互促进作用、个人责任、社交技能和小组自评"这五个基本要素。约翰逊等人认为："简单地将学生安排在学习小组中并让他们一起学习，这本身并不能提高学生的成绩和产生较大的效力。""一堂有效的合作学习课应当包括五个基本要素。"因此，只有深刻理解这五个要素的内涵，合作学习才能有效开展。

(二) 操作与案例

1. 实施步骤

表 5-2 小组共学法操作流程

程序	内容	主要任务
一	组建小组*	按"组内异质,组间同质"原则分组。小组成员一般为2—6人。化学学科考虑到组内资源和实验操作等因素,以4人为宜。 (*注:组建合作学习小组一般都在课前完成,考虑到叙述的完整性,仍归于操作程序中。后同)
二	明确目标	将具体化的目标呈现给学生。(包括三维目标,在过程与方法目标中特别强调合作技能性目标)
三	提供材料	下发作业单,用以引导学生学习,落实学习目标。提供学习材料供学生在自主学习基础上开展合作学习。学习材料可以是指定的化学教材中的学习内容,也可以是教师编辑的学习讲义、教辅材料,或是观看教学录像等。
四	传授技能*	教师有计划地介绍合作技能,以便学生在学习过程中掌握运用,逐步形成自动化。 (*注:随着学生对技能的不断熟悉和掌握,此环节可逐步省略)
五	小组学习	明确小组成员角色和职责(小组成员角色一般分为组长、联络员、记录员、操作员、讲解员、检查员等。当小组人数少于角色数时,一人可承担2个角色。角色由小组学生协商安排,并定期轮换角色);围绕学习任务和目标,开展研讨交流互动。 教师在学生开展合作学习过程中进行观察和指导。
六	完成作业	小组合作完成作业单或小组报告。
七	交流汇报	由小组代表汇报本组完成学习目标情况,其他同学可适当补充,教师也可提问其他成员。
八	学习评价*	(1) 小组自评:总结有益的经验,使之明确;分析存在的问题及相关的原因;明确发展的方向和目标。 (2) 他组评价:在几个小组完成汇报时,由其他组来评价哪些组任务完成得较好。(条件适宜时安排,不一定每次都有) (3) 教师评价:教师对各组任务完成情况和合作表现进行评价;同时兼顾对学习任务作总结。 (*注:学习评价中也可引入"提高分"进行评价)

2. 教学案例

案例 5－2　"有趣的铝和铝合金(第 1 课时)"教学片断

【创设问题情境】

教师:大家有没有注意我们经常喝的牛奶盒子,可看到内层有银白色的物质,你知道它的主要成分是什么?

学生:铝。

教师:对,这就是附着的一层铝箔。关于铝,大家能知道她的多少秘密?　今天这节课通过小组合作学习,希望大家能比较全面、深刻地回答这个问题。

【板书】有趣的铝和铝合金

【PPT 呈现学习目标】

1. 了解铝的物理性质,了解铝和铝合金的用途。

2. 掌握铝的化学性质。

3. 通过认识铝制品的回收利用的重要性,形成环保意识。

4. 练习并初步掌握"求助—提供帮助"的技能。

教师:请按编好的学习小组开始今天的合作学习之旅。通过小组共同学习,完成课前发给大家的作业单。

【布置合作学习任务,PPT 再现合作学习作业单】

1. 同学们有没有注意到,为什么很多火锅店都喜欢选用铝锅而不用铁锅,你觉得可能原因是什么?

2. 从铝的结构看,铝应该是较活泼金属,能和水反应,但为什么在生活中随处可见用铝制品做食品包装材料?　你能用实验证明它是一种较活泼的金属元素吗?

3. 铝是一种金属,你有办法让它也能燃烧吗?

4. 日常生活中,人们常用铝制品作为炊具和食品包装材料,但不能用来存放酸性或碱性物质?　你能写出可能发生的反应的化学方程式吗?

5. 铝热反应最显著的特点是什么?　铝热剂有什么作用?　是否只有铝和氧化铁的混合物才能被称为铝热剂?

教师:今天的任务有一些难度,在学习中可能会遇到困难,需要各组认真思考、积极交流、贡献智慧。小组通过合作仍不能解决的问题,可以求助其他小组,这也是重要的合作技能,是未来工作、生活的必备技能。下面我来演示一下,希望同学们能在实际中比我运用得更好。

【教师与一位小组长共同演示】(演示"求助—提供帮助"合作技能,并提出注意要点)

【小组合作学习】(学生交流、实验、讨论。教师巡视指导,参与活动,并提供必要的帮助)

【完成小组学习单】(基本保证小组每位成员都明确问题的答案)

【小组汇报】(每个小组的讲解员汇报对作业单上问题的思考,并提出在学习中遇到的新问题)

【小组交流】

A组:我们组做了铝和水反应的实验,但几乎没有氢气产生,是什么原因?

教师:需要向其他组求助吗?

A组联络员(向B组求助):请问,你们组用铝和热水反应的实验有明显现象吗? 能告诉我们你们是怎么操作的? 谢谢!

B组讲解员:我们组的实验是有气泡产生的,可能你们用的铝表面的氧化膜未除去吧。多用砂纸打磨几遍。将铝片放到氢氧化钠溶液中浸一会后再用水洗去碱溶液效果更好,因为氢氧化钠能溶解铝表面的氧化铝。不知道我们的做法是否对你们有帮助。

A组联络员:明白了,谢谢你们!

E组代表:我们组做了铝与硫酸铜溶液反应的实验,铝片上生成了红色的铜,能说明铝比铜活泼,但在生成红色铜的同时,怎么还有气泡产生? 哪组同学能给我们提供帮助? 谢谢!

C组代表:上学期我们学过盐类的水解,硫酸铜是强酸弱碱盐,其溶液呈酸性。我们认为,可能是铝较活泼,能和硫酸铜溶液中的氢离子发生反应。不知道这样的解释能不能说明问题。

……

【学习评价】

各小组:(对自己的学习情况进行评价)

教师:(对各小组表现进行评价,既评价学习结果,也评价小组中学生参与合作的态度、合作技能等方面,对学生取得的成绩,尤其是对创新性的实验设计给予热情的鼓励,对学生存在的知识缺陷给予矫正。同时指出,刚才两个小组都提出,生活中很多使用过的铝制包装材料应该回收,变废为宝,这一观点具有

环保意识。环境保护要从我做起,从现在做起)

(三) 注意要点

1. 化学学科的小组共学法一般采用 4 人异质小组。"组间同质,组内异质"的组建原则,使各组内保证有异质资源,各组之间保持"质量平衡"和"数量平衡",即各小组力求小组成员在学业成绩、性别、性格特征等方面具有异质性。"组内异质"能有效利用异质资源,为互动合作奠定基础,促进不同层次学生的发展;而"组间同质"又保证全班各小组间能够公平开展竞争,促进组际竞争性互动。这种分组机制充分利用了人际交往中的合作与竞争来保障生生间的有效互动。实际操作中的 4 人异质小组,一般每个组由 1 名成绩较好的学生、2 名成绩中等的学生和 1 名学业水平较弱的学生组成,尽可能使各组学生的平均成绩大致相当。小组成员的分组安排,原则上由教师指定,有时在符合异质分组的原则下也兼顾学生意愿。

2. 小组共学法强调在组内实行角色分工,以促进小组成员明确职责、更好地合作。同时,小组成员在担任不同的角色时,可以得到不同的锻炼机会,获得更多的合作技能。

3. 小组共学法不但强调认知目标,也强调过程与方法(尤其是重视合作技能目标)和情感、态度与价值观目标,并且要将目标具体化地呈现给学生,让学生了解学习目标,发挥目标的导向功能和激励作用。同时,依托目标建立积极的目标互赖、角色互赖、奖励互赖、资料互赖和身份互赖,强化小组自评,形成小组合作的动力。

4. 对学生合作技能的培养需要有计划、有目标、循序渐进地进行。教师应根据学生的实际情况,系统地设计合作技能培养目标和计划,并在每节课中落实,把预期要达成的行为目标具体化。考虑到学生的接受情况和学习时间,每节课最多落实一两项技能,不要面面俱到,而且有些技能需要一段时间才能掌握巩固,不能急于求成。合作技能作为一种应用性的技能,不但需要介绍、示范,让学生了解,更重要的是让学生在实际互动中运用,在运用中熟练掌握,逐步达到自动化的程度。随着学生合作技能的增强和目标基本落实,教师传授合作技能这一环节也可以省略,改由学生自行在小组合作学习中运用,教师加强检查和指导。

5. 小组研讨的互动中,既有陈述,也有辩论,会有不同观点的交流和碰撞。因此,在合作交流过程中应要求学生坚持七条原则:①我只是对对方的观点提出质疑,而不是抨击某个人;②我始终记住我们小组是一个整体;③我鼓励大家参与讨论;④我会认真地倾听别人的观点,即便我不同意他的说法时也是如此;⑤别人说我讲得不够清楚时,我会重新解释一遍;⑥我力图理解一个问题的不同方面;⑦我首先摆出各种观点,然后再加以综合。① 只有做好这些,才能有效地克服和解决合作过程中可能出现的问题冲突,提高合作效能。

6. 在学生研讨过程中,教师要加强观察和指导,不能漠不关心或放任自流。在监控合作学习的过程中,教师要及时介入认知方向有偏差和缺少必要的合作技能的小组,给予适当的引导和启发,提供更有效的合作方法,使学生表现出更好的行为。

7. 学生共同完成作业单时,要开展充分的交流,并要求检查员落实好检查和监督任务,确保每位成员都能准确理解内容,掌握问题的答案,杜绝"搭便车"现象。教师在听取小组汇报时,也就有意识地请讲解员以外的组员回答和补充。

8. 展示汇报要围绕本节课的学习目标。在汇报过程中,教师要有耐心,让各组学生表达出自己的观点,允许其他学生予以补充。教师要根据汇报的内容,进一步了解该组其他学生的看法,获取更多信息。

9. 小组共学法的评价环节要抓住以下几点:一是对小组进行评价,激发团体动力。二是充分利用资源,小组自评、其他小组评价和教师评价相结合,体现评价的多元性。尤其要重视小组自评,以利于小组总结有益的经验,分析存在的问题和相关的原因,明确发展的方向和目标。三是要运用发展性评价,调动不同发展水平学生的学习积极性。小组共学式也可采用类似"提高分"的方式,对小组成就进行发展性评价。四是不但要评价学术目标,还要评价合作意识与技能。此外,在对学习成效和合作情境进行评价的同时,要对照目标,对学习内容进行适当的总结,帮助学生落实目标,完善认知结构和合作技能。

10. 小组共学法适合各种类型的学习内容,既适用于基础知识和技能的学习,也适合高级思维水平的学习,尤其适宜在生生互动中培养学生的合作技能。

---

① 注:其他几种合作学习方法中也需要强调这七条原则,在后面的方法介绍中不再赘述。

三、成绩分阵法

(一)理念与意义

成绩分阵法(Students Team-Achievement Divisions,简称 STAD,也有译为"学生小组成绩分工法")是当代合作学习研究的主要代表人物斯莱文(Slavin)创设的一种在小组合作学习中广泛应用的合作学习方法,在化学生生互动中也经常使用。成绩分阵法按"组间同质,组内异质"的原则编组,强调异质资源的相互作用。学习过程为先由教师集中授课,然后学生在各自小组中共同学习,最后就所学内容对所有学生进行个人测试,将学生得分与他们自己的基础分比较,得出提高分。各小组将小组成员的提高分值计算出平均值,达到一定的提高分平均值的小组可以获得奖励。成绩分阵法的指导思想是通过团体奖励的方式,增强集体意识,形成团体动力,促进学生相互鼓励和相互帮助。为了小组获得荣誉,成绩好的学生必须帮助组内的其他成员,同时,一些学习成绩相对较差的学生也会感到在组内的责任,促使他们努力学习,迎头赶上,为小组争光。通过"提高分"这种发展性评价方式,调动不同发展水平的学生都能积极参与学习活动,使每一个学生都能有机会为小组争得荣誉,进而激发学习热情,实现每一个学生的发展。

(二)操作与案例

1. 实施步骤

表 5-3 成绩分阵法操作流程

程序	内容	主要任务
一	组建小组	分组:按"组内异质,组间同质"的原则编制合作学习小组。小组成员一般为 3—6 人,在化学实际操作中以 4 人为宜。 填写小组概况表:将每个小组成员的姓名填到各小组的小组概况表上。 确定基础分:可以使用上学期期末成绩,或前几次测验的平均成绩。在一些特殊情况下,原确定的基础分也可以根据学生实际检测情况,作临时统一调整。
二	集体教学	教师面向全班组织教学,任务是讲解新的教学内容,启发学生思考,并激励各小组在下一阶段积极开展小组学习。主要包括导入、展开和指导性练习等教学环节。

（续表）

程序	内容	主要任务
三	小组学习	学生以事先确定的异质小组为单位展开活动,任务是学习教师指定的任务,解决教师或其他组同学提出的问题,研讨可能出现的问题。 　　教师在学生开展合作学习时,要巡回指导,适时介入小组活动。
四	开展测验	下发检测卷,开始检测。 　　测验需要小组成员独立完成,不再允许其他成员提供帮助。
五	学习评价	评阅试卷:测验后,可由教师公布答案,各组之间交换批阅或本组自行阅卷、计分,也可由教师评阅。 　　小组自评:登记小组成员成绩,计算个人和小组提高分;总结有益的经验,分析存在的问题;明确发展的方向和目标,并告知教师本小组平均提高分和进步最快的学生。 　　教师评价:对各组学习任务完成情况和合作表现进行评价,依据各小组的"提高分",并兼顾小组成员的参与度和合作技能,对表现优秀的小组可用"良好组""优秀组""超级组"三个不同等级的奖励进行认可。教师对小组学习进行评价时,应适当兼顾对学习任务作总结。 　　(注:如当堂不能及时反馈提高分数,部分评价内容可放到下节课)

2. 教学案例

案例 5-3 "化学反应中的能量变化"复习课教学设计

教学程序	教师活动	学生活动	设计意图
创设情境,引入问题	【引言】化学是一门实用的中心学科,对于改善我们的生活具有重要意义。 【介绍】通过化学研究,获取新能源。 【板书标题】化学反应中的能量变化。	思考与尝试回答。	唤起注意,引出课题。
	【设问】我们所学过的"化学变化中的能量变化"主要包括哪些知识组块?	回忆学过的"化学变化中的能量变化"知识组块。	促进学生形成知识结构,掌握建立知识组块进行复习的基本方法。

（续表）

教学程序	教师活动	学生活动	设计意图
师生互动，共同建构	【分步投影】 		促进学生形成知识结构，掌握建立知识组块进行复习的基本方法。
引导组织合作，学习	【讲述】有了这个结构框架，就可以有条不紊地开始我们的复习旅程，理清知识体系，巩固和深化我们所学过的内容。 【讲述】请同学们以小组合作学习的方式，讨论以下问题： （1）化学反应中是否一定会放出热量？举例说明。 （2）能否设计一个简单实验，说明某个反应是放热反应还是吸热反应？ （3）化学变化中的能量从何而来？能否从反应物、生成物内部潜藏的能量的角度，用简洁的数学语言表示反应物、生成物总能量与反应热效应的关系？ （4）化学反应的热效应与生成物稳定性之间是否存在关系？ （5）如何用化学语言来表示化学反应过程的热量变化？ （6）你能解释铜锌原电池原理吗？它的形成的条件是什么？ （7）如何充分、合理地利用能源？你有什么建议？		（1）明确化学反应既可能是放热反应，也可能是吸热反应。 （2）激发学生探究欲望，培养实验设计能力。 （3）理解化学变化中的能量变化，加强学科间的联系。 （4）掌握判断生成物稳定性的比较方法和运用条件。 （5）掌握热化学方程式的书写规则。 （6）掌握铜锌原电池的原理与形成条件。 （7）引导学生关心社会、关注环境。
小组合作学习	教师巡视指导。	小组交流讨论，并得出结论。	

（续表）

教学程序	教师活动	学生活动	设计意图
组织检测	【讲述】大家刚才作了学习交流,老师想进一步了解一下学习效果,下面我们开始检测,希望各位同学和各小组都能有好的表现。小组合作时要求相互帮助,检测时则要求独立思考。 下发检测试题。（见附件1）	开始练习。	
学习评价	提供检测题参考答案和评价标准。 根据各组汇报和巡视中了解的情况,对学生合作学习进行评价,对表现优秀的小组以"超级组""优秀组""良好组"的方式予以认可。	各小组交换批阅测试题;计算个人"提高分"和小组平均"提高分";讨论存在的问题;最后向教师汇报成绩。	
整理小结	针对重要内容和学生学习中存在的主要问题,和学生一起作归纳总结。 （可准备适当内容制作PPT备用,见附件2,对生成性问题作针对性的解决）		
附件1	【形成性检测】 1. 在相同温度下,下列3个反应放出的热量分别以 Q_1、Q_2、Q_3 表示,则 Q_1、Q_2、Q_3 的大小关系是_____。 A. $2H_2(g)+O_2(g)\longrightarrow 2H_2O(l)+Q_1$ B. $H_2(g)+\frac{1}{2}O_2(g)\longrightarrow H_2O(g)+Q_2$ C. $H_2(g)+\frac{1}{2}O_2(g)\longrightarrow H_2O(l)+Q_3$ 2. 下列关于燃料充分利用的说法,错误的是( )。 A. 空气量越多越好 B. 应通入适量的空气 C. 固体燃料燃烧前要粉碎 D. 液体燃料燃烧时要以雾化喷出 3. 根据下列热反应方程式,判断 $CaCl_2$、$SrCl_2$、$BaCl_2$ 的稳定性由大到小的顺序为_____。		

（续表）

教学程序	教师活动	学生活动	设计意图
附件1	$Cl_2(g) + Ca(s) \longrightarrow CaCl_2(s) + 795\ kJ$ $Cl_2(g) + Sr(s) \longrightarrow SrCl_2(s) + 860\ kJ$ $\frac{1}{2}Cl_2(g) + \frac{1}{2}Ba(s) \longrightarrow \frac{1}{2}BaCl_2(s) + 414\ kJ$ 4. 1 g CH_4 燃烧生成二氧化碳和液态水，能放出 55.6 kJ 热量，甲烷燃烧的热化学方程式正确的表示式为：_____。 5. 铜锌原电池中锌片是_____极，其电极反应离子方程式是：_____。 6. 在如右图的铜锌原电池中，下列叙述正确的是(　　)。 A. 锌片上有大量气体放出，锌被氧化 B. 铜片上有气泡产生，铜被氧化 C. 锌片质量不断减少，铜片质量不断增加 D. 随着反应进行，稀硫酸的 pH 会逐渐增大 7. 实验室用锌与稀硫酸反应制取氢气往往速度较慢，向稀硫酸中滴加几滴硫酸铜溶液，产生氢气的速度明显加快，请你解释其可能的原因。		
附件2	【总结时可能用到的 PPT 内容】 • 反应物、生成物总能量与反应热效应的关系： $$E_反 - E_生 = Q \begin{cases} E_反 > E_生；Q > 0 \Rightarrow 放热 \\ E_反 < E_生；Q < 0 \Rightarrow 吸热 \end{cases}$$ • 化学反应的热效应与生成物稳定性之间的关系： 化合反应中生成相等物质的量的生成物，放出热量越多，生成物越稳定；反之，吸收热量越多，生成物越不稳定。 • 书写热化学方程式的注意要点： (1) 注明物质的聚集状态；(2) 注明反应热且和化学计量数相对应。 • 热化学方程式和一般化学方程式有什么不同：		

下表（附件2 中）：

	热化学方程式	化学方程式
举例	$H_2(g) + \frac{1}{2}O_2(g) \longrightarrow H_2O(g) + 241.8\ kJ$ $C(s) + H_2O(g) \longrightarrow CO(g) + H_2(g) - 131.3\ kJ$	$2H_2 + O_2 \xrightarrow{点燃} 2H_2O$ $C + H_2O \xrightarrow{\triangle} CO + H_2$
意义	既表达质量守恒，也表达能量守恒。	只表达质量守恒。
不同	1. 需注明物质的聚集状态； 2. 需注明反应吸收或放出的热量，且和化学计量数相对应； 3. 化学计量数只表示物质的量，可用分数。	1. 化学计量数既表示物质的量之比，又表示微粒数之比； 2. 一般要注明反应条件。

（续表）

教学程序	教师活动	学生活动	设计意图
附件2	• 如何充分、合理地利用能源： （1）燃料充分燃烧；（2）能量充分利用；（3）开发新能源。 • 铜锌原电池原理与电极反应式： 负极（锌片）：$Zn-2e\longrightarrow Zn^{2+}$ 正极（铜片）：$2H^++2e\longrightarrow H_2\uparrow$ 电池离子反应方程式：$Zn+2H^+\longrightarrow Zn^{2+}+H_2\uparrow$		

（三）注意要点

1. 成绩分阵法很突出的一个功能就是激发学生形成团体动力。通过"提高分"这一评价机制，能为每个学生的成功创造条件，小组成员通过共同努力，实现小组荣誉。因此，要向学生说明"提高分"的意义，使学生知道每个人的分数和参与态度都十分重要，只有通过每个人的努力，每个人的成功（即小组合作学习中，小组成员不但要自己完成学习任务，还要帮助小组同伴掌握学习内容），小组才能有机会赢得荣誉。

2. 基础分代表着学生在以往学习中的水平，可以使用上学期期末成绩，或前几次测验的平均成绩。原有成绩和基础分换算关系如表5-4。

在实施成绩分阵法多次测验之后，教师应将测验成绩进行平均，得到新的基础分。

表5-4　原有成绩和基础分换算标准

原有成绩	基础分
A^+（优$^+$）	100
A（优）	95
A^-（优$^-$）	90
B^+（良$^+$）	85
B（良）	80
B^-（良$^-$）	75
C^+（中$^+$）	70
C（中）	65
C^-（中$^-$）	60

（续表）

原有成绩	基础分
D⁺（差⁺）	55
D（差）	50
D⁻（差⁻）	45

注：如测验用的是百分制，可直接用其分值；如需要几次成绩综合作参照，可用其平均值。

3. 测验分数和小组得分都必须在下一节课上课之前算出。测验分数与提高分的换算方式如表（5-5）。对小组的评价，既要看提高分（表5-6），也要兼顾小组成员的参与度。

表 5 - 5　测验分数与提高分的换算方式

测验分数	提高分
低于基础分10分以上	0
低于基础分1—10分	10
高于基础分10分以内	20
高于基础分10分以上	30
全部正确的试卷（不管基础分是多少）	30

表 5 - 6　小组提高分汇总表

分数　小组成员	测验1	测验2	测验3	总分
小组总分				
小组平均分				
小组奖励				

4. 教师组织集体教学和学生开展合作学习的时间应根据具体学习情况而定,如学习内容更适合于合作学习,则生生互动的时间可长一点;如有些内容更适宜于师生互动或其他学习方式,也不要勉强延长合作学习时间,要因势利导。但无论何种形式,一定要留有一定的时间进行检测。合作学习时鼓励相互帮助,但进入检测环节,小组成员必须独立完成,其他成员不得再提供帮助。

5. 检测试题应围绕本课时教学目标(单元复习课后的检测应尽可能围绕本单元的教学目标)来编制。应根据课程标准要求,按照水平性测试来进行编制。对课堂教学后进行的测试,要尽量控制容量,一般不宜超过8分钟,通常在5分钟左右为宜。对单元性复习课或单元性检测,检测时间可长一些。

6. 对合作技能[①]的评价,可根据课堂合作技能观察评价表(见表5-8、5-9和5-10,分别为教师评价表、学生自评表和小组评价表)进行评价。评价内容主要包括"合作意识、参与能力、交流能力、协作能力、解决冲突能力"五个要素[②],每个要素下有3个观察点。评价方式一般采用教师评价与学生自评、小组互评相结合,定性和定量相结合。对合作意识与技能的评价标准,可按学生达成度为优(较好达成)、良(基本达成)、中(多半达成)、差(少数达成)四个等级进行评价,需要数值化定量时,可将优、良、中、差等级分别化为4、3、2、1分。

表5-7 合作技能观察评价表(教师用)

观察指标	主要行为表现特征	评价等级(得分)								
		1组	2组	3组	4组	5组	6组	7组	8组	9组
合作意识	乐于和同伴一起活动,主动承担合作任务;接纳他人,和同伴融洽相处;能与小组成员达成一致目标,维护集体荣誉。									

---

① 注:本书为了表述相对简洁,将"合作意识与技能"用"合作技能"来表示其含义。
② 杨文斌.高中化学合作学习研究与实践[D].华东师范大学,2003.

（续表）

观察指标	主要行为表现特征	评价等级（得分）								
		1组	2组	3组	4组	5组	6组	7组	8组	9组
参与能力	主动地参与集体活动,易被小组成员接纳;积极发表意见,在小组中发挥积极作用;能得到同伴的信任,不炫耀自己的能力。									
交流能力	正确运用人际交往技巧,清晰简洁地表达自己的想法和情感;认真倾听别人的发言,尊重别人的观点;对提供的事实观点进行询问与解释,并达成一致的理解。									
协作能力	主动热情地为同伴提供帮助,虚心诚恳地接受同伴的帮助;愿意承担组内分配的角色,维持依赖;愿意和同伴共享资料、观念,共同完成任务。									
解决冲突能力	认真听取不同意见,心平气和地讨论;能合理地提出自己的观点与解释,不盲从;批评错误观点时不讽刺和进行人身攻击,讨论问题时能围绕问题的焦点。									
总评										
备注	评价时每项指标按 A(优)4分、B(良)3分、C(中)2分、D(差)1分赋分。									
典型问题记录										

表 5 - 8　合作技能自评表

组别：　　　　　　　　　　　　　　　　　　学号：

观察指标	主要行为表现特征	评价等级（得分）
合作意识	乐于和同伴一起活动，主动承担合作任务；接纳他人，和同伴融洽相处；能与小组成员达成一致目标，维护集体荣誉。	
参与能力	主动地参与集体活动，易被小组成员接纳；积极发表意见，在小组中发挥积极作用；能得到同伴的信任，不炫耀自己的能力。	
交流能力	正确运用人际交往技巧，清晰简洁地表达自己的想法和情感；认真倾听别人发言，尊重别人的观点；对提供的事实观点进行询问与解释，并达成一致的理解。	
协作能力	主动热情地为同伴提供帮助，虚心诚恳地接受同伴的帮助；愿意承担组内分配的角色，维持依赖；愿意和同伴共享资料、观念，共同完成任务。	
解决冲突能力	认真听取不同意见，心平气和地讨论；能合理地提出自己的观点与解释，不盲从；批评错误观点时不讽刺和进行人身攻击，讨论问题时能围绕问题的焦点。	
总评		
备注	评价时每项指标按 A（优）4 分、B（良）3 分、C（中）2 分、D（差）1 分赋分。	
小结（优缺点和努力方向）		

表5-9　小组合作技能自评表

组别：　　　　　　　　　　　　　　　　　　组长：

观察指标	主要行为表现特征	评价等级（得分）			
		A生	B生	C生	D生
合作意识	乐于和同伴一起活动,主动承担合作任务;接纳他人,和同伴融洽相处;能与小组成员达成一致目标,维护集体荣誉。				
参与能力	主动地参与集体活动,易被小组成员接纳;积极发表意见,在小组中发挥积极作用;能得到同伴的信任,不炫耀自己的能力。				
交流能力	正确运用人际交往技巧,清晰简洁地表达自己的想法和情感;认真倾听别人发言,尊重别人的观点;对提供的事实观点进行询问与解释,并达成一致的理解。				
协作能力	主动热情地为同伴提供帮助,虚心诚恳地接受同伴的帮助;愿意承担组内分配的角色,维持依赖;愿意和同伴共享资料、观念,共同完成任务。				
解决冲突能力	认真听取不同意见,心平气和地讨论;能合理地提出自己的观点与解释,不盲从;批评错误观点时不讽刺和进行人身攻击,讨论问题时能围绕问题的焦点。				
小组总评					
备注	评价时每项指标按 A(优) 4 分、B(良)3 分、C(中)2 分、D(差)1 分赋分。				
小结 (优缺点和努力方向)					

对小组成员合作技能的评价不但是教师的工作,学生也要参与,要发挥学生在评价中的主体作用。小组自评通常包括两方面的内容:一是小组成员个人的评价,二是小组长的评价。小组成员个人自评是学生根据评价要求,对照自己的实际表现,给自己打分,还要说出自己在本节课中的优缺点及须努力之处;小组长根据小组成员提供的情况并结合自己掌握的信息,对本组成员进行评价,并形成小组的平均得分,同时还要记录本组在本节课中的主要优缺点和存在的问题。学生的自评是学习评价的重要组成部分,通过学生自评,让学生成为评价的主体,增强合作意识,同时自评表作为小组评价的过程材料之一,记录了学生的发展轨迹。

从有利于实际操作的实践来看,对合作意识和技能的评价,课堂反馈主要以教师观察为主,以定性为主。通常是在学生开展小组合作学习时,教师有意识地观察记录,关键是抓两头,即发现一些好的做法和存在的突出问题。学生自评不一定每节课都要汇报合作技能的得分情况,但 2—3 周(或一个教学单元)要有一次总结和汇报,通过总结发现问题,改进方法,促进合作意识和技能的提升。在汇总评价时,为进一步发挥学生的主体作用,可将评价权利移交给小组,充分调动学生评价的积极性,可规定学生自评成绩占权重的 30%,小组(长)的评价占权重的 30%,教师的评价占权重的 40%,这样既能调动学生参与评价的积极性,也能较客观地把握标准。教师对学生做出总评后,要将所有资料保存起来,对评价内容进行统计归类。教师也要经常把统计的结果反馈给学生,使学生及时把握自己的发展状态,看到自己的进步、潜能、长处及不足。教师还要针对学生的优势与不足给予学生激励,或具体的、有针对性的改进建议,促进学生在原有水平上提高。当学生对评价的结果不满意时,可申请重评,在协商的基础上得出共同认可的评价结论。期末时,由教师把多主体的定性描述和定量分析结合起来,做出终结性评价,评价的结果作为学生化学学科期末总评成绩的一部分。此外,对合作技能评价也可在合作学习开始一段时间后,像学业成绩检测一样,确定基础分,引入提高分,以更好地实现激励。

7. 对表现优秀的小组,可用"良好组""优秀组""超级组"三个不同等级的奖励进行认可,认可的依据主要是小组提高分,同时兼顾小组成员的参与度和合作技能。小组提高分参照标准如表 5-10。在实际评价操作由于试题难度难以完全保持一致,有时由于各种情况,还会有较大差异,因此,有时需要根据测验实际成绩,对全班学生的基础分作临时的统一调整(同加或同减)。

表 5 - 10 优秀小组评价等级参照标准

标准(小组提高分平均值)	奖励等级
15	良好组
20	优秀组
30	超级组

8. 在实施成绩分阵法 5—6 周以后,应对学生进行重新分组。这样做可保持班级小组实力的相对平衡,可以给那些经常排名靠后的小组一次新的机会,也可以使学生有机会与更多的同学进行合作,获得更多的异质资源,解决小组中存在的特殊问题,获得新的动力。

9. 成绩分阵法较易掌握,尤其适合初步开始尝试合作学习方法的教师。成绩分阵法最适合良构的内容学习[①]。

四、小组游戏竞赛法

(一) 理念与意义

小组游戏竞赛法(Teams-Games-Tournament,简称 TGT)是根据约翰斯·霍普金斯大学迪沃里斯(Devrids)和斯莱文所创设的合作学习方法创造而形成的,也是化学教学中常用的一种合作学习方法。小组游戏竞赛法与成绩分阵法一样,采用集体教学与小组活动相结合,所不同的是它以游戏的形式开展学习竞赛来代替测验和个人提高分计分方式。在游戏活动中检查学生对知识记忆、理解和掌握的程度,并通过游戏提高学生学习兴趣,激发学生的竞争意识,形成团体动力。

(二) 操作与案例

1. 实施步骤

---

① 盛群力,郑淑贞.合作学习设计[M].浙江教育出版社,2006:72.

表 5 - 11　小组游戏竞赛法操作流程

程序	内容	主要任务
一	组建小组	按"组内异质,组间同质"的原则编制合作学习小组。小组成员一般为 3—6 人,在化学合作学习中以 4 人为宜。
二	竞赛分桌	在原有"异质小组"基础上,重新组建 3 人一组的"竞赛桌",同一组"竞赛桌"3 个学生分别来自三个不同学习小组,且能力(成绩)相当。
三	集体教学	教师面向全班组织教学。
四	小组学习	学生以事先编好的异质小组为单位展开活动,任务是学习、掌握教师指定的学习任务,解决教师或其他组同学提出的问题,研讨可能出现的问题。小组合作学习中,小组成员不但要自己完成学习任务,还要帮助小组同伴也都掌握学习内容。 　　教师在学生开展合作学习时要巡回指导,适时介入小组活动。
五	开展竞赛	(1) 游戏开始前,每桌前应发一张事先准备好的游戏问题单、一张答案纸、一叠号码卡、一张成绩统计表。游戏问题单由教师事先准备好,问题对应教学目标问题数一般在 20—30 左右,也可根据学习内容确定。 　　(2) 开始游戏时,3 个学生分别抽取号码卡,抽到数字最大的一名学生先成为"读题员"。 　　(3) 读题员读与他抽到卡片号一致的题目。如果是选择题,还应将选项也读给大家听(若选项内容不易听清楚,也可将试题内容展示给同桌成员看)。 　　(4) 读题员读完题目之后,尝试作答,如果没有把握,可猜测答案。 　　(5) 抽到卡片号次大的学生(第一质疑者)可以提出质疑或不同答案;再由另一个学生(第二质疑者)可以提出新的质疑。作为质疑者必须十分谨慎,如果答错的话,就会丢 1 分(或失去一张卡片)。 　　(6) 等 3 人全部发言之后,由第二质疑者核对答案纸上的答案,看看谁的答案与标准答案一致。答对者即拥有这张卡片。如果大家都答错了,这张卡片须放到桌子一边。读题员答错不扣分,质疑者答错了就必须失去一张卡片或扣分。 　　第二局开始,依次变换角色,即原来的第一质疑者担任读题员,原来第二质疑者变成第一质疑者,原来读题员成为第二质疑者。如此继续,一直到卡片用完或游戏时间结束为止。

（续表）

程序	内容	主要任务
六	学习评价	（1）登记个人得分。每一场游戏的得分可以让学生自己统计。 （2）汇总小组得分。在游戏结束后，要尽快统计小组成绩，了解小组得分情况，以便进行评价奖励。小组成绩是将同一小组学生在不同竞赛桌上的得分加以汇总。 （3）对小组成绩认可。根据标准，奖励水平分为"超级组""优秀组"和"良好组"三个等级。
七	交流总结	（1）各"竞赛桌"学生回到自己原来的学习小组，交流自己在竞赛中出现的问题和收获的体会，共同商讨问题的解决方法。尚不能解决的，向全班提出。 （2）由教师或教师组织其他组同学帮助解决提出的学习问题。

2. 教学案例

案例 5-4 "元素周期表的应用"教学设计

教学程序	教师活动	学生活动	设计说明
创设情境，明确问题	【投影】门捷列夫元素周期表的手稿。 【提问】请将现代的元素周期表与门捷列夫的元素周期表相比较，你能发现有什么不同？	观看、思考。	激发学生学习兴趣，并为引入新课作铺垫。
	【讲述】元素周期表揭示了元素在周期表中的位置与元素原子结构和元素性质三者的关系，使我们的学习与研究有规律可循。 【提问】请同学们回忆一下，元素在周期表中的"位置—结构—性质"三者之间有怎样的关系？ 【练习】1. 说明原子序数为17的元素在周期表的位置，其结构和主要性质。 2. 比较 Na、S、Al 原子半径大小。	回忆、归纳、回答。	复习"位""构""性"三者关系；引导学生建立联系的观点；锻炼学生正确运用化学语言表达的能力。 检查元素周期律知识掌握情况。

（续表）

教学程序	教师活动	学生活动	设计说明
集体教学	【讲述】元素周期表总结了元素之间存在周期性变化的规律,指导我们学习、研究物质世界。今天我们来尝试,运用元素周期表来预测"未知"的可能存在的元素。 【板书】应用一:预测未知元素。 【提问】推测"类铝"的原子结构以及在现代元素周期表中可能的位置。 【提问】根据类铝的原子结构,请你再来推测该元素可能具有的性质。	思考、回答。	
引导小组合作学习	【提问】推测镓的单质可能会有哪些化学性质,推测镓的化合物又可能会有哪些化学性质。 【讲述】科学家通过实验,证明了刚才同学的很多猜测是正确的。所以,化学理论必须通过实验验证,实践是检验真理的唯一标准。 【提问】请大家阅读114号元素的资料,想想看,114号元素应该在元素周期表的什么位置?它是金属元素还是非金属元素? 114号元素被称为类铅元素,它与铅元素性质有何异同点?	思考、讨论、回答。	促进生生互动。 渗透辩证唯物主义教育。
小组合作学习	【讲述】理论应用于实践,必将极大地推动实践的发展。元素周期表在指导科学研究、工农业生产、技术改进等方面也体现了巨大价值。下面我们通过小组合作,来开展理论指导实践的探讨: 【问题1】找找看,钛、钽、钼、钨、铬这些金属在元素周期表哪个区域? 【问题2】想想看,我们学到的化学反应中有哪些催化剂?它们含有的元素又分布在元素周期表什么位置? 【问题3】想想看,作为制冷剂的材料应该考虑哪些因素? 【板书】应用二:寻找耐高温材料 应用三:寻找催化剂 应用四:寻找制冷剂	小组研讨交流。	让学生感觉到理论指导实践的意义。 充分利用生生互动资源,促进学生主动学习,培养合作意识与技能。 开阔学生视野,实现学以致用,启发创新思维,增强对元素周期表中元素位置、结构与性质间关系的认识。

（续表）

教学程序	教师活动	学生活动	设计说明
组织小组竞赛	【组建竞赛桌】 　　按原先落实好的3人"竞赛桌"开展小组学习竞赛活动。 【宣布竞赛要求】 　　下发竞赛游戏问题单（见附件）、答案纸、号码卡、成绩统计表	分组开展游戏竞赛。	调动学习兴趣，形成竞争意识，增强集体荣誉感。
学习评价	在学生汇报的基础上，结合自己对学习活动掌握的情况进行评价。对表现出色的小组进行表扬认可。	登记个人得分；汇总并汇报得分。小组成员交流竞赛的得失与感受；汇报小组成绩和存在的典型问题。	
交流研讨	引导学生解决在竞赛中遇到的问题。	学生提出在竞赛中的问题。	
附件：竞赛问题单	第一轮 1.我们现在使用的长式元素周期表的创始人是_____。 2.根据元素周期表的排列，原子序数在数值上等于_____。 3.根据元素周期律可以判断，同主族从上到下，金属性逐渐_____。 第二轮 4.元素周期性变化的基本原因是（　　）。 A.核外电子排布呈周期性变化 B.元素的相对原子质量逐渐增大 C.核电荷数逐渐增大 D.元素的化合价呈周期性变化 5.核电荷数为35的元素，在元素周期表中的位置是（　　）。 A.第三周期第ⅠA族 B.第三周期第ⅢA族 C.第四周期第ⅦA族		

（续表）

教学程序	教师活动	学生活动	设计说明
附件： 竞赛 问题单	D. 第二周期第ⅤA族 6. 下列元素非金属性最强的是（　　）。 　A. 氟　　　　　B. 氧　　　　　C. 氢　　　　　D. 碳 第三轮 7. 在元素周期表中金属元素与非金属元素分界线附近,能找到（　　）。 　A. 耐高温的合金材料　　　　　B. 制农药的元素 　C. 作催化剂的元素　　　　　　D. 作半导体材料的元素 8. 如图为元素周期表中钠元素的相关信息,下列说法正确的是（　　）。 　A. 钠原子核内中子数为 11 　B. 钠为非金属元素 　C. 钠原子的实际质量为 22.99 g 　D. 钠原子最外层只有 1 个电子 9. 含硒(Se)的保健品已开始进入市场。已知硒与氧、硫同主族,与溴同周期,则下列关于硒的叙述中,正确的是（　　）。 　A. 非金属性比硫强 　B. 氢化物比 HBr 稳定 　C. 原子序数为 34 　D. 最高价氧化物的水化物显碱性 第四轮 10. 下列叙述中错误的是（　　）。 　A. 原子半径:$Cl>S>O$ 　B. 还原性:$Na>Mg>Al$ 　C. 稳定性:$HF>HCl>HBr$ 　D. 酸性:$HClO_4>H_2SO_4>H_3PO_4$ 11. 下列有关性质比较中,正确的是（　　）。 　A. 氧化性强弱:$F_2<Cl_2$ 　B. 金属性强弱:$K<Na$ 　C. 酸性强弱:$H_3PO_4<H_2SO_4$ 　D. 碱性强弱:$NaOH<Mg(OH)_2$ 12. 短周期内同主族元素原子的核外电子数的差值可能为（　　）。 　A. 6　　　　　B. 12　　　　　C. 8　　　　　D. 10 第五轮 13. 下列粒子中,半径依次增大的是（　　）。 　A. Mg　Al　Na　　　　　　　B. S^{2-}　Cl^-　O^{2-} 　C. Ca^{2+}　K^+　Cl^-　　　　　D. F　O　N		

（续表）

教学程序	教师活动	学生活动	设计说明
附件：竞赛问题单	14. 在周期表中,第三、四、五、六周期的元素数目分别为（　　）。 A. 8、18、32、32　　　　　　　B. 8、18、18、32 C. 8、18、18、18　　　　　　　D. 8、8、18、18 15. 某主族元素 R 的最高正价与最低负价的代数和为 4,由此判断（　　）。 A. R 一定是第四周期元素 B. R 的气态氢化物为 H_2R C. R 一定是ⅥA 族元素 D. R 的气态氢化物稳定性强于同周期其他元素的气态氢化物 第六轮 16. 已知自然界氧的同位素有^{16}O、^{17}O、^{18}O、氢的同位素有 H、D、T,从水分子的原子组成来看,自然界的水一共有（　　）种。 A. 9　　　　　B. 12　　　　　C. 15　　　　　D. 18 17. 甲、乙是元素周期表中同一主族的两种元素,若甲的原子序数为 x,则乙的原子序数不可能是（　　）。 A. $x+2$　　　B. $x+4$　　　C. $x+8$　　　D. $x+18$ 18. 下列化合物中阴离子半径和阳离子半径之比最大的是（　　）。 A. LiI　　　　　B. NaBr　　　　　C. KCl　　　　　D. CsF 第七轮 19. 第三周期元素 R,它的原子核外层上达到饱和所需电子数小于次外层和最内层电子数之差,且等于最内层电子数的正整数倍。则关于 R 的正确说法是（　　）。 　A. 常温下,能稳定存在的 R 的高价氧化物都能与烧碱溶液反应 　B. R 的最高价氧化物对应水化物是强酸 　C. R 和 R 的氧化物的熔点和硬度都很高 　D. R 能形成稳定的气态氢化物 20. 已知 R 为ⅡA 族元素,L 为ⅢA 族元素,它们的原子序数分别为 m 和 n,且 R、L 为同一周期元素,下列关系式必然错误的是（　　）。 　A. $n=m+1$　　　　　　　B. $n=m+10$ 　C. $n=m+11$　　　　　　　D. $n=m+25$ 21. 短周期元素 X、Y、Z 在元素周期表中的位置关系如右图所示,已知 X 最外层电子数为 2,则下列叙述中正确的是（　　）。 　A. X 一定是活泼的非金属元素 　B. Y 的最高价氧化物的水化物是一种强酸 　C. 1 mol Z 在氧气燃烧,发生转移的电子为 4 mol 　D. Y 的氢化物稳定性与 Z 的氢化物稳定性相近		

（三）注意要点

1. 小组游戏竞赛法的"竞赛桌"成员安排与合作学习小组分组形式有所不同，3 名成员分别来自原来 3 个不同的合作学习小组，且水平相当。以原合作学习小组学业水平为 1 高、2 中、1 低的 4 人组为例，可用图 5－2 说明。即三个组中各 1 名学业水平高的学生同去第 1 竞赛桌，各 1 名学业水平中等的学生同去第 2 竞赛桌；各 1 名学业水平中等的学生同去第 3 竞赛桌，各 1 名学业水平低的学生同去第 4 桌。其他竞赛桌组成依此类推。

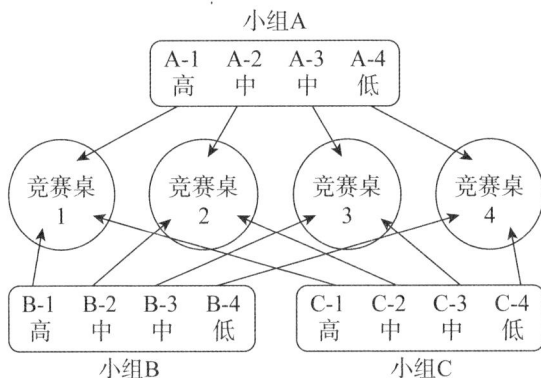

图 5－2　小组游戏竞赛法"竞赛桌"分组示意

采用这样的分桌方式，能保证同一竞赛桌内能实现公平竞争，使每个学生都有均等的成功机会。需要注意的是，虽然是按照优、中、差三类进行竞赛桌分类，但不应明示哪一组是"高分桌"，哪一组是"低分桌"，以减少学生的心理压力。

2. 组织游戏竞赛活动时，要让每一位参加竞赛的学生明白，每个竞赛桌的几个学生能力是相近的，每个学生不论以往的学习水平如何，都有均等的成功机会，都能在尽力发挥的基础上为自己所属的小组做出贡献；每个竞赛桌的优胜者都为其所在小组赢得相同的分数，自己的竞赛情况将影响所在小组的得分，只有每个人都尽力得分，小组才有可能获得荣誉。这样能让每一位学生获得努力的信心，增强个人的责任感，形成团体动力。

3. 竞赛时要让学生明确规则，合理地运用好规则。

4. 试题的编制应围绕教学目标，单元复习课后的检测应尽可能涵盖本单元的内容。考虑到公平性，每一轮中各道试题的难度应尽可能相当。竞赛试题属于水平测试性质，表述要明确简洁，不宜难度太高或过于复杂。问题数一般在

15—30 之间,试题总数和不同层次水平试题数应是小组人数的倍数,使答题机会均等,学生公平竞争。

5. 每一场游戏的得分可以让学生自己统计,在得分登记表(见表 5-12)登记个人得分。每一张游戏桌的第一名(卡片数最多者)赢得 60 竞赛分,第二名赢得 40 竞赛分,第三名赢得 20 竞赛分。

表 5-12 游戏得分统计表

桌号:

参赛者	所属小组	第1局 (1—3 轮)	第2局 (4—7 轮)	第3局	总分	竞赛分
参赛者 A	1	3	4		7	60
参赛者 B	2	3	2		5	20
参赛者 C	3	3	3		6	40

(注:为帮助说明,表中所填内容为案例中某竞赛桌的得分情况)

6. 在游戏结束后,要尽快统计小组成绩,了解小组得分情况,以便进行评价奖励。小组成绩是将同一小组学生在不同竞赛桌上的得分予以汇总。对表现优秀的小组,可用"超级组""优秀组""良好组"三个不同等级的奖励进行评定,评定的依据主要是小组游戏得分,小组平均得分达 50 分为超强组,45—49 分为优良组,达 40 分为良好组(参考标准如表 5-10,也可根据实际情况确定分值)。

表 5-13 游戏得分统计表

标准(小组平均值)	奖励等级
40	良好组
45	优秀组
50	超级组

7. 小组游戏竞赛可每周一次,或每单元一次。

8. 考虑到操作的方便性及小组的相对稳定性,让学生有更多不同的合作资源,并尽可能消除可能存在的少数组力量不均衡的现象,可在每 2—3 次竞赛后对竞赛桌小组成员进行重新调整。

五、切块拼接法

(一) 理念与意义

切块拼接法(Jigsaw)是较为流行的合作学习方法之一,最初是由阿龙松(Aronson)及其同事于1978年设计开发的,后来由斯莱文进行了完善(完善后被称为Jigsaw Ⅱ),对化学学科教学也非常适用。在切块拼接法中,首先将学生安排在由3—6人组成的异质小组中,学习事先就已经分割成片断的学习材料;然后,把这些分割成片断的小任务分给小组内的不同成员;随后把不同小组内分到同一任务的学生集合到一起,构建起"专家组",一起来对这一任务进行研究、探讨,直至掌握;随后所有"专家组"的学生返回原小组,轮流将自己所负责的那部分任务分享给组内其他组员同学,进而使组内所有的学生都能够很好地掌握所学的任务。在某个单元学习结束之后要展开相应的测验,以此来检验所有学生的学习状况。

社会心理学家奥尔波特认为:为了在不同群体之间进行交流以减少偏见,人员一定要身份地位平等(由社会认可),并寻求同一目标,以达到对共同兴趣和共同人性的感知。交流本身并不会促进友好关系,除非交流有共同目标。阿伦逊巧妙地把这些思想运用在切块拼接法之中,努力使学生成为学习伙伴而不是竞争对手。通过学生承担教的任务,促使学生积极主动地学习,承担起自己的责任,在教的过程中与同伴实现有效的互动。此外,每个学生除了自己作为"专家"掌握的那部分内容外,要想掌握其他的内容,唯一的途径就是认真倾听小组其他成员的讲解,因而他们具有彼此支持的动机并表现出对彼此的兴趣,这样就能够有效地促进组内成员间的互帮互助。切块拼接法最明显的特征就是以承担任务促进学习主动性,以关联性任务培养成员协作性,以小组评价促进集体荣誉感。

(二) 操作与案例

1. 实施步骤

表 5 - 14　切块拼接法操作流程

程序	内容	主要任务
一	组建合作小组	(1) 采用"组内异质,组间同质"的方式组建合作学习小组,小组人数一般为3—6人。在化学学科中,考虑到便于对学习内容的切块和实验操作,一般以3—4人为宜。 (2) 计算出每个学生的基础分。

（续表）

程序	内容	主要任务
二	切块分解内容	（1）选取适宜于切块拼接的学习内容（一般为化学教材的某一单元或某一节）进行切块分解（一般分解为3—4个模块，尽可能与合作学习小组每组人数相同）。 （2）编制"学习单"，并针对每个模块列出2个左右需要学生重点关注的问题，汇总形成学生阅读"学习单"。 （3）编制"专家讨论提纲"，为"专家组"研讨提供指导。
三	布置学习任务	（1）告之学习任务和切块情况，让学生明确学习任务和须注意的问题，以及他们将参加哪个专家组，以便学生有重点地阅读。 （2）下发事先编制好的"学习单"（也可用PPT呈现），引导学生关注重点内容。
四	学生自主学习	学生人手一份"学习单"（或PPT呈现），然后带着问题开始有重点地学习自己担任专家讲解的内容。研读的时候可以做笔记。
五	组建专家小组	（1）将各小组负责同一模块的"专家"集中在同一个专家组。以内容切为4块为例，小组的1、2、3、4号成员分别进入对应模块的专家组。（超出4人组的第5、6号学生可自由选择进入某一专家组，但不能两人同时加入同一组。如班级原合作小组数较多，同一模块专家人数超过6人的，应分成2组，以利研讨） （2）各专家组民主选举或教师指定一名小组长，负责组织本组成员围绕模块进行研讨和理解性学习。 （3）发放事先准备好的"专家讨论提纲"。
六	专家小组研修	（1）专家组研讨。组长负责组织与调整研讨过程，确保每一位学生都能积极参与。组员应积极参与讨论，并做好笔记。 （2）教师在学生专家组研讨时应积极巡视，观察专家组学习情况，并给予适时的指导。
七	专家回组汇报	（1）专家组讨论结束后便解散，各位成员返回原学习小组。 （2）学习小组内各成员按模块顺序，将专家组讨论结果讲解给学习小组其他同伴听，并及时检查大家是否理解。 （3）教师在学生讲解过程中要巡视，并倾听学生讲解。

（续表）

程序	内容	主要任务
八	师生共同研讨*	（1）学生提出尚未解决的疑难或疑惑的问题。 （2）教师根据学生提出的问题和在以上学生活动环节了解到的问题，组织各组学生研讨解决，并对本节课内容进行适当的梳理。（*此环节根据教学实际情况安排，如学生问题较少、时间较紧等，也可以省略）
九	开展学习检测*	下发检测试卷，学生独立完成检测题。 （*注：教师也可采用某项活动，如口头汇报、动手实验等代替检测，或者采用检测加活动的方式）
十	组织学习评价	（1）评阅试卷。测验后，可由教师公布答案，学生组与组之间交换或本组自己评卷和计分，也可由教师统一评阅。 （2）小组自评：计算并登记小组成员成绩，计算个人和小组提高分；总结有益的经验，分析存在的问题；明确发展的方向和目标，并告知教师本小组平均提高分和提高分最高的学生名单。 （3）教师评价：教师对各组任务完成情况和合作表现进行评价，同时兼顾对学习任务作总结。对小组评定的依据主要是小组提高分，同时兼顾小组成员的参与度和合作技能。 （注：如当堂不能及时反馈提高分，部分评价内容可放到下节课）

2. 教学案例

案例5-5 "二氧化硫与酸雨"

【创设问题情境，布置阅读切块任务】

教师：二氧化硫在工业生产过程中会大量产生，它既可以作为一种化学副产品加以利用，而处理不当也会成为一种重要的污染源。今天我们运用切块拼接法来学习二氧化硫的性质和用途，讨论如何解决全球的环境问题——酸雨。课前请大家根据上节课布置的预习要求收集资料，请大家仍按照之前的分组开展合作学习，完成这部分学习任务。我们已将本节课学习内容划分为四个模块，分别为：

【PPT呈现"学习单"】

模块一：SO_2的物理性质及与H_2O的反应

研讨问题：1. SO_2 有哪些主要的物理性质；

　　　　　2. SO_2 与 H_2O 反应的现象与产物。

模块二：SO_2 的漂白性

研讨问题：1. SO_2 能漂白哪些物质；

　　　　　2. SO_2 漂白的特点是什么。

模块三：SO_2 的氧化性和还原性

研讨问题：1. 体现 SO_2 氧化性的代表性反应，如何解释；

　　　　　2. 体现 SO_2 还原性的代表性反应，如何解释。

模块四：硫酸型酸雨的形成、危害及治理

研讨问题：1. 硫酸型酸雨是如何形成和产生污染的；

　　　　　2. 解决酸雨污染问题，你有哪些思考和建议。

【自主阅读】

教师：请学习小组成员自主阅读学习内容，重点研究自己所承担模块的内容。

【组建专家组】

教师：请每组的1、2、3、4号代表分别进行对应模块的专家组，个别组有第5位同学的可自由选择进入某一专家组。考虑到班级合作小组数较多(9个)，每个模块分2个专家组(一般超过6人就要分组)，以利于研讨。

(向专家组发放"专家讨论提纲")：

专家小组	研究模块的主题内容
A	SO_2 的物理性质(颜色、气味、毒性、状态、密度、溶解度等)；完成实验：SO_2 溶于水后，测水溶液的 pH，观察 SO_2 水溶液滴加品红后及加热后，溶液颜色的变化，了解亚硫酸的不稳定性。
B	实验：SO_2 漂白品红溶液的现象；探究 SO_2 漂白有色物质的原理；比较 SO_2 与 Cl_2 漂白性的不同。
C	总结 SO_2 的氧化性和还原性，并写出代表性反应的化学方程式；实验：SO_2 与 H_2S 反应，SO_2 水溶液与 O_2 反应，了解实验现象，掌握反应原理。
D	探究形成硫酸型酸雨的原因(反应的化学方程式)，酸雨的危害和防治酸雨的原理。

（各组临时推举一位组长，责任是组织和协调讨论过程）

【专家组学习讨论】

（学生在专家小组内开展讨论。教师巡视各小组，解答学生提出的疑问，澄清学生理解不当之处）

专家组讨论活动（以模块一的第 1 组为例，其他组略）：

专家组学生根据所查阅资料，总结出 SO_2 的物理性质并记录在小组活动簿里。

一、SO_2 的物理性质

颜色	气味	毒性	状态	密度	沸点	溶解度
无色	有刺激性气味	有毒	气体	比空气大	$-10℃$，易液化	易溶于水（体积比 $1：40$）

二、二氧化硫与水反应

操作：SO_2 溶于水的实验（事先准备好 SO_2）

1. 将一支装满 SO_2 的试管倒立在水槽中，观察到试管中的液面上升。此现象说明_____。液体没有充满试管的原因是

_____。

2. 在大试管中注入 $20\ mL\ SO_2$ 的水溶液，滴加几滴紫色石蕊试液，然后套上一个气球。加热试管中的溶液一段时间后，再冷却溶液，该过程中试管内产生的现象是_____。

明确：（1）SO_2 易溶于水；SO_2 与 H_2O 的反应是一个可逆反应。（2）滴加紫色石蕊试液后，溶液变为红色；加热时，溶液由红色变为紫色；再冷却，溶液恢复为原来的红色。

结论：SO_2 易溶于水。

三、二氧化硫的化学性质

SO_2 作为酸性氧化物的性质：

1. 与水反应，生成亚硫酸（H_2SO_3）：$SO_2 + H_2O \Longleftrightarrow H_2SO_3$。

接着学生根据所查阅资料进行知识拓展，得出 SO_2 作为酸性氧化物的其他性质。

2. 与碱反应(拓展内容)

$$SO_2+2NaOH \longrightarrow Na_2SO_3+H_2O;SO_2+Ca(OH)_2 \longrightarrow CaSO_3 \downarrow +H_2O$$

【专家组成员各自回原小组汇报,并主持相关的实验操作】

教师:同学们请安静,时间到。请所有同学回到自己的原小组中去,把自己负责的模块学习内容向小组的其他成员作讲解,限时 10 分钟。

学生专家:(原学习小组在组长组织、安排下,小组学生按模块顺序分别讲解,并询问其他组员有没有不懂的问题,大家一起讨论解疑。)

【测验】

教师:下面进行本节课学习情况测验,了解各小组学习情况,请各位同学独立完成,限时 10 分钟。

(下发测试卷)

检测题:

一、二氧化硫的物理性质

颜色:_____;状态:_____;气味:_____;密度(与空气比较):_____;水溶性:_____。

二、二氧化硫的化学性质

1. 表现二氧化硫为酸性氧化物的化学方程式:_____。

2. 表现二氧化硫具有氧化性的化学方程式:_____。

3. 表现二氧化硫具有还原性的化学方程式:_____。

4. 二氧化硫的漂白性:二氧化硫能使品红溶液_____,加热后又_____;这个反应说明二氧化硫与水的反应是一个_____反应。

三、关于酸雨

1. 大气中的_____溶于水后,形成酸性溶液,随雨水降下就形成酸雨,当雨水的 pH 小于_____时,我们就称之为酸雨。

2. 形成酸雨的有关反应的化学方程式:

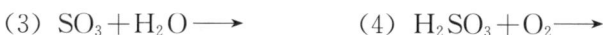

(1) $SO_2+O_2 \Longleftrightarrow$ 　　　　(2) $SO_2+H_2O \Longleftrightarrow$

(3) $SO_3+H_2O \longrightarrow$ 　　　　(4) $H_2SO_3+O_2 \longrightarrow$

3. 你认为以下减少酸雨的途径中科学的措施是_____。(填序号)

① 燃料脱硫　　② 将工厂的烟囱建高　　③ 安装汽车尾气净化装置

④ 开发新能源　　⑤ 在已酸化的土壤中加石灰

4. SO_2 和 Cl_2 都具有漂白性, SO_2 能漂白是因为_____, Cl_2 能漂白是因为_____。若将等物质的量的 SO_2 和 Cl_2 两种气体混合后通入滴有品红的 $BaCl_2$ 溶液中,观察到的现象是:_____。

5. 下列反应后,溶液的 pH 显著增大的是(　　)。

A. 将二氧化硫通入硫化氢溶液中

B. 将二氧化硫通入氢氧化钠溶液中

C. 将二氧化硫通入品红溶液中

D. 将二氧化硫通入溴水中

(10 分钟后,课堂测验结束,教师回收试卷)

【学生自评】

评阅试卷:教师公布答案,小组间交叉评卷、计分。

小组自评:登记并计算小组成员成绩,计算个人和小组提高分;总结有益的经验,分析存在的问题;明确发展的方向和目标,并告知教师本小组平均提高分和提高分最高的学生名单。

【教师评价】

教师:通过学习,我们初步掌握了二氧化硫的性质,知道了酸雨形成的原因和危害。同学们也提供了一些非常有价值的防止污染的建议,感觉"小先生"教得还是有模有样的。综合各组成绩和参与合作两方面,下面我宣布这节课的"超级组"是第 3 组,"优秀组"是第 1 组和第 6 组,"良好组"是第 2 组和第 9 组;小张同学虽然不是最高分,但他是进步最大的,让我们以掌声向他们表示祝贺。今天的成绩只是暂时的,未来的表现要靠小组每一位成员的努力!

(三) 注意要点

1. 教师进行"任务切块"时,要注意以下两点:一是要尽可能将任务模块数与小组人数相等,如小组组员较多,则可两人共同负责同一个模块内容。二是将一节课的内容分割成几个任务模块时,要使各个任务模块既相对独立,又彼此有一定的联系。任务独立使学生富有责任感和独立自主意识,如果自身不努力钻研相关教学内容,就会影响整个小组的学习;任务间的联系又使小组成员间相互依赖、相互帮助,要认真听取其他任务模块的学习内容,找到逻辑上的联系,更好地解决自己负责的任务模块。

2.教师在对学习任务进行"切块"时,要同时准备好学生阅读时用的"学习单"和专家组研讨用的"专家研讨提纲"。编制的"学习单"要针对每个模块内容列出2个左右需要学生重点关注的有一定概括性的问题。编制的"专家讨论提纲",要尽可能列举出学生在讨论中应考虑的要点,把学习重难点以讨论主题的形式呈现出来,通过"问题引导"的方式来规范专家组的讨论,让讨论有序地进行,为专家小组研讨提供指导。

3.学生阅读过程中,一方面要强调突出重点,即自己担任专家需要讲解的那部分内容;另一方面也要通读全部内容,特别是一些内容上下文关联度较高,如果只节取其中一个片断去阅读,可能会影响整体的理解。

4.专家研讨时确认的小组长,既可由学生推荐,也可教师指定。一定时间后要轮换,使所有学生都有机会得到锻炼。组长的主要责任是组织和协调讨论过程。

5.在学生专家研讨时,教师要加强巡查,了解各专家组研讨情况,并适时介入,帮助解决研讨中的问题,解答学生提出的疑问,澄清学生理解不当之处,为后续学生回组讲解肃清障碍。但需要注意的是教师不要包办代替小组长的责任。

6.在学生回组汇报环节中,要求各位汇报的学生既要做老师,也要做学生。做老师,就是对自己承担的那部分内容,在理解的基础上应对研究内容稍加整理,尽可能使讲解条理清晰,并在讲完后及时解答大家的问题;做学生,就是在别人讲解时要认真听讲,即便有些模块内容已经掌握,也不要影响组内其他同学的学习活动。如组内同一模块有2位专家,最好适当分工,避免重复介绍。

7.切块拼接法和其他有检测任务的方法一样,在检测前强调合作和互助,但在检测时要求学生必须独立完成,不再允许其他成员提供帮助。测验时间一般不超过10分钟。测验内容应覆盖全部学习内容。对切块拼接法的检测也可根据实际需要,形式上予以简化。

8.切块拼接法的学习时间不一定局限于1课时。有时为了解决涉及多个核心内容的复杂的教学任务,可用2—3课时完成。

9.切块拼接法既适合新授课,也适合复习课教学。

六、小组探究法

(一)理念与意义

小组探究法(Group Investigation,简称GI)最早可追溯到美国教育家杜威,它完整地体现了杜威的一些思想。以色列特拉维夫大学的沙伦(1976)夫妇对这些思想加以提炼和发展,促进了小组探究法的诞生,并被认为是得到最广泛的研究并获得成功的任务专门化的方法。小组探究法的功能是培养学生的问题意识,帮助学生掌握科学探究的一般方法,提高问题解决能力。与此同时,小组探究法要求学生能充分地利用学习资源,学会合作,发挥团队的力量,在探究活动中发展社会交往能力。探究、互动、解释和内在动机是小组探究法的关键特征。化学作为一门自然科学,有着很多值得探究的问题,将沙伦的小组探究活动与科学探究过程有机结合形成的小组探究法,是培养学生问题意识、探究能力、科学精神和合作技能的有效载体。

(二)操作与案例

1. 实施方法

表5-15　小组探究法操作流程

程序	内容	主要任务
一	提出问题	探究的问题可以由教师提出,也可以由学生提出。探究的问题一般是与学习目标紧密相关的问题,也可以是与学科有密切联系的学生感兴趣的问题。
二	组建小组	组建异质合作小组,成员一般为4—6人。明确小组各类角色和相应职责。
三	制定方案	小组制定探究问题的实施方案,要求每个人都谈观点和建议。 (1)明确问题:集中分析,明确这是什么问题。 (2)提出假设:通过研讨,提出解决问题的假设。 (3)分解任务:对探究任务进行分解,形成若干个子课题或任务模块,由专人负责。 (4)设计程序:确定解决问题的步骤。
四	实施计划	学生根据制定的方案,按承担的任务实施学习计划:通过查阅资料、调查了解、实验探究等方式,获得证据;通过对获得的数据、现象进行分析、归纳,形成初步结论。 教师在学生分组探究时加强巡视,必要时介入指导。

（续表）

程序	内容	主要任务
五	形成结论	各小组研讨后,通过协作完成一份研究报告。
六	表达交流	各小组向全班报告本小组的探究结果,并就有关问题开展研讨。
七	小组评价	(1) 学生自评:采用互动方案,评价各组表现。 (2) 教师评价:教师对各组任务完成情况和合作表现进行评价,对表现优秀的小组提出表扬。

2. 教学案例

案例 5-6 "酚酞试液在过氧化钠和水反应的溶液中褪色现象探究"教学过程

【引入】

教师:通过学习我们已经知道,钠与氧气的反应在不同条件下会生成两种不同的物质:氧化钠和过氧化钠。对氧化钠我们比较熟悉,它是碱性氧化物,能和水反应生成氢氧化钠。那么,过氧化钠与水反应又生成什么产物呢? 大家能否借助实验来推测一下过氧化钠与水反应生成的产物?

学生 A:生成氢氧化钠和氧气。

教师:你们是怎么得出这个结论的?

学生 A:我们组是向装有过氧化钠粉末的试管中加入水,并将带火星的木条放在试管口,带火星的木条复燃,说明产生的气体是氧气;向试管中滴加酚酞试液,溶液变红,说明有氢氧化钠生成,因为氢氧化钠能使酚酞变红。

$$2Na_2O_2 + 2H_2O \longrightarrow 4NaOH + O_2\uparrow$$

教师:很好,有理有据。(转向另一组)你们也是这样认为的吗?

学生 B:是的,但我们发现酚酞试液变红后很快就又褪色了,不知道是什么原因。

(其他组也纷纷响应)

教师:实验证明,过氧化钠与水反应生成的产物是氢氧化钠和氧气,而酚酞试液遇氢氧化钠溶液变红是我们学习化学以来一直"确信无疑"的事实。但现在我们的实验出现了"反常"现象,几组同学都报告了酚酞变红后很快褪色,究竟是什么原因呢?

(学生思考片刻,并没有回答)

【提出问题】

教师:既然出现这种情况,我们能否运用集体的智慧,以小组合作的方式探究一下:"过氧化钠和水反应的生成物为什么能使酚酞试液褪色?"

学生:(兴奋)好!

教师:在探究中,希望大家能按科学探究的一般步骤,并注意小组成员间的合作。

(PPT呈现科学探究的一般步骤:提出问题、建立假设、制定计划、收集证据、得出结论、表达交流)

【小组活动】

1. 小组研讨,提出自己的假设:(以第一组为例,其余略)

A生(假设1):会不会是所用的试管不干净,管壁上沾有的杂质使红色褪去?

B生(假设2):会不会是产生的 O_2 的氧化性使红色褪去?

C生(假设3):会不会是过氧化钠与水反应生成有漂白性的物质 H_2O_2,使红色褪去?

D生(假设4):用手触摸试管感觉到很热,会不会是溶液的温度升高,使红色褪去?

C生(假设5):是否是受生成氢氧化钠浓度的影响?

······

2. 制定实验计划:学生根据提出的假设,设计对应实验进行验证。教师巡视了解情况,并适时介入指导。

实验1:将试管洗涤干净,重新做一次实验。

实验2:向试管中加入 2—3 mL 0.01mol/L NaOH,滴加 2—3 滴酚酞试液,然后向溶液中长时间通入 O_2。

实验3:(1)往过氧化钠与水反应后所得的溶液中加少许 MnO_2,用带有火星的木条伸入试管内;(2)往 0.01 mol/L NaOH 溶液中,滴加 2—3 滴酚酞试液,变红色且较长时间不褪色,然后加入 H_2O_2。

实验4:向 3 支试管中分别加入 2—3 mL 0.01 mol/L NaOH,均各滴加

2—3滴酚酞试液,将三支试管一支放置在常温下,一支放在恒温50℃水浴中,一支加热至溶液沸腾。

实验5:向浓度分别为 0.01 mol/L、0.1 mol/L、1 mol/L、5 mol/L NaOH 的溶液中滴加酚酞试液,作对比实验。

3. 实验验证:小组按计划实施实验。

……

4. 形成结论:小组整理分析实验现象,得出探究结论。

【小组汇报】(以第一组为例,其余略)

实验1:将试管洗涤干净,重做一遍实验,红色还是很快褪去,说明不是试管不干净的原因。

实验2:向滴有酚酞的 NaOH 溶液中长时间通入 O_2,红色不褪去,说明生成的 O_2 不能使酚酞褪色。

实验3:过氧化钠与水反应过程中生成有强氧化性的 H_2O_2,H_2O_2 能使酚酞褪色。

实验4:3 支试管红色都未褪去,说明温度升高不是红色褪去的原因。

实验5:酚酞在稀氢氧化钠溶液(如 0.01 mol/L NaOH)中较长时间不褪色,而在较浓的氢氧化钠溶液中先显红色后又褪色,氢氧化钠浓度越大,红色褪去越快。

通过上述实验,我们组找到两个可能使酚酞褪色的原因:一是过氧化钠和水反应生成了强氧化性的 H_2O_2 使酚酞褪色;二是反应生成的氢氧化钠浓度若较大,也会使酚酞褪色。

……

【评价】

(教师组织学生进行小组自评后,对各小组学习情况进行简要的评价)

教师:通过今天的探究活动,我们探明了过氧化钠和水反应使酚酞试液褪色的原因,主要包括两个方面:一是过氧化钠与水的反应生成氢氧化钠和氧气,实际上反应过程较为复杂,反应过程中会有 H_2O_2 生成,因为 H_2O_2 具有强氧化性,使酚酞褪色;二是高浓度的氢氧化钠能使酚酞变红后很快褪色。

今天的探究活动,各小组表现都很不错,不但能提出解决问题的思路,而且能较好地设计方案,而且同学们都能积极参与小组活动,各司其职,分工合作,共同完成任务。今天同学们的发现也给我们提供了两点启示:真理是相对的,不是绝对的,随着我们对事物认识的不断深化,会有新的认识;探究和发现其实并不难,只要我们努力,并掌握一定的基础知识和科学方法,再加上有强烈的问题意识,就有可能去探求真理、发现规律。

(学生表现出兴奋、自豪)

教师:今天的发现也给我们带来新的思考,大家有兴趣的话可以以小组的形式在课外继续进行更深入探究:

(1) 酚酞的成分是什么?为什么酚酞试液在稀碱溶液中才稳定地显红色,在较浓的碱溶液中变红后又很快褪色?(请上网或到图书馆查找有关资料)

(2) 过氧化钠与水反应后的溶液滴加紫色石蕊试液,将会看到什么现象?

(三) 注意要点

1. 要精心设计探究问题。在小组探究法中,选择合适的探究问题对探究活动的有效开展起到至关重要的作用。提出的探究问题应注意把握以下几点:一是要联系生产生活实际和学生的经验,激发学生的探究欲望。二是问题要有一定的开放度,让学生有探究的空间,激发学生的思维,并能使小组成员发挥出各自不同的贡献。三是要尽可能贴近学生的“最近发展区”,让学生能通过对所学知识的有效组织运用,借助小组成员的共同努力或是在其他组同学、教师的适当帮助下,能够基本完成任务。四是问题表述要明确,让学生清楚地知道问题的指向。如,“吃菠菜能补铁,这是真的吗”“如何才能制得白色的氢氧化亚铁”,这些问题的提出,既能引发思考,又能激发兴趣,既贴近生活,又有一定的挑战性,能较好地激发学生的探究欲望,使小组探究活动能有效地组织起来。在精心设计探究问题的同时,要重视和灵活利用课堂的生成性问题,因势利导地组织学生开展探究活动,不能机械地执行教学计划。

2. 在制定方案过程中,要充分调动每一个学生参与方案设计的积极性,通过开展积极的互动,引发学生思考,形成思维碰撞,汇集更多人的智慧,催生更多的创造灵感。要防止小组探究中仅由组中几个“能人”包办代替,而其他人袖手旁观或游离于小组活动之外的现象。要指导小组长做好组织引导和协调工作,要让每一个组员明确自己的责任。应要求小组中每个成员都要提出自己的方案或建议,让每一个成员都有机会表达自己的想法,尤其是对一些学习基础较差的学生,哪怕是只有一句话的建议,都能让他的思维动起来,同时增强参与意识和集体归属感。

3. 在执行方案过程中,要明确小组角色分工和任务落实,增强全体成员的责任感。要让小组成员明确,每个岗位都很重要,只有发挥每个人的作用,充分合作,才能高效地完成探究任务;只有在实际合作中,合作技能才能得到更好的发展,小组也才能获得好评。如,开展实验活动,在组长带领下,操作员、记录员、讲解员、联络员等各司其职,有人说明原理,有人主持操作,有人负责记录,有人配合操作员提供必要的试剂和仪器,有人负责检查方案落实的情况。通过这样的齐心协力合作,才能使探究活动有条不紊地开展,在实践活动中发展学生的各种能力。

4. 在学生开展探究活动过程中,教师要加强巡视,适时地参与到小组的讨论之中,引导和帮助他们解决探究过程中的困难和问题,帮助小组把握方向。教师在巡视时对各小组制定的探究方案要有初步的了解,以保证实验方案的科学性和安全性等。在探究活动中当小组遇到"意外"问题时,教师要引导小组成员集思广益,积极研讨,鼓励不同思维的碰撞,在研讨交流中深化认识,促进对问题的理解。

5. 小组探究法所实施的内容,有时不是一节课就能完成的,可以考虑两节课连上。有些探究任务是长周期的项目,还需要学生上网查阅资料,进行调查走访;有的实验探究任务较多,如"调查周边的水污染现状""户外金属腐蚀现状与对策"等,实施研究需要花费一定时间,可鼓励学生合作小组利用课外时间完成,这对于培养学生的探究兴趣,提升探究能力,增强社会责任感和合作技能非常有益。对于课堂探究活动必须要保证效率,防止探究活动形式化地走过场。应强调小组探究活动不只是希望获得探究结果,更重视探究过程。

第三节　生生互动的评价策略

生生互动的评价是互动过程的有机组成部分。要使学生伙伴之间的互动能有效开展起来、持续下去,并成为增强合作意愿、发展合作技能的动力,评价策略起到至关重要的作用。作为促进生生互动有效载体的合作学习,把"不求人人成功,但求人人进步"作为教学所要求的一种境界,将合作学习的五个要素融入其中,包含着丰富的评价策略。化学教学中创设和优化生生互动评价策略,拓宽评价的视野,对促进学生健康、可持续地发展有着重要的意义。

一、团体评价

(一) 理念与意义

团体评价(也称"捆绑式评价"或"打包式评价")即在开展学习评价时,不是像传统的评价那样去评价每个人,而是以小组为单位,将小组成员进行"整体打包",将团体每一个成员"捆绑"在一起进行评价,即在合作学习中以小组团体总体成绩作为奖励认可的依据。合作学习将团体评价机制引入小组活动中,把单纯的个人计分改为小组计分,形成了"组内成员合作,组间成员竞争"的新格局,使得整个评价的重心由鼓励个人竞争达标转向大家合作达标,对促进小组成员互动合作与社会技能发展起到积极的作用。

约翰逊兄弟在大量研究基础上提出:课堂中存在着合作、竞争与个人单干三种目标结构,即学习者完成预定目标时的互动形态。在合作的目标结构下,个人目标和群体目标是一致的,个人目标的实现取决于群体中其他成员目标的实现,个人目标的实现与群体的合作相联系。在竞争的目标结构下,个人目标的实现与群体目标的实现是一种负相关,若某一个成员实现了自己的目标,其他成员就不能实现自己的目标。这样个人目标的实现就与群体的竞争相联系。在个人单干的目标结构下,个人的利益与他人没有关系,个人目标的实现不影响他人目标的实现。在个人目标情境下,学生的学习不存在相互作用。在合作性群体中,个体具有较强的工作动机,能够相互激励、相互体谅,产生一种"促进性的相互依赖",个体间的信息交流也比较畅通,因而合作性群体的工作效率明显高于非合作性群体。而在竞争性的社会情境下,群体内个体目标则体现为"排斥性的相互依赖",虽然个体目标之间联系紧密,但一方目标的实现却阻碍着另一方目标的实现,是一种消极的相互关系。团体评价的意义即在促进小组成员间的积极互赖,形成团体动力,营造既有合作又有竞争的环境。

(二) 实施要点

团体评价操作原理非常简单,即以个人成绩(提高分)为基础,计算小组成员成绩(提高分)的平均值,对均分高的一些小组予以表扬认可。这部分内容在上一节生生互动的实施策略部分已有较详细的操作性介绍,此处不再赘述。针

对团体评价的特点,在具体运用时应注意以下几点:

1. 建构均衡的异质小组是开展团体评价策略的前提

虽然合作学习方式有多种,但评价的原则是一致的,就是对合作小组进行整体评价,而不是对个人进行评价。"组内异质,组间同质"作为分组的基本原则,"组内异质"能更好地利用组内的差异化资源,这是合作学习的指导思想之一;"组间同质"保证了各小组之间展开公平竞赛,易于形成良性竞争氛围,发挥合作学习的功能,促进各小组协同合作,有利于每一个学生学习目标的达成。在实际操作时,关键是抓住以下几个主要因素:一是学生的学业水平,二是性别特征,三是性格特点,四是学生能力特点。应尽可能使各组综合能力相近,使评价建立在公平的基础上,调动每个小组、每个学生的学习积极性。

2. 领会评价内涵是落实好团体评价策略的关键

团体评价中小组成员的"捆绑"评价,其目的是为了促进学生积极目标互赖,明确个体责任,形成团体动力。因此,在操作实施时,不能只重其形而忽略其神。必须深刻领会合作学习的内涵,把握团体评价的关键,因此,评价的主体一定是以小组为单位,对表现优秀的小组进行表扬或认可。当然在实际操作时,并不是完全不考虑个人的表现,也可以适时地对一些进步突出的个人提出表扬,但评价的重点应放在对小组的评价,不可喧宾夺主。

3. 把握评价的内容和方式是落实团体评价策略的保证

合作学习评价中,不但关注学生的学业成绩,也关注学生的过程方法(尤其是合作技能)和情感态度。因此,在开展合作学习的评价中,教师必须把握方向,切实把握好评价的内容,注意评价的全面性,同时注意引导学生小组客观地看待检测成绩。在实际操作中,学业成绩评价处理起来容易量化,而合作技能的评价则相对复杂,但并不能因为复杂而不评价。本着促进发展、力求公平的原则,合作技能的评价应立足于化繁为简的原则,采用质性评价和量化评价相结合,力求简洁可操作。

在运用团体评价时不应只有教师的评价,还要发挥好学生的主体作用,重视学生小组自评和小组互评。特别注意对每一个小组成员的参与态度、合作表现、完成任务情况、作出的贡献等方面进行评价,帮助他们掌握评价方法,实现学生自评、小组评价和教师评价有机结合。学生自评和小组互评并不一定每节课都要汇报、总结,要注意做好过程性资料的积累,一段时间下来(一般是一个月左右或一个单元教学完成)组织各小组通过总结,发现问题,改进方法,感受进步,促进合作技能的进一步提升。在小组评价中尤其要发挥小组长的作用,公正客观地对小组成员进行评价,并赋予一定的权力。

二、发展性评价

(一)理念意义

发展性评价以尊重人的主体地位和人格为前提,将着眼点放在被评价者的未来和发展,重视培养评价对象的主体意识、参与意识和创造精神,促使每个个体最大限度地实现自身价值和潜能发展,是一种依据目标、重视过程、及时反馈、促进可持续发展的形成性评价。《基础教育课程改革纲要(试行)》明确指出,要"建立促进学生全面发展的评价体系。评价不仅要关注学生的学业成绩,而且要发现和发展学生多方面的潜能,了解学生发展中的需求,帮助学生认识自我,建立自信。发挥评价的教育功能,促进学生在原有水平上发展"。

化学合作学习将"提高分"引入到学习评价之中,把"不求人人成功,但求人人进步"作为教学所要求的一种境界,运用发展性评价的理念,将"让每一位学生得到发展"的教育理念落实到行动,从更深层次体现教育公平,使每一个学生都能体验到发展的快乐。

(二)实施要点

发展性评价作为一种全新的评价理念,使评价不再仅仅是甄别和选拔的工具,更赋予其促进学生的持续发展、潜能发挥,以及跟踪诊断、调控和激发等功能,从而促进学生的个性发展和良好品质的形成。由于发展性评价有其自身的特点,在促进生生互动的合作学习中应注意以下几点。

1. 以人为本,尊重学生个体差异

每个学生都是学习集体中的不同个体,他们有着不同的家庭背景和生活环境,有自己的爱好、长处和不足,有不同的生理和心理特征,各自在现有教育资源下受到的教育情况也不尽相同。因此,每个学生的智能结构和发展水平存在着一定的差异。传统班级学习评价看重个人成绩,以个人为奖励对象,受表扬和肯定的往往都是基础好、成绩优的学生,多数学生感受不到进步的积极心理体验,抑制了学习动机。合作学习将"提高分"引入到小组评价之中,目的在于充分地尊重个体的差异,使每个学生都有平等的机会为小组作贡献,实现"让每

一个学生都发展"的教育理念。因此,在实施中,必须充分认识到"提高分"的作用,不能无条件地将原始分作为评价学生的依据;不但对学业成绩要考虑提高分,在评价合作技能时也要有条件地考虑运用"提高分"。此外,必须切实做好学生"基础分"的确定工作,正确地判断学生的特点及其发展潜力,使学生的"基础分"能真正反映学生的现状,为被评价者提出适合其发展的具体的有针对性的建议,确保小组间竞争的公平,使"提高分"能真实体现学生的发展,更好地调动学生学习积极性。此外,在合作学习开展一段时间后,对基础分要进行重要认定,以便更好地适应学生的发展,体现公平竞争。

2. 立足赏识,体现评价的激励功能

清代教育家颜昊先生说过:"教子十过,不如奖子一长。"在生生互动的评价中,教师应转变观念,不要"吝啬"自己的赞许与鼓励,坚持以正面引导和鼓励为主的评价指导思想,将自己的评价视线放至与学生等高的位置,以关怀、关爱、理解、赏识的心态评价学生,启发学生的心智,营造一个民主、平等、和谐的课堂评价氛围。对肯定的要求再放低一些,对表扬的面再拓宽一些,对肯定的方式再丰富一些,更多地予以积极、正面的鼓励,不断积累正面评价体验,让学生感受到进步和成功的体验,激发学习兴趣,获取自信,最大限度地发挥自己的潜能。如,学生答得好时及时称赞"说得很有道理""见解独到"等;学生没有说到关键点或回答不正确时,可用"已经快要找到通往成功的道路了,你再试试""再努力一下你会成功的"作鼓励。这样的评价,让学生保持愉快轻松的心情,品尝到成功的喜悦。

对学生小组活动,不仅应肯定小组的学业成绩,还应肯定小组的合作意识与技能;不仅应表扬进步最快的小组,也应表扬有特色的小组;既在课的最后作总结性评价,也在教学中作过程性评价。除对小组进行评价外,还可就小组成员对小组的贡献进行肯定等。在学生合作学习过程中,除了表扬手段外,要利用授予"超级组""优秀组""良好组"、小组加分、点赞、集体鼓掌、发给小红旗(不要以为小红旗只对小学生有效,对中学生和成年人的心理也同样能起到一定程度的积极作用)等肯定形式对小组和学生进行鼓励。对学生进行的小组评价,教师也应以赏识的态度欣赏学生自评与互评中的精彩,渗透教师的关爱、包容和鼓励。

3. 重视自评,发挥学生主体作用

发展性评价认为,评价者与被评价者都是拥有主体性的平等的人,两者之间需要沟通、理解和协作。评价过程应该是主体间的双向选择、交流和协商的过程,让学生成为评价的主体,能更好地增强学生的发展意识。

在化学合作学习中,要给予学生充分的评价权,学生不但可以对较为客观的学业成绩作评价,也可以评价主观性较强的合作技能。学生对合作技能的自评,通常的做法是:每次上课将评价表发给学生(评价表见本章第二节的"小组共学法"内容),让学生对照要素和实际表现进行自我评价,形成个人成绩;同时要求组长根据小组成员的实际表现进行小组评价,提供小组评价意见。自评时,小组各位成员除了填写评价等级或分值外,还要说出本组或自己在本节课中的优缺点及努力的方向。组长整合成员所填写的情况和自己掌握的情况,完成小组评价成绩,并指出主要优点及突出问题。互评时,由小组长根据本组成员的意见,随堂做好组员表现情况的记录,课间或下课后将表交回。教师根据自己在课堂中的观察,结合学生的具体表现,也作出相应评价。教师还要针对学生的优势与不足给予学生具体的、有针对性的改进建议,促进学生在原有水平上提高。在阶段总结评价时,可把权利重心移交给小组,如,确定学生自评和小组评价各占成绩权重的30%,教师评价只占成绩权重的40%(也可根据实际情况作调整),调动学生的评价积极性,并让学生在自评过程中自觉增强合作意识。当学生对评价的结果不满意时,可申请重评,在协商的基础上得出共同认可的评价结论。期末时,由任课教师把多主体的定性描述和定量分析结合起来,作出终结性评价,评价的结果作为学生化学学科期末总评成绩的一部分。

4. 注重过程,记录学生的发展轨迹

发展性评价强调收集并保存表明被评价者发展状况的关键资料,对这些资料的呈现和分析能够形成对被评价者发展变化的认识,并在此基础上针对被评价者的优势和不足给予被评价者激励或具体、有针对性的改进建议。在化学合作学习的评价中,要求各小组要收集好本组的过程评价资料,绘制自己的发展轨迹图,并定期进行总结(一般是一个单元学习完成后或一个月时间)。教师对学生作出总评后,也要将所有资料保存起来进行积累。等积累到一定程度(一

般也是一个单元学习完成后或一个月时间），再把表中的内容进行统计归类，并把统计的结果反馈给学生。通过总结，使学生及时把握自己的发展状态，看到自己的进步、潜能、长处及不足，发现问题，改进方法，促进学生更好地发展。

三、及时评价

（一）理念意义

及时评价是指教学过程中依据一定的评价标准对教学现象作出实时评估，通过调整、控制受评者的后继行为取得最佳教学效果，是一种有效促进教学目标实现的教学手段。在化学合作学习中，运用及时评价策略，能帮助学生明确课堂表现和学习状态，纠正学习中出现的问题，正确掌握知识与技能；确立自己的学习发展方向，提高学习效率。更重要的是通过及时评价，能有效地调节学生学习情绪，提升学习信心和互动的参与度，提高学习能力和学习效率。

（二）实施要点

1. 及时评价的第一个关键点是突出"及时"。美国教育心理学家罗斯坎贝尔说过："每一个孩子都有一定的情感需要，这种需要决定着孩子们行为中的很多东西（愉快、满足、高兴），当孩子的需要得到满足时，内心就会产生奋进的火花。"在小组合作学习中，评价环节要尽可能在本节课内完成，确实无法在本节课内完成的（如时间的限制、得出有关评价数据需要花费一定的统计时间等）一定要在下一次课时完成，不能拖延较长时间，否则会极大地影响评价效果。对合作学习的评价不只是在课堂教学的最后，即小组汇报完后对学生的学习进行评价，更要在学生学习过程中，在学生与教师的互动中进行及时评价。如果教师的课堂即时评价运用得合理，学生的学习积极性将被激发。如在"制取氧气"教学过程中，学生小组实验正常操作是向双氧水中加入少量的二氧化锰，证明二氧化锰对双氧水分解有催化作用。教师在巡视时发现：有一组学生除了用二氧化锰以外，还"节外生枝"用了红砖粉末作尝试，并认为"红砖粉末"对"双氧水分解制氧气"也有催化作用。教师在和小组进行了短暂的交流后，得知虽然只是一位学生在网上看到相关资料后，拿来红砖粉末让大家试一试，但教师马上伸出大拇指，表扬道"很有创新精神"，并借机鼓励学生："如能完善一下方案，证明这大量的气泡不是红砖粉末本身产生的就更完善了"，引导学生可否从催化剂的定义获得线索。小组成员再次分析课本上关于催化剂的定义,并通过讨论,很快就提出了较完善的实验方案。教师也借机说明了有多种物质对双氧水分解有催化作用,让学生消除只有二氧化锰才是该反应催化剂的思维定式。教师的这种及时评价,很好地保护了学生的好奇心。好奇心是探究意识和创造思维的重要基础元素,而这些元素并不是知识所能带来的,以至于有专家认为"创造性思维＝知识×好奇心和想象力"。

2. 传统的学习评价关注个体的认知水平,重视比较个体在整体中的位置,这种竞争是有其局限性的。而合作学习不以学业成绩作为评价学生的唯一标准,而是关注学生在合作意识与技能等多方面的进步。因为生生互动过程所涉及的内容是多方面的,学生的发展也是多方面的,只有及时地对各方面都进行评价,才能更好地促进学生发展。如对合作学习,我们总是把合作意识和技能的评价放在重要的位置,每节课、每个过程环节中都要对学生的表现作出评价,通过及时的评价,促进学生在知识与技能、过程与方法、情感态度与价值观等方面全面发展。

3. 及时评价不是教师唱独角戏,学生也应是评价的主角。教师在教学过程中,要注意引导学生在小组活动中通过自评、互评的方式,相互评价,相互鼓励,形成积极互赖的小组文化,帮助小组成员及时修正存在的问题,提高学习质量。

4. 及时评价不只是口头的评价,体态语言也是一种重要的手段。教学的不确定性和学生的多变性以及即时评价语言的即时性和随机性,决定了教师要随时根据教学境况的不同作出不同的教学评价。口头评价就是教师最常用的即时评价,它以其直接性、快捷性、高频性显示出自身的特有价值,为教师的价值引导和情感感染提供了有效的途径。而有时恰当地利用肢体语言能达到"此时无声胜有声"的效果:教师的一个手势、一个眼神、一个抚摸、一个微笑等都会起到即时评价作用,营造一个民主、平等的师生交流氛围,更有利于学生的自我提高。比如,当学生表现出色时,竖起大拇指,脸上表现出赞许的神态等;当学生在小组活动中注意力不集中时,为了不影响课堂整体的教学氛围,教师可以一边巡视,一边很自然地走到这个学生身边,用手轻拍他,或面带微笑并关切地看着他,巧妙地提醒他注意并改正自己的不良行为。此外还要鼓励和引导学生在小组内和组与组间评价时学会用适当的体态语言表达自己的评价,提高社会性技能。

四、多元评价

(一) 理念意义

多元评价是合作学习又一个重要特点。多元评价的价值取向,更强调以人的发展为本,特别是以人的多元智能和创新素质为本;在评价的方向上,更关注促进评价对象的未来发展,并通过人的发展和完善实现学习的改进和完善;在评价主体上,主张有更多的人成为评价主体,特别强调评价对象成为主体;评价内容上,更重视过程性的评价,关注教育过程中反映出来的有利于评价对象未来发展的信息和证据;在评价性质上,坚持科学评价与人文评价的统一,将科学标准与人文价值判断融为一体。在学习过程中,因为学习者的基础是不同的,能力也是多方面的,每个学习者都有各自的优势。学生在意义建构过程中,表现出来的能力不是单一维度素质的反映,而是多维度、综合能力的体现,因此,对学生学习的评价应该是多元的。同样,评价方式和手段也各有各的特点和适用范围,恰当运用不同的评价方式,有助于更好地促进学生发展。在化学合作学习中,在评价内容上,应既关注知识与技能,也关注过程与方法和情感态度与价值观;在评价主体上,既有教师评价,也有学生评价;在评价方式上,既有口头和体态评价,也有书面评价,充分利用多元评价的优势,促进学生全面发展。

(二) 实施要点

1. 评价内容的全面化

在化学合作学习中,不但要评价学生的认知水平,还要关注学生的过程与方法、情感态度与价值观,尤其重视合作意识与技能。评价的内容不仅仅包括学科知识,还应包括学生在学习过程中的能力发展,关注学生个体和群体参与合作学习的变化、发展过程,以及学生对合作方法的掌握、运用情况,以达到全面落实三维目标、提升学生核心素养的目的。

2. 评价主体丰富化

传统的教学评价以教师为主体。合作学习中不但强调教师的评价,还重视学生的评价,通过小组自评、组际互评等方式,发挥学生在学习中的主体作用,实现更直接的自我认识。合作学习的评价过程中,一定要用好这一评价手段。应给学生充分的放权和信任,让学生的评价在评价系统中占有较大的权重。此外,合作学习的评价过程中,也应克服师生评价中的单向问题,即只有教师对学生的评价,缺少学生对教师的评价。通过建立适当的评价通道,让学生对教师的教学进行评价,将更有利于形成民主、平等的教学氛围,帮助教师改进教学方式与方法,更好地满足学生的发展需求。

应当注意的是,无论是教师评价,还是学生自评、小组互评,对学生个体合作学习行为的评价都要突出"合作"二字。小组自评、小组互评和教师评价都是从外部对学生的合作行为进行评价,但各有侧重。小组自评侧重于组内个体之间的互评,小组互评和教师评价基于学生和教师对小组群体之间的观察、比较,侧重于对有效的小组合作学习模式和行为的肯定、褒扬。通过他人的评价,使学生获得自己在合作学习中行为方面的反馈信息,并经过反复对照,使积极的行为得到强化,不当的行为得到纠正。这样就可以使每位学生的自我意识得以发展,朝着小组和教师期望的合作学习目标迈进。

3. 评价方法多样化

在实施化学合作学习的评价时,应灵活采用多种形式和方法,常用的合作学习评价方法有:

(1) 口头评价法。教师在课堂上要把握评价的时机,充分利用评价语言的魅力,调动学生学习的兴趣。教师的评价语言要准确而得体,应根据各学习小组学生的表现,客观、准确地指出学生的长处与不足,既对学生表现出色之处给予肯定,同时又有针对性地给予提醒与纠正。

(2) 小组成长记录袋评价法。可以采取建立成长记录袋的方式,反映小组成员的学习过程和进步历程,帮助他们总结合作学习的方法,体验合作的快乐,激发与他人合作的兴趣。

(3) 个别测试评价法。即对所有学生分别进行测试,获得个人成绩,从而对个人和学习小组作出评价的合作学习评价方法。

(4) 合作测试评价法。就是由小组所有成员共同完成一个测试任务,最后得到一个共同成绩的合作学习评价方法。

由于各种评价方法对学生合作学习能力的形成所产生的影响不同,在对学生进行合作学习评价时,要注意各种评价方法适用的场合与时机,注意对各种评价方法的整合使用。

4. 质与量的评价结合

量化评价能比较清晰、客观地反映学习者的状况,但量化评价也易使动态变化而充满生机的课堂经过若干指标的抽象变成了一些机械的条文和数据；质性评价具有生动活泼的个性，较好地融入情感、态度、价值观等内容，但标准较难把握。因此，在生生互动的评价中，要充分利用两者的优势，灵活选用，有机整合。如计算检测成绩时，以量化为主、质性为辅；而对合作意识与技能的评价时，可以质性为主、量化为辅。对量化评价教师大都比较熟悉，其操作也比较简便，但对质性评价这一评价范式，需要认真研究、科学运用。运用质性评价并不是简单地放弃量化评价，而是对量化评价的一种补充。在实践操作中，应在努力增强量化评价的客观性、真实性和本质性的同时，走一条质性评价和量化评价有机融合的道路。

第六章 化学教学中与人工制品互动策略

第一节 与文本教学制品互动策略

与文本教学制品互动是学习过程中最常见的一种形式。化学教学中,学习者与文本教学制品互动,最主要的形式是对文本内容的阅读和整理,通过与文本互动,更准确地掌握信息,更深入地理解内容,更深刻地体会内涵。

一、学会阅读理解

苏霍姆林斯基说过:"学会学习,首先要学会阅读。"阅读已成为人类社会最重要的学习活动,是人们认识世界、传递信息、交流情感、掌握知识的主要手段。教材对学生来说,是一种特殊而重要的学习文本,是学生学习和理解学科教学内容的重要载体,掌握科学的阅读方法,形成良好的阅读习惯,是促进学生发展的一项基础性工程。文本阅读能力不只是语言学科学习的重要能力,也是各个学科能力的基础。

(一)化学教材阅读的特点

文本阅读是指从文本类的视觉材料中获取文字、符号、公式、图表、图片等信息的过程,它是学习者获取知识的一种方式,也是一个学习者积极思考分析经历的心理语言过程。认知心理学认为,阅读理解就是接收的视觉信息和读者内部图式之间的相互交流。阅读并非是被动地、机械式地吸收信息的过程,而是一种积极地、主动地获取信息的思维过程。学生在阅读过程中不断地获取外界信息,用自己的认知结构同化、顺应所读的新材料和新知识。

化学教材阅读过程与一般阅读过程一样,是一个完整的心理活动过程,它包含对语言文字、化学原理、符号、术语、公式、图像、实验仪器、试剂等的感知和认读,新概念的形成和内化,阅读材料的理解和记忆等各种心理活动。同时,化学阅读又是一个不断假设、猜想、推理的积极能动的认知过程。化学学科的阅读,除了具有阅读的一般要求外,还有其自身的特点:一是化学是研究物质组成、结构、性质和变化规律的学科,有大量的原理、规律,具有较高的概括性和抽象性,表述严谨,不但强调科学准确,还需要在阅读中将其内化,要求阅读者具备较强的逻辑思维能力;二是"化学语言"包括文字、符号、化学方程式、图像等,既有宏观表述,也有微观呈现,具有多样性和内涵性,需要在宏观、微观、符号的三重表征中不断切换;三是化学是一种以实验为基础的自然科学,是实验观察和科学思维相结合的产物,注重理性认识、实验探究和实际运用,表述形式既有文字叙述,也有大量的数据图表,蕴含着丰富的信息和规律,需要认真、细致、全面地阅读。综上所述,化学阅读就是在认识化学语言的前提下,理解并把握化学材料中的信息,掌握原理、规律,领会其中蕴含的化学思想,体验化学文化,欣赏化学创造美的过程,感受到化学的社会价值和责任。

（二）化学教材阅读的基本方法

化学教材阅读一般包括泛读浏览、精读理解、提炼总结三个由低到高逐步递进的层次,每个层次中都有一些与之相适应的策略和方法(当然一些方法也可在不同层次中交叉使用)。掌握和有效运用阅读的策略和方法,有助于提高阅读的效果。

1. 泛读浏览

泛读浏览式阅读,就是快速地先将学习材料浏览一遍,通过浏览对所学习内容有初步的了解,掌握学习材料的大致内容和结构。如一单元或一节内容学习之始,先通过浏览获取基本信息、了解主要内容、明确重点难点、初步感知整体,并为后续学习安排和精读内容做好心理准备。泛读浏览式主要有以下几种方式:

（1）掠读。即快速通读,了解材料的基本内容与结构,对未能理解的内容暂不细究。

（2）扫读。即对一些须重点关注的内容重点扫描。如,对于前言、标题及文本中间的黑体字加以留意,重点阅读。一般而言,对理论性内容要注意的是概念、原理及所依据的实验或事实、所提出的问题、解决的过程等;对元素化合物内容主要是了解其存在、结构、性质、制法、用途等;对实验主要是了解其原理、试剂、装置及特殊要求(如尾气处理、环境保护)等。

（3）标注。即对一些重点内容做好圈画标记。可用不同颜色的笔并借助特定符号对学习材料上的字词、语句乃至段落进行标记,如,用下划线表示比较重要的知识内容,用方框圈出关键词,用打星号表示特别重要的知识点,用问号标明疑问或疑难,等等,并逐步形成自己惯用的符号系统。在阅读材料时养成标记的习惯,可以使知识的重点凸现、层次分明,能够增强阅读的针对性,也为后续精读突出了重点、节省了时间,还为日后复习、回忆提供了线索。

(4)列提纲。在泛读浏览的过程中,最好能同时列出阅读材料的要点提纲,帮助了解学习内容的关键点。

2. 精读理解

精读理解的特点就是精细地去阅读,理解性地阅读,即要吃透每个部分,较准确、完整地理解学习内容,掌握关键知识。

(1)精细阅读

精读理解式阅读的关键在于要全面、精细地去阅读。

一是要读懂内容。要精细、全面地阅读,深入材料的字里行间,读懂每一句话表达的含义。阅读理论内容,对概念、原理要仔细推敲,深入体会;阅读元素化合物知识,要在掌握现象和事实基础上理解原理;阅读实验内容,要理解原理(所用试剂、反应的化学方程式),关注过程(操作步骤、试剂用量、现象等),明晰结论;化学方程式阅读,要抓住反应物状态、反应物用量、反应条件(可逆、温度、通电、点燃及催化剂等)、生成物状态、反应类型、数量关系等;图表类阅读,要读懂图表表达的含意及其关系和变化情况,如,坐标图要关注横纵坐标、图线表达的含义和趋势以及图线中的"四点"(原点、交点、转折点、终点);表格类材料,要看清表格的题目,了解作者制作该表格的目的,注意比较表格中的数据或现象,找出数据或现象中蕴含的变化规律,分析引起数据或现象间差异的原因。此外,还要在阅读中建立宏观、微观、符号三重表征之间的联系,注意普遍规律与特殊性的关系,这也是化学学科阅读特别要注意的问题。

二是要明确重点。对重点内容重点读、重复读,理解每一个概念、规则、原理所表述的意义,掌握关键和本质,挖掘隐含条件等。

三是既要弄清问题的结论,也要重视叙述过程。因为过程性内容往往是概念、原理和结论的产生过程,有助于概念、原理和结论的理解。不注重过程的学习,易变成机械学习,知识难以灵活运用。如,学习压强对化学平衡的影响,学生若只记住"在其他条件不变的情况下,增大压强使化学平衡向着气体体积减小的方向移动,减小压强使化学平衡向着气体体积增大的方向移动",不理解压强变化实质是引起浓度变化,就难以准确分析充入不参与反应气体的化学平衡移动问题。再如,对于银镜反应,学生往往都能记住在试管壁上有光亮如镜的银生成这一现象和结论,但对银氨溶液如何配制这一过程性知识,尽管教材上叙述得很清楚,学生却往往并未关注,这不利于学生对银镜反应的完整理解。

(2) 问题引读

阅读之前,应依据所要阅读的内容和需要搞清楚的问题拟出提纲,然后带着问题逐一进行阅读。提纲可以是教师或学生自己编制的导学单,也可以是教材和练习册中的问题,或是教材中的标题。通过问题引导,可以找到学习内容的重点关注问题。例如,阅读"乙烯"一节时,可拟定如下提纲:①乙烯的物理性质;②乙烯的分子结构;③乙烯的化学性质;④实验室如何制备乙烯;工业上如何制备乙烯;⑤乙烯的用途。依据提纲中的问题展开阅读,目的明确,重点突出,条理性强。

(3) 关键词解读

所谓关键词语是指概念中提出的一些核心的、限制性语言,或是涉及的变化量度或方向的描述,往往隐含着概念、原理的关键和本质。理解关键词是理解概念、原理的核心。如,阅读"电解质"概念时,通过抓住"或""化合物"这两个关键词,概念的范围和内涵就能准确把握:"或"表明,在溶液中(可溶解物质)或者熔化状态(不可溶解物质),两者有其一即可,这里隐含的本质是可以形成自由移动的离子;强调"化合物"则排除能导电的单质和混合物。再如,在阅读"气体摩尔体积"概念时,必须抓住"标准状况下""1 mol 气体""体积约是 22.4 L"这三个关键词,才能准确、全面地理解概念。

(4) 复述助读

复述是对学习材料维持性的言语重复,是巩固记忆的心理操作过程。学习材料在复述的作用下,由短时记忆向长久记忆转移。英国教育家奥尔康研究表明:听别人读一篇文章后,可以理解记忆文章 20% 的内容;自己看一篇文章后,可以理解记忆文章 30% 的内容;自己阅读一遍并进行复述后,可以理解记忆文章 70% 的内容。因此,阅读后进行复述对于识记内容具有非常重要的意义。较高层次的复述并不是简单的知识记忆行为,而是在理解内容的前提下,打破原来的知识体系,对知识进行分析、排序和重组,并依照自己的理解,将内容重新表达出来的过程。

化学学科有大量的化学概念、原理、元素化合物等事实性知识及化学符号系统，有很多内容需要记忆（尤其是刚刚开始学习化学的阶段）和理解，运用复述策略是一种很有实效的方式（在第五章也介绍了"二人互助式"）。通常情况下，复述方式可分为原型式复述和创造式复述两大类，不同的学习内容可选用不同的复述方式。

原型式复述要求尽量完整地重现主要内容，不改变原材料中的逻辑顺序，通常针对一些重要而又简单的化学内容。如学习萃取的概念与操作，既涉及原理，也涉及一系列操作，可以引导学生在理解的基础上在大脑中进行原型式复述，从而将主要信息维持在长时记忆中，使得学习内容得到强化。

创造式复述是变更原文结构、顺序、角度或表现方法的一种具备创新性的知识重现方法。对于化学教学中一些复杂、容易混淆的内容，如电解池原理、原电池原理、氧化还原反应、褪色原理等，教师可以引导学生对这类内容进行归纳联系、分析对比，使知识互补、思维贯通，从而加强记忆。

（5）批注启读

在精读过程中，为了引起思考，可在阅读内容附近的空白处做边注、眉批，简要地注明自己的想法和思考的问题。批注和标注有相同之处，但也各有侧重。标注主要是做记号，引起注意，而批注重点写思考、提问题。批注式阅读主要形式有：

① 提问式批注。提问式批注主要是提出问题，促进思考和理解。如，在"气体摩尔体积"一节"1 mol 几种物质的体积示意图"和结论"在标准状况下，1 mol任何气体所占的体积都约为 22.4 L"旁分别做一个提问式批注："为什么1 mol不同固体和液体体积大小不同？""为什么 1 mol 不同气体在标准状况下体积相同？"有了问题，在阅读时就会更积极、主动地寻找答案，与文本对话，变被动地接受知识为主动地探究知识，从而提高阅读兴趣和阅读效率。

② 提示式批注。提示式批注主要是提供提示，帮助记忆和理解，防止出现错误。如，在计算公式"$n = N/N_A$""$M = m/n$""$V_m = V/n$""$c = n/V$"旁批注上："运用公式时将相应的物理量代入公式，注意单位"，一方面可加深对公式的理解，避免因公式记忆错误导致计算失误，另一方面又为将来计算题的规范表达打下基础。又如，在"配制 500 mL 0.1 mol/L NaCl 溶液过程示意图"每一步操作图的下方批注上相应的文字："称量、溶解、转移、洗涤、定容、摇匀"，这样做有利于更准确地识记。

3. 提炼总结

著名数学家华罗庚在《要学会自学》中说:"在对书中每一个问题都经过细嚼慢咽,真正懂得之后,就需要进一步把全书各部分内容连串起来理解,加以融会贯通,从而弄清楚什么是书中的主要问题,以及各个问题之间的关联。这样我们就能抓住统率全书的基本线索,贯穿全书的精神实质。也就是我们常说的'要把书从厚读薄'的过程。"浏览是了解整体概貌,细读是分析每个知识点及其阐述过程,提炼是理清关系并重新把握整体。提炼在学习中的重要性在于抓住了联系、抓住了实质而提高了知识的概括性,从而有利于知识的迁移。

（1）对比式阅读

许多化学概念或是表述相似,或是原理相近,往往容易混淆。对于易混淆的化学概念、原理等,运用对比式阅读,找出它们的共性与个性、区别和联系,抓住其内在的属性,就能较好地加以区别,还能使枯燥的难记忆的知识变得生动有趣,便于记忆和理解。例如,在学习"溶解度"和"溶解性"时,通过对比阅读,发现两者的不同:从字面上看,一个是"性",一个是"度",溶解性是物质本身固有的属性,它表示一种物质溶解在另一种物质里的能力,而溶解度是溶解性的定量表示方法。再如,"同素异形体""同位素""同系物""同分异构体"等概念的辨析,乙醇的脱水反应和消去反应的区别和联系等。对比式阅读还可借助表格的形式,将几个概念放在一张表格中加以比较,可更清晰地发现概念之间的联系和差异,把握概念本质属性,从而更好地理解和准确掌握。如电离、电解、电镀概念的比较（见表 6-1）:

表 6-1　电离、电解、电镀的区别与联系

	电离	电解	电镀
本质	是电解质在水溶液或熔融状态下离解成自由移动离子的过程。	电流通过电解质溶液（或熔融态）而在阴阳两极引起化学变化的过程。	利用电解原理,在一些物质表面沉积一薄层其他金属或合金的过程。
是否通电	不需通电。	通电。	通电。
变化过程	物理、化学过程。	化学过程。	化学过程。
联系	是电解的先决条件和物质基础。	必须有电解质的电离作前提。	利用电解原理。

（2）联想式阅读

化学知识之间存在着一定的内在联系,这些联系能更好地促进对知识的理解。在阅读教材时,应尽可能建立联系,构建知识网络关系。例如,阅读到一氧化碳还原氧化铜的实验,可联想到氢气还原氧化铜的实验、碳粉还原氧化铜的实验;再联想到将灼热的表面氧化的铜丝插入乙醇溶液中,能使氧化铜被还原为红色的铜。通过这样的联想,既熟悉了有关实验装置,又对氧化铜在较高温度下有较强的氧化性有了深刻的认识。又如,阅读到实验室用乙醇、浓硫酸混合加热到 170℃制取乙烯时,联想到用浓硫酸还可以制取的气体有:HF、HCl、HNO_3、SO_2。为什么制取 H_2、H_2S 时,实验室常用稀硫酸? 为什么实验室制取 HI、CO_2 气体时不用浓硫酸? 通过这样的联想,既熟悉了各种气体的制法,又深化了对浓硫酸性质的理解。通过联想,建立知识间的联系,不但有利于知识的组织和提取,还能有效培养发散思维能力。

在联想中尤其要重视实现"宏观、微观、符号"的三重表征之间的关联。如,在学习氯气与氢气反应时,从反应化学方程式(符号表征)$H_2 + Cl_2 \xrightarrow{\text{点燃}} 2HCl$,不仅要联想到氢气在氯气中燃烧产生苍白的火焰(宏观现象),还要联想到氢原子与氯原子最外层上的电子相互结合形成共价键(微观表征),否则头脑中氯气的性质就只是一串文字和一组化学方程式,既缺乏牢固的实验基础,又无从发散并与原有的化学知识同化为一个不断扩充的知识体系,更无法建立学习化学必需的独特的微观思维方式。

（3）归纳式阅读

归纳是将知识浓缩化、条理化、系统化的重要手段。在阅读教材的同时,可通过运用归纳加工,把零碎的知识逐步系统化、条理化。例如,"电解质溶液"一章中的"三电装置",是重点也是难点,在阅读教材时,可将三种装置进行对比归纳,可概括为以下三条要点:①阳极氧化(原电池的负极在内电路中又称为阳极),若阳极为惰性电极,阴离子在阳极上被氧化;若阳极为非惰性电极,则电极本身被氧化。②放电顺序是:阳离子按金属活动顺序(未考虑离子浓度因素),阴离子按 $S^{2-} > I^- > Br^- > Cl^- > OH^- > SO_4^{2-} > F^-$;③原电池与电镀池的区别关键看有无外接直流电源。而电解与电镀之别,则看阳极是否为惰性电极。通过这样归纳比较,突出了重点,分散了难点,使知识模块化,有利于记忆掌握。

（4）总结式阅读

总结式阅读就是在阅读过程中及时将新知识与已具备的知识内容加以整合，把所学化学知识联系起来形成网络，既是对知识的再现与强化记忆的过程，更是形成知识的联系、促进认识深化的过程。在总结时，要抓住要点、建立联系、深化认识，这是单元、章节和专题复习时不可缺少的一个环节，也是提高阅读效果的良策。例如，在学习铝的性质时，对铝及其化合物性质、转化进行梳理总结，并以知识框架的形式呈现（图 6‑1），有利于建立联系、强化记忆。

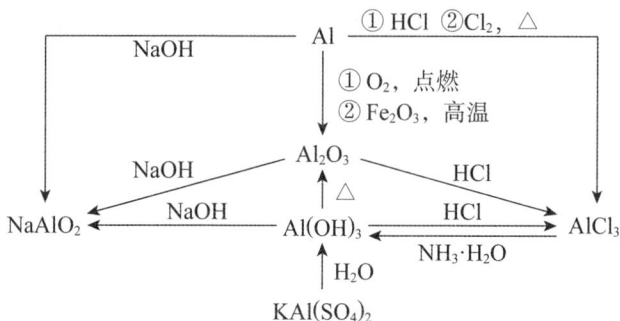

图 6‑1　铝及其化合物知识框架

（三）化学阅读能力的培养

1. 激发学生形成持续的阅读兴趣

（1）帮助学生明确阅读的重要意义。当一个人清晰地意识到自己学习活动所达到的目标和意义，并使之来推动自己的学习时，这种学习目的就成为一种有力的动机。长远的兴趣来自动机。要让学生明白，只有学会阅读，才具备主动获取新知识、新信息和提出新问题的能力，才能适应信息时代发展的要求。掌握最新知识的能力比现在掌握多少知识更重要。

（2）唤起学生阅读的需要。在学习中的认知内驱力是学习强有力的内部因素，这种内驱力是一种指向学习任务的动机，由好奇心、探究倾向等心理因素派生出来。在化学教学中，教师在对学生进行教学指导时，可提出一些自主探究性问题，呈现与学生原有经验相矛盾的事实或现象，开展一些有趣的实验，组织一些研讨、竞赛活动（如小组竞赛活动，切块拼接阅读等），激发学生的阅读欲望，引发学生的阅读需求，唤起学生的好奇心和求知欲。学生只有通过阅读，才能获取答案，融入团体讨论。教师可以为学生提供多元的阅读学习素材，丰富阅读形式，以此引发学生积极的阅读体验；也可以选择做一些有趣的科学小实验或举出几个与学习内容相关的生活现象，拓宽学生视野，唤起阅读需要。

（3）让学生感受到化学的价值和成功的体验。组织学生阅读教材中的"拓展视野""资料库""化学史话"等非学术目标内容材料，拓展学生的视野，让学生感受到化学的魅力和价值，感受到阅读带来的收获与欣慰。通过设计贴近学生"最近发展区"阅读任务，对不同学生提出不同的阅读要求，根据学生的不同水平给予发展性评价，让学生在阅读中获得成功的体验与快乐，增强自我效能感，在成功中增强阅读兴趣。

2. 培养学生形成良好的阅读习惯

叶圣陶曾说过："教育是什么？往简单方面说就是培养习惯。"心理学研究表明，学习习惯是人们在长期的学习过程中逐渐形成的具有系统性和稳定性的学习心理和学习行为方式，是个性特征的重要方面。从教育是发展学生个性的角度来说，化学教学就是要从理解和运用化学语言、发展各种能力等方面来完善学生个性。

（1）培养预习的习惯。预习可以使学生了解将要学习的内容，为上课高效听讲做准备。同时，预习也可以培养学生的阅读能力，从而提高自学能力。预习可借助学习单的方式完成。最先可由教师列出一份有针对性、启发性的提纲（学习单），提醒学生注意，如了解有关概念及内涵、原理及适用条件，注意现象和过程，明确结论等。一段时间后，可逐渐过渡到由学生自己提出阅读提纲，提升学生的自主学习能力。在预习过程中，还要求学生完成预习题，同时搜集、整理疑难问题，这样有利于课堂上开展针对性的学习。经过一段时间的实践锻炼，学生能逐渐加快阅读速度，提高分析、综合、比较、归类等思维能力。

（2）养成"读、思、写"结合的习惯。在阅读中要养成积极思维的习惯。可设置引导学生思考的问题，并鼓励学生主动发现问题、提出问题、发散思维，指导学生在阅读中解决问题并进一步生成新问题。如学生学习 NH_3 的溶解性时，可联想到 HCl 气体的喷泉实验，思考 Cl_2、SO_2、CO_2 等气体能否做喷泉实验。要鼓励学生在阅读中运用各种有效阅读方法，养成读写结合的习惯，形成做标记、补充、批注等阅读习惯；引导学生抓住阅读材料的核心内容，增进理解。

（3）培养学生及时小结的习惯。通过及时小结，使学生学会把头脑中零散的、无序的知识组织起来，成为系统的知识结构。布鲁纳认为，掌握学科知识结构对学生有特殊作用：一是更容易理解学科内容和本质；二是有利于知识的记忆和再现；三是有利于迁移；四是能够缩小"高级知识"和"初级知识"的差距。要坚持让学生每节课、每一小节、每一单元后对所学知识及时小结，实现知识由点到线、由线到面的组织，使知识条理化、网络化。

此外，在养成良好习惯的同时，要消除一些不良的习惯，如：逐字阅读，造成阅读速度慢或重复阅读现象，使得阅读效率下降，信息提取时间延长，增加短时记忆的负荷，不利于学生对阅读内容的理解和掌握；指读，即用手指或笔杆等指着阅读，不利于迅速抓住阅读材料的中心；阅读中缺乏相应的思维活动，即只注重读，而不注重思，那么理解的广度和深度就会降低，等等。

3. 指导学生掌握科学的阅读方法

（1）理论知识阅读重理解

每个化学概念都有它的内涵和外延，每条原理都有规则和条件，只有理解了这些方面，才能真正掌握概念、理解原理。对于概念和原理，要引导学生字斟句酌地去阅读，明白科学概念的严密性和准确性；通过抓关键词等方式，找出所阅读内容的关键之处，理解本质特征，以此来增强阅读和理解的效果。如对"化学平衡状态"的概念，须通过阅读抓住关键：前提是"可逆反应"，特点是"动态平衡"（正反应速率等于逆反应速率且不等于零），标志是"反应混合物中各组分浓度保持不变"。要重视概念和原理提出之前的叙述部分，让学生了解概念和原理产生的前提和要求。对一些容易混淆的概念，可通过比较式阅读找出其联系与区别，如"同素异形体""同位素"概念的区别，通过列表比较阅读，则更显清晰、直观，能深化对概念的理解，更好地把握事物的本质。

（2）元素知识阅读重线索

化学学习内容中包括大量的元素及化合物知识，这类知识面广量大，相对零散，在阅读时，要重视"结构、位置、性质"之间的联系，形成"结构—性质—制法—用途"这样一条逻辑线。对于具体元素化合物间的联系可按一定的规律去组织，如按元素化合价由低到高的顺序、按氧化（还原）性由强到弱的顺序、官能团之间的转化关系等，形成一定的结构关系，帮助阅读和理解。如，学习铁及其化合物性质时，以三种价态的铁的相互转化统领这部分内容，进行总结式回顾，

形成 $\begin{array}{c} Fe^{2+} \\ \nwarrow \ \nearrow \\ Fe \rightleftharpoons Fe^{3+} \end{array}$ 转化关系,能使所学知识形成体系、突出关键,有助于融会贯通。

（3）实验内容阅读重程序

化学是一门以实验为基础的自然科学,对于化学实验的阅读指导尤为重要。对实验内容的阅读,要引导学生注意以下几个方面:一是关注实验设计基本顺序,如:①实验目的;②实验原理;③实验所需的仪器;④实验的药品及用量;⑤实验要求的条件;⑥实验操作与注意事项;⑦实验现象与结论;⑧实验分析与评价。二是关注操作程序与细节,如实验装置的阅读:首先指导学生建立装置的整体观,包括制备装置、除杂装置、干燥装置、性质实验、收集装置、尾气处理装置等;然后按照从下到上、从左到右的顺序分解到每个仪器;最后根据每种仪器中的药品注意实验目的及使用细节。三是关注特殊要求,化学实验往往对实验的环保、安全等方面有具体的要求,在阅读时也应关注。

（4）图表内容阅读重细节

图表是简洁、直观的语言,蕴含着丰富的内涵,每个点、每条线、每个变化趋势都代表一定的含义,阅读时需要认真仔细,全面获取有益信息。对于曲线图,要引导学生阅读横、纵坐标所代表的化学意义,曲线的起点、变化趋势和终点,尤其要注意转折点处各个量的变化情况。对于表格,要引导学生通过阅读,认识事物发展的规律,同时不能忽视异于一般规律的特殊现象。要培养学生从数据中分析问题的阅读能力,着重比较数据的大小,寻找数据的变化规律,分析数据之间的内在联系。

（5）化学符号阅读重转换

化学符号是全世界通用的化学语言,"宏观—微观—符号"三重表征是化学学科的一个特点,化学符号的阅读中要充分利用这个特点,从"宏观—微观—符号"水平进行转换、认识。"从外部表征看,化学三重表征是指化学宏观世界、微观世界和符号世界知识的外在呈现形式,化学中常见的呈现形式有文本、图表、动画模拟等;从内部表征看,化学三重表征是指这三种水平的知识在个体头脑中的加工和呈现形式,常用的术语有信息的输入、编码、转换、存储和提取等,也有作为表征结果的静态含义,常用的术语如概念、命题、认知结构、心智模型等。

三重表征是一个互有联系的整体。"例如,当我们在阅读中看到 N_2 这样一个简单的化学符号,自然就要转化到它有着特殊的三键,联想到氮气宏观的物理性质、化学性质;也会延伸到 $1\ mol\ N_2$ 包含约 6.02×10^{23} 个 N_2 分子,在标准状态下体积约为 $22.4\ L$,等等。教师务必要注重学生化学方程式阅读能力的培养。面对一个化学方程式,需要关注以下几点:①反应物状态、反应物用量;②反应条件(可逆、温度、通电、点燃及催化剂等);③生成物状态;④化学反应类型;⑤数量关系。例如:$Cu+2H_2SO_4(浓)\xrightarrow{\triangle}CuSO_4+SO_2\uparrow+2H_2O$,学生在阅读这个化学方程式时,除了要明确反应物和生成物外,还应了解到:①反应物为浓硫酸,若为稀硫酸则反应不能发生;②加热是表示该反应发生的条件,在非加热条件下铜与浓硫酸反应缓慢;③该反应前后有元素化合价发生改变,属氧化还原反应类型,符合氧化还原反应规律;④"↑"表示生成物二氧化硫呈气态,水为液态;⑤化学方程式中各物质化学计量数反映反应物与生成物之间的数量关系。准确地阅读化学方程式,能帮助学生揭示出化学反应的规律与实质,达到一叶而知秋的效果。

4. 布置阅读任务,在运用中提高水平

阅读策略本身就是一种程序性知识,其学习的过程要经过阅读规则的领会、不同情境下的反复运用以达到自动化的阶段。学生要掌握阅读策略,必须在教师的指导下经过一定的训练,因此,有必要将阅读作为必备的教学策略引入课堂教学之中。在教学中,要结合教材有关内容的学习,对浏览、精读、提炼三个步骤的操作要领给予学生具体指导,同时布置适当的实践性练习任务,通过多次反复训练,达到掌握和自动化的程度。训练应当循序渐进进行,开始时可以由教师"扶"着学生走。比如,为了让他们学会归纳要点,可提一些辅助性思考题,这些思考题的难度呈阶梯形,由低到高逐渐上升,必要时再作一些具体的辅导、答疑等,最后让学生甩掉"拐棍"自己行走,实现自主学习能力培养的飞跃。

二、善于加工整理

(一) 化学笔记的记录与整理

1. 化学笔记记录与整理的作用

笔记是学生与文本教学制品互动的重要方式,也是学生学习中最常用的一种学习策略。笔记不但是学习者在学习活动中为提高记忆和理解效率而有意识地运用的一般技能与方法,它更是一种根据学习情境变化而对学习过程中的方法、环境及学习者的自我状况进行监控和调节的操作对策系统,是一种综合了认知策略、资源管理策略和元认知策略的学习策略。记笔记的过程,有助于学生集中注意力,专心听讲;有助于促进对信息进行认知、建构,激发积极的思维;有助于增强鉴别力与思维的敏捷性,合理地选择和记录需要的内容;有助于课后复习,便于消化巩固。笔记的整理,既能及时复习巩固知识,提高学习效率,还能有针对性地解决课堂学习中可能存在的问题,更重要的是通过整理,使知识系统化、结构化,有助于掌握和迁移。

化学学科包含大量的物质性质、结构、用途等的事实性知识,还有独特的学科符号系统,都需要记忆、理解;同时,化学学科又包含很多理论性知识以及实验设计与探究任务,有应用、分析、评价和创造的认知目标,对思维有较高的要求。而做好笔记对这两类学习都有帮助。化学笔记在学生的学习中扮演着重要的角色,实践证明,科学地运用笔记能有效地提高学生的学习质量。

2. 化学笔记记录与整理的方法

(1) 帮助学生合理选择记录的内容

虽然一些学生有课堂做笔记的习惯,但不知道如何选择记录内容。有的只记教师的板书,寥寥几行;有的变成课堂实录,满满几页;有的只顾认真记录,却没有重视听讲和理解,这些都不能很好地起到做笔记的效果。要指导学生学会选择性地做笔记:一要记提纲。提纲都是教师课前准备好的,反映了本节课的知识结构、系统和要点,对于学生理解、掌握新知识以及课后复习很有帮助。二要记重点、难点、导言和总结。教学的重难点是一节课的教学核心和关键,而导言往往是一节课的学习目的、中心问题,总结是对一节课的内容要点的梳理、概括和形成的结论、规律,是知识内部结构的体现。三是记思路和方法。思路是课堂教学内容中问题从提出到解决,直至最终形成结论的整个过程中的逻辑关系,方法是教师在解决问题时所用的具体措施,如某个化学原理、规则的内涵、规律使用范围及典型用法、经典例题等,对开发智力、培养能力大有益处。四要记补充内容。由于学习的需要,教师往往会补充一些教材中没有的重要内容,如基本概念与原理的内涵及拓展等。五是记问题。如自己在预习和听课时有哪些知识点还不能理解、未辨析清楚等。六是记体会。可及时地把自己对教师所讲的课堂内容经过思考得到的体会简要记下来。通过合理地选择记录的内容,就能突出重点、提高效率。

（2）帮助学生掌握课堂记录基本技巧

记录速度慢和记录布局不合理是制约学生课堂记录有效性的两个重要原因。一些学生往往对一个重点问题,只能记下前半句,后半句就无法记录下来,既影响记录效果,也影响学习情绪。一些学生记录得密密麻麻,既很难辨认,也无法在后续整理时补充内容。对于速度问题,可告诉学生,在笔记时不必要求每个字都写得工整,可快速书写（但必须以自己能识别为前提）,可使用自己掌握的缩写方法缩写,可利用简单的图形、符号、箭头连线,把教学主要内容绘成关系图或列表,提高记录速度。对于布局问题,要告诉学生应学会"留白",即记录时留有一定的空间,如,记录时认为可能需要补充内容的应空出几行;在每页笔记的右侧留 1/3 的空白,用于课后拾遗补缺等。在培训学生做笔记的技巧时,既要教给方法,更要让学生充分训练,还可组织学生之间交流共享,同时应注意要引导每个学生形成适合自己的方法,不强求统一。

（3）针对不同课型（知识）形成不同记录策略

① 新授课。作为化学课堂最常见的一种课型,教师在新授课中根据学生实际将教材内容进行重组,突出重点加以讲解,并借助板书、提问、实验、多媒体等,组织学生阅读、思考、讨论、交流等,以多种互动方式强化知识的重难点,落实教学目标。因此在新授课中,学生应对授课内容有选择性地进行记录,主要是记提纲、记核心内容、记思路、记补充的内容、记困惑的问题。如一些内容教材上的表述已能清楚理解,可在教材上划上记号,标出教师所讲的重点,主要是把关键性的、规律性的、实质性的内容和对自己有启发的地方扼要地在书本上或笔记本上记录下来。要尝试用提纲、图示等串联起知识的内部联系,从宏观上把握知识的结构框架。同时,最好事先对学习内容有所预习,这样课堂上做笔记时,才能更加心中有数,以便及时记录下自己无法解决的疑难问题,留待课后及时解决,高效地完成对新授课知识的掌握。

② 实验课。化学是一门实验性的学科,实验课在中学化学教学中必不可少。中学化学教学中有很多关于原理、规律、性质的验证性实验,往往有着明确的实验原理、步骤、现象、注意事项等。学生在实验课上,要认真记录实验原理、现象、重要操作步骤及注意事项,把教师所做的演示实验的现象及讲解记录下来,可作简明图解,书上有实验插图的可以直接在上面补充,并根据自己的理解

批注该操作的原因,以促进自己对实验原理的深入理解。同时,对于实验中出现的问题及预料之外的现象,学生应及时记录反思,提出理论假设,并尝试设计实验加以验证,这对于学生创新能力的培养将大有帮助。

③ 习题课。化学习题课重点在于引导学生分析原理,运用规律,开展实验探究,形成解决问题的思路等。教师通过对一些典型习题的讲解,一方面明确思路,纠正学生的问题和通病,另一方面也给予学生启发、巩固、提升。对习题课的笔记,不能只记录下答案和结论,而应首先反思自己思维的障碍或出错的缘由,在旁边批注产生障碍或出现错误的原因,予以重点标示;然后用正确的思维方式在旁边重新解题,二者予以对比,了解自己存在的知识盲点。通过化学习题课的笔记,实现自己的不断反思、总结、提升,这将是比解题本身更有意义的过程。

④ 复习课。复习课是学生在教师引导下,对所学的阶段内容进行复习整理的过程,也是对能力的提升过程。因此,复习课应记录重点知识内容、难点解决关键,以及得出的规律和结论,形成的知识系统等。要对记录的内容条理化、结构化,并明晰重点。可以采用提纲、图表等方式予以总结,注意用各种符号和连线,标注重要程度和相互关系。

（4）正确处理好看、听、想与记的关系

课堂上做笔记很重要,但要明白,做笔记的目的是为了更有效地记忆和理解。有的学生一上课就拼命地记,追求笔记的完整,恨不能把教师的每一句话都一字不漏地记下来,一堂课的主要精力都放在做笔记上了。可是合上笔记本想想教师究竟讲了些什么,脑子里又是空空的,只好再花大量时间去看笔记,造成了学习上的被动。也有的学生上课时只是专心听讲,不做课堂笔记,这样也会影响学习效率。因此,要正确处理好听讲与做笔记的关系。在教师讲课的时候,作为学生,主要精力应用于听讲和思考。认认真真地听懂教师讲述的内容是学生上课的首要目的。做好课堂笔记,是为了实现这样的目的的手段。听记并重是不对的;一味埋头做笔记,把自己当成录音机更是本末倒置。要养成一边听讲、一边思考,紧紧跟着教师的思路步步深入的习惯。课堂上一般先做"粗笔记",即采用"记梗概、留空白、后填充"的方法,记下梗概、知识点、提要等主要内容,随时把一些重要的论据、论点和分析方法用自己的话记下来,对其他内容则留出空白后补。凡教材上有的,一般都不必记,只要做些标记,课后再整理成

"精笔记"。学生课后对课堂内容的整理补充,既保证了课堂学习的效率,又强化了课后的复习,达到温故而知新的目标,提高学习效率。

(5) 强化对课堂笔记的二次加工与整理

著名教育家波利亚认为:"如果没有反思与总结,我们就错过了解题的一个重要而有益的方面。通过回顾所完成的解答,重新考虑和检查这个结果以及得出这个结果的思路,我们可以巩固所学的知识,提高自己的解题能力。"而课堂笔记正是一种直接而有效的整理方式。研究和实践都表明,优秀学生往往能及时对自己的化学课堂笔记进行整理加工,形成系统化、结构化的知识体系;而化学学习困难的学生却经常忽视课堂笔记的后期整理工作,笔记的内容往往只是停留在课堂学习的内容。

与课堂上做笔记不同,对笔记加工整理的重点应当是完善知识内容、明晰问题困惑、建立知识联系、完善知识结构。

① 完善知识内容。因为时间紧,课堂笔记记录的只是"粗笔记",知识结构可能不够完整,重点内容可能不够细致甚至有疏漏,一些留白需要填补。通过整理笔记,可以进一步完善知识内容和结构,形成较完整的知识框架和主体内容,同时起到很好的复习巩固作用。

② 解决困惑和问题。根据笔记的提示,找到存在的困惑和问题,有重点地解决自己在课堂上没有搞清楚的知识疑点,消除知识障碍,同时领悟解决问题的方法规律并加以体会拓展,总结反思,举一反三,形成自己思考问题的方式与经验。

③完善知识结构。通过对笔记的加工整理,进一步梳理知识脉络,建立知识间的联系,形成较完善的知识结构,便于贮存、提取和迁移运用。可运用概念图、思维导图、列表等方式帮助整理知识结构(这部分内容将在本节的"三、利用图形助学"中详细介绍),如形成主线串联式、因果关联式、中心辐射式、网络并联式、比较式等知识结构。

i. 主线串联式:可用一条主线将有关内容按一定的结构关系(如按化合价高低、氧化/还原性强弱等)串联起来,对知识进行整理。如将氮的单质及化合物按化合价由低到高的顺序进行串联。(如图 6-2)

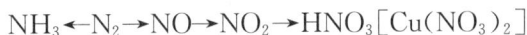

$$NH_3 \leftarrow N_2 \rightarrow NO \rightarrow NO_2 \rightarrow HNO_3 [Cu(NO_3)_2]$$

图 6-2　氮元素各价态代表物关系图

ii. 中心辐射式:形成一个或多个中心向四周辐射的结构。(如图 6 - 3)

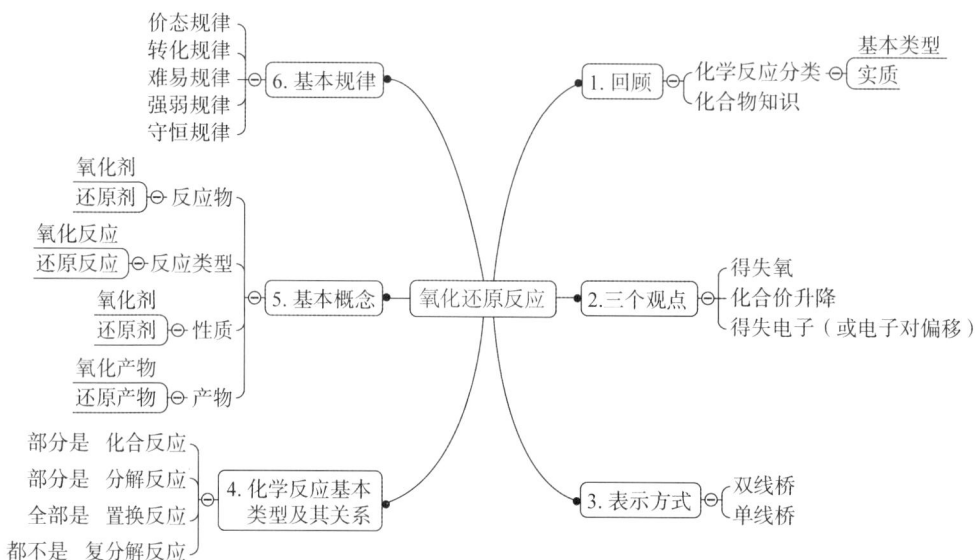

图 6 - 3　氧化还原反应概念思维导图

iii. 网络并联式:形成知识的网状结构。(如图 6 - 4)

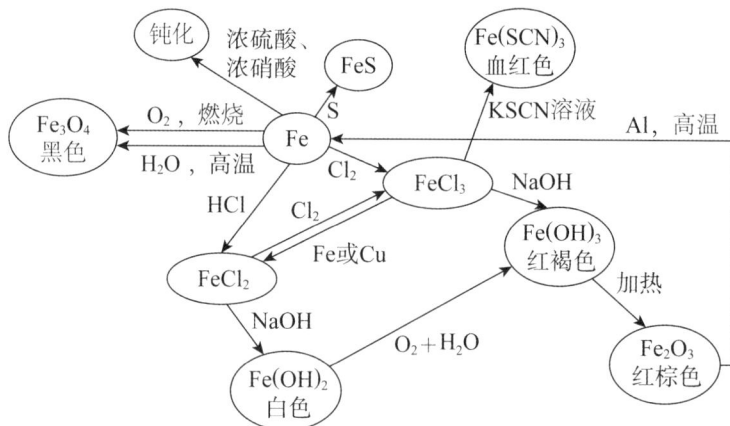

图 6 - 4　铁的知识网络图

iv. 功能比较式:以某项知识或技能为线索,进行功能的比较,重新构建知识结构。(如图 6 - 5)

装置类型	排水（液）集气法	向上排空气集气法	向下排空气集气法
装置示意图	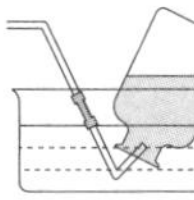		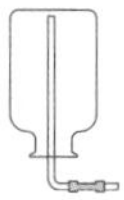
适用范围	不溶于水（液）的气体。	密度大于空气且不与空气中成分反应的气体。	密度小于空气且不与空气中成分反应的气体。
典型气体	H_2、O_2、NO，CO，CH_4、$CH_2 = CH_2$，$CH \equiv CH$。	Cl_2、HCl，CO_2、SO_2、H_2S。	H_2、NH_3、CH_4。

图 6-5　实验室制取气体的收集方法分类图

（二）化学错题的整理与利用

1. 整理错题的价值

学生在练习过程中产生这样或那样的错误是在所难免的。练习既是巩固知识、提升能力的过程，也是检查、监测并发现问题的过程。如果能科学地利用在练习中发现的问题，对练习中的问题作整理加工，就能将问题转化为资源，促进认知结构的改造和完善，促使更好地发展。错题资源的价值和意义从学生和教师两个方面都可以得到体现。

对学生方面：一是查漏补缺。错题反映了学生知识、方法、思维上的盲点，通过对错题的错因分析，可有针对性地反思，比重新找同难度的新题更容易切入思维，更易发现和纠正原有的错误观念，具有更好的定向性和经济性。二是加强记忆。将学生对知识的瞬时记忆转化为长时记忆，特别是对薄弱知识的记忆。学生做错了题目，也有一部分原因是知识的遗忘。三是提升学习主动性。错题整理纠正过程，也是一个训练反思的过程，能培养学生反思的习惯和能力，提升主动学习意识。四是提升学习信心。在错题整理过程中，学生在自己的努力或教师、同学的帮助下，分析问题成因，找出错误根源，则今后对同类问题能大幅度地减少错误，不断消除负累积，有利于学生建立学习自信心。

对教师方面：一是有针对性地施教和补缺。通过对学生错题的分析，可以整合错题资源，有针对性地对学生进行专题复习和巩固，从而达到帮助学生巩固和掌握的目的。另一方面，在对学生的错题资源整理和分析的过程中，教师也能进行自我分析和反思，认识到教学中的不足，能更好地站在学生的角度看待问题。许多教师认为理所应当、很简单的问题,学生却可能有不同的理解和思路。透过错题资源来了解学生,是对课堂教学的一种重要补充,也更有针对性。与学生的良性互动,有助于让教师的教和学生的学相互适应。而在此基础上,教师可以在教育教学中不断地实现自身的完善、调整和提高。

2. 错题资源的整理方法

(1) 错题的收集

错题整理的第一步是收集错题,其来源可以是课堂练习、作业和各类考试试卷上的典型错题。在收集错题资源的时候,要注意以下几点:第一,不是所有错题都要收集,这样会增加无谓的付出,带来额外的负担,还会让重难点淹没在错题的海洋中。对于题目看错、马虎出错等错误没有必要加以整理。第二,收集错题并不一定都要把错题及正确答案抄在错题本上,可以用复印后把错题剪下来再剪贴到错题本上的方法。因为誊抄的过程需要花费较多的时间和精力,以至于许多学生把精力放在抄写而不是错题分析上。错题本整理后更为重要的是如何使用。错题本最好是活页的形式,以便于通过增加页面来添加内容或者进行错题的再次整理分类,实现对错题资源的重新编排和组合。还可以将错题本发展成错题卡片。错题本的记录更多的是依照时间的顺序,不便于将同一类错题整理在一起,而错题卡片则可以打破这一限制,按照错题类型分类摆放,而且取出、放回都比较方便,还可以对卡片编号、写上关键字,便于检索。第三,避免收集过难的题和偏题、怪题,以免因过多研究这类题目而混淆复习的重点,浪费时间。

(2) 错题的整理

对错题资源的整理大致有以下几种方式:①按知识内容模块可分类为:基本概念原理、元素及化合物、化学实验、有机化学、化学计算等。元素化合物中还可以按照氧族元素、碱金属元素、卤族元素等来分类整理;有机化学部分按烃、烃的衍生物等整理;化学实验部分按实验基本仪器与操作、实验基本方法、实验方案设计等整理。②按题型可分类为:单项选择题、不定项选择题、填空题、推断题、实验题、计算题等。③按错误的原因可分类为:审题不清、概念理解错误、思路不明等原因。④以问题表述方式可分类为:化学语言、原理理解、性质体现、物质推断、数形结合、实验操作、化学计算等。除此之外,还可以从另一些方面去归类。不同的分类依据有各自不同的特点,可以择其一,也可进行相互组合取长补短,目的是帮助学生从一定的视角分析、认识自己的弱点。

错题整理同时还应建立错题目录表,以便检索。为便于学生管理错题资源,可以化学教材章节目录为纵列,以错因(包括认知因素,如知识掌握不足、方法失误、审题错误、解题过程自我监控不足和心理因素)、题型等为横行,设计错题索引双向细目表(如表6-2)。错题积累到一定量后还需要考虑对错误进行分类归纳,如使用 Excel 等制作双向细目表电子表格,就能很方便地进行新的分类整理。

表 6 - 2 错题索引双向细目表

章节 (内容)	题号 (页码)	问题分类							题型	备注
		知识	方法	理解	表述	审题	监控	心理		

(3) 错题的订正

错题的订正是在错题收集基础上的再加工,是对错题资源进行分析和反思的第一步,也是最重要的一步。它主要包括以下几个步骤:

① 写出正确答案。合适的做法是在错题页的反面或其他不能同时看到错误和正确答案之处写上正确答案,并且把原来的错误答案留着,不可抹去。不在原错误答案旁边写出正确答案这一点很重要,因为能同时看到错误和正确的答案,下次再检查时就会有先入为主的提示。对学生而言,最难逾越的障碍是自己的固有思维。把自己的错误答案留着,便于分析自己原来错误的原因是什么,这样的纠错针对性更强。通过正确和错误的对比,能改变学生的认知,帮助学生形成正确认识。

② 写出解题过程。解题过程反映解决问题的思路和方法,也是如何克服思维障碍的记录。将错题再做一遍,找到问题所在,用正确的思路再写一遍解题过程,是最佳的解决问题的方法。

③ 分析和记录错误原因。分析错题的成因,是进行错题反思最关键的环节。首先,分析题目的要求,即让学生首先关注对题目各项要求是否明确,是否

完成了题目提出的各项要求。其次,分析解题过程,即分析解题过程思路是否正确,概念和原理的理解是否准确,操作是否规范,数据是否选择正确,计算有无问题,单位名称是否正确等。第三,分析书写及笔误,检查是否有因书写潦草不清或出现笔误而导致错误的现象,特别是单位和元素符号的书写,一不小心就会写错。

分析了错题的成因之后,要在错题后面标注"概念错误""思路错误""理解错误""审题马虎"等错误原因,标注出错误涉及的知识模块:基本概念与理论、元素化合物、化学反应原理、有机化学基础、化学实验和综合。标注最好用彩笔书写,以便在下次复习时能得到明确提醒,取得强化的效果。只有经过这一系列对错题的整理和分析,才能让错题的价值得以体现,才能让"失败是成功之母"不成为一句空话。

(4)错题的归纳

错题的归纳就是在错题分类的基础上,发现并总结规律,解决思维障碍。错题的订正是为了解决某一题,错题的归纳则是为了解决某一类题,以达到解决一类、迁移应用、脱离"题海战术"的目的,这也是错题管理的最直接的目的。在此基础上,还可以对各类错题从命题意图的角度思考,明确考查的知识、能力要求和水平层次,知道自己平时学习的知识点与考点之间存在的差距,弥补知识缺陷,提高思维能力和解决问题能力。

(5)交流分享

鼓励学生交流错题整理中的经验和问题。通过经验和问题交流,可达到以下目的:一是营造反思氛围,增强学生使用错题集的意识。二是交流整理错题的技巧,共享经验,促进整理水平的提高。三是交流思维,促进认知发展。学生之间的思路和认识角度不同,通过听取其他同学对错题的分析,能启发自己的认识,感受不同思维的智慧,还能发现自己潜在的问题。向别人介绍自己如何纠正错误,也是一个对问题再思考的过程。在互动交流的过程中,能形成头脑风暴,有利于解决难点,发现更好的解决问题的方法。

交流和共享可通过小组合作学习或其他适宜的方式,形成制度化的学习方式。交流的错题也不必包括每个人的每道错题,可以相对集中,如大家共同都错的两三道题,围绕一个主题进行研究。

三、利用图形助学

图形是通过可视化的组织,将知识间的关系、解决问题过程中的各种思维结构以各种直观、形象和清晰的结构图示表现出来,帮助人们将抽象的知识直观化,将纷杂的内容条理化,将内隐的思维显性化,将枯燥的内容趣味化,可以更好地帮助大脑组织信息,便于记忆和提取,形成解决问题的线索和思路,促进思维发展。图形主要功能和作用可简洁地用图 6 - 6 来表示。化学教学中常用的图形有概念图、思维导图、鱼骨图、V 形启发图等。针对不同的知识类型、不同的解决问题的要求,选择合适的图形辅助学习,不仅能加深学生对知识的组织记忆,增进理解,还能为有效地解决问题提供思路,极大地提高学习效率和质量。

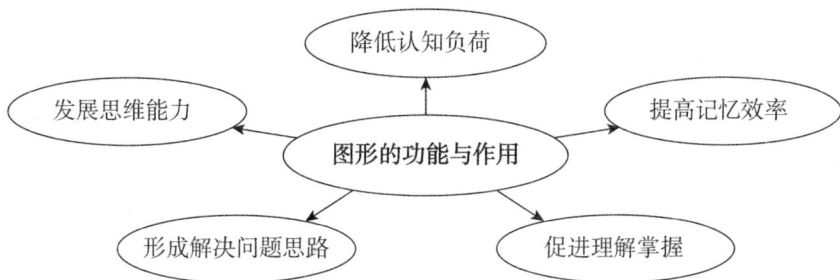

图 6 - 6　图形的功能与作用

（一）概念图

1. 概念图的功能与特点

概念图是由美国康奈尔大学的诺瓦克（Novak）博士在 20 世纪 60 年代开发的一种能形象表达命题网络中一系列概念含义及其关系的图解。它通常将某个主题下的相关概念写于圆圈或方框中,用连线形式联系相关概念,并在连线上标注概念间的关系,用以直观地建立联系、增进理解。概念图一般包括概念、命题、交叉连接和层次结构四个要素。概念是事物的一种属性,通常用于感知事物的规则再将其表达,用专有名词或者符号标记,如化学中的物质名称、反应类型等。命题用于陈述事物现象、结构、规则,在概念图中,命题是一种意义关系,用于表达通过连接词连接的两个概念。交叉连接指不同领域的知识概念之间的关系。层次结构表达知识间的相互关系,包括领域内和领域间的结构。

2. 概念图在化学学习中的运用

根据不同的分类标准,概念图可以有多种分类,不同类型的概念图承担着不同的功能。在化学学习中,常用的概念图有以下几种:

(1) 主线串联式。主线串联式概念图是以一条线索为主线,将相关内容以主线的方式串联起来,形成知识的结构关系。如根据烃的衍生物官能团转化关系形成一条主线,串联成概念图,能帮助学生较好地掌握各物质之间的转化关系。(如图 6-7)

| 卤代烃 R—X | 水解 取代 | 醇 R—OH | 氧化 还原 | 醛 R—CHO | 氧化 | 羧酸 RCOOH | 酯化 水解 | 酯 RCOOR′ |

图 6-7　烃的衍生物关系图

(2) 层次分析式。层次分析式概念图是描述与某一个关键概念相联系的不同层次的概念之间的关系。如元素周期表即是元素按照周期性变化规律形成的一种有组织结构的表征形式,为了便于研究和分析,元素周期表又分为周期和族两个层次的分析维度,每个层次又下设若干个下一级层次内容。(如图6-8)

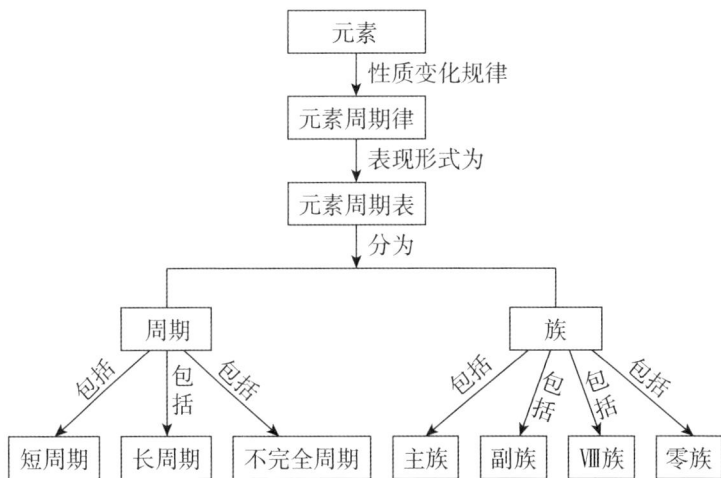

图6-8 元素周期表概念图

元素
↓ 性质变化规律
元素周期律
↓ 表现形式为
元素周期表
↓ 分为

周期 —— 包括 —— 短周期、长周期、不完全周期
族 —— 包括 —— 主族、副族、Ⅷ族、零族

图 6-8　元素周期表概念图

(3) 归纳罗列式。归纳罗列式概念图是将某一命题中的各个概念按照一定关系罗列出来进行归纳梳理,使知识内容条理清楚、一目了然。(如图 6-9)

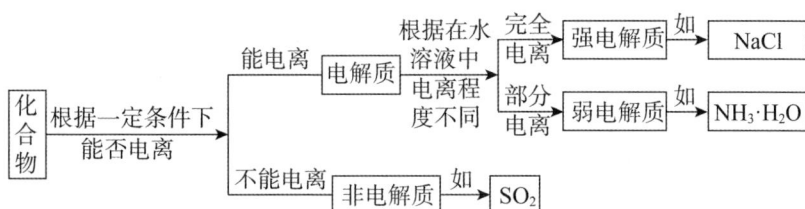

图 6-9 化合物概念图

（4）中心辐射式。中心辐射式概念图是描述和某一个或几个中心概念相联系的许多概念分支的关系，即以中心概念为中心，形成放射状的概念图，如分子概念图。（如图 6-10）

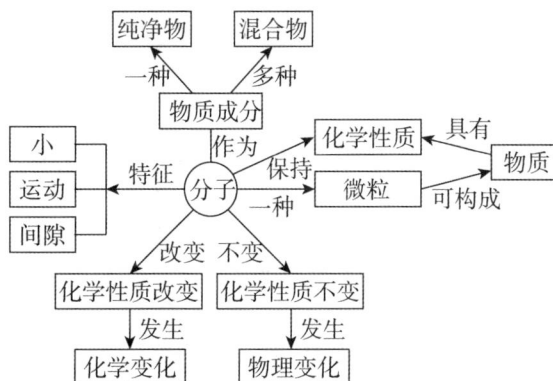

图 6-10 分子概念图

（5）网络并联式。网络并联式概念图一般用以描述较复杂的概念关系，在这种关系中，各概念之间形成纵横交错的网络关系，如物质组成概念图。（如图 6-11）

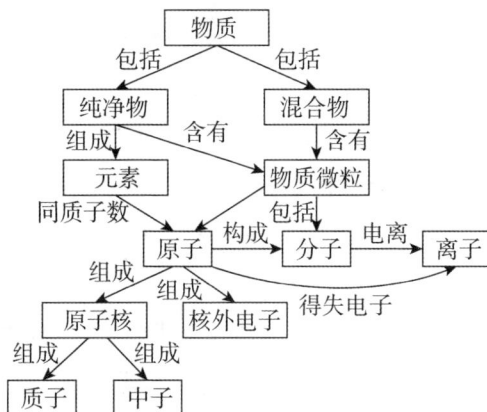

图 6-11 物质组成概念图

（6）框图结构式。框图结构式概念图是用框图的形式，按一定结构来描述各概念间的类属关系。如有机物学习中，把中学所学的有机物整体作为一个大框，大框里包含烃、烃的衍生物、糖类与蛋白质三大模块内容，每个模块中又包含若干个子模块。（如图 6－12）

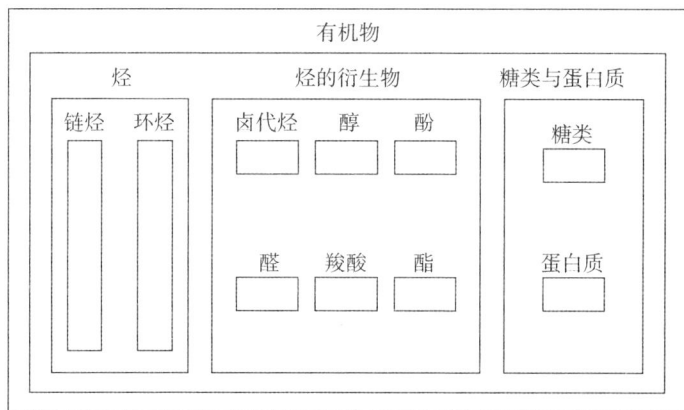

图 6－12　有机物概念图

3. 概念图的构建

（1）确定主题，明确任务。首先要确定好概念图中心主题，围绕主题来组织内容；根据任务目标来确定选用何种图式，使之与内容和目标相匹配，以构建起直观、形象和结构清晰的图式。

（2）深入分析，合理排序。概念图是一种具备逻辑关系或层级结构的系统性知识，在罗列出概念之后，即可根据概念的归属关系与逻辑关系来进行安排。对层次型概念图，将含义最为广泛的概念放置在结构顶端，依次进行排列，这样就能够快速确定具体的层级结构。

（3）建立联系，标注关系。在层级结构确定好之后，可以使用连线连接概念，在连线上写出相应的连接词，这就能让两个概念成为简单的命题；再在各个分支概念中寻找出其中的联系，进行横向连接，并标注好两者之间的关系。

（4）增删概念，修订完善。经过上述几个步骤之后，概念图已经基本形成。考虑到学生学习程度不断增加，对原有的化学知识与概念也会产生更深刻的理解，因此，需要不断对概念图进行完善，根据知识变化情况来修改相应的结构，增加或者删减概念,并继续建立概念之间的联系,使概念图真正成为促进意义建构活动的有力工具。

（二）思维导图

1. 思维导图的功能与特点

思维导图又称心智图,是由英国记忆大师托尼·巴赞(Tony Buzan)在1971年发明的一种发散性思维的可视化工具,它综合运用文字、符号、图片、色彩等元素,其优势是将注意的焦点清晰地集中在中央图形上,并与分支上的关键词建立联系,形成树状,帮助学习者加速对内容的整体把握和记忆,并借助图示、图像和色彩有效地刺激大脑。思维导图呈现的是一个思维过程,学习者能够借助思维导图提高发散思维能力,通过思维导图理清思维的脉络,而思维导图亦可供自己或他人回顾整个思维过程。因此,从知识表示能力看,思维导图呈现的是知识和思维过程的图形化表征,学习者可以通过思维导图迅速掌握整个知识架构,从而有利于直觉思维的形成,促进知识的迁移。思维导图有四个基本的特征:(1)注意的焦点清晰地集中在中央图形上;(2)主题的主干以分支状从中央向四周放射;(3)分支由一个关键的图形或者写在由联想产生的线条上面的关键词构成,比较不重要的话题也以分支的形式表现出来,附在较高层次的分支上;(4)各分支形成一个连接的节点结构,因此,思维导图在表现形式上是树状结构。

2. 思维导图在化学学习中的运用

（1）运用思维导图预习

图式理论认为,新知识的习得,是新信息进入学习者原有知识结构的适当部位,用学习者认知结构中原有图式同化新知识,从而使原有图式不断更新重建的过程。知识的巩固、转化与应用,要求学生将习得的新知识从离散的、不系统的状态转化为结构化、网络化、相互关联的状态。认知过程是学习者从主观意识出发,利用已有的知识和经验,对新内容作出主动的、有选择性的信息加工的过程。如在学习氯气的性质时,在预习氯水的漂白作用时,按照思维导图对有关内容作预习,可更好地明确实验原理、操作,把握重点和关键,起到事半功倍的作用。（如图6－13）

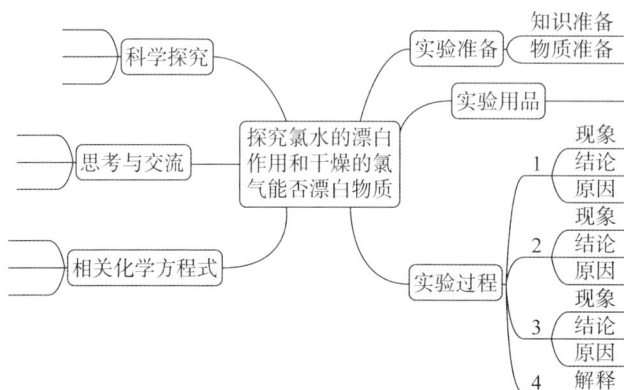

图 6‑13　探究氯水的漂白作用和干燥的氯气能否漂白物质的预习思维导图

（2）运用思维导图记录和整理笔记

学习心理学指出,中学生能持续集中精神听课的时间约为 20 分钟。为避免学生注意力下降,运用思维导图来提高学生听课的兴趣和效率是一个非常有效的教学方法。由于学生要自己建构听课的思维导图,基于成就感和责任感,必须要集中精力听课;通过思维导图的高度结构化的框架,能清晰、简洁、直观地展示知识内容及其要点之间的关系,提供思维线索,引导学生积极思维;文字、图示、图形不但使学生感到有趣,而且能增强印象。如对"钠"这节课的思维导图笔记,把课堂学习的过程和内容、知识的重点和内在结构关系、自己思考要解决的问题,都清晰地呈现在图中,这样的课堂笔记不但能使学习条理清晰,方便地存贮知识,也便于课后继续复习,使之结构化,同时整堂课的授课过程也被形象地记录在图中,便于学生课后再现,提高了学习效率。（如图 6‑14）

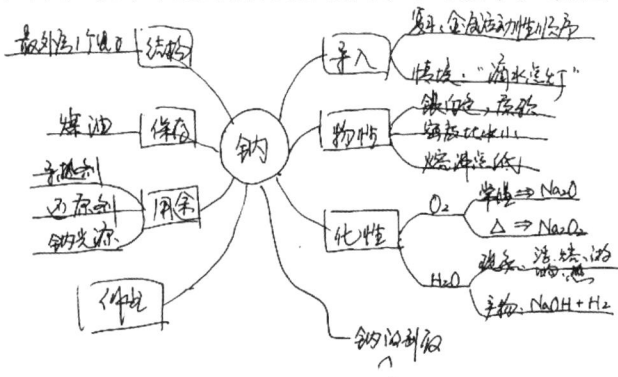

图 6‑14　"金属钠"听课笔记思维导图

（3）运用思维导图进行复习整理

由于思维导图具有有类、有序、有形的特点，可以帮助学习者迅速抓住关键点，掌握重点，建立联系，形成思路。在复习过程中，新发现的知识和产生的灵感可以及时记录、补充在思维导图中，使其更为充实。运用思维导图进行化学复习，其优势十分明显。复习时的主要任务不再是学习新知识，而在于将各种知识之间的关系梳理清楚，将知识点形成知识网络，便于记忆和运用。思维导图所呈现出的信息之间的逻辑性和层次性，是人们运用其进行复习时最为看重的特点。运用思维导图进行复习，更有利于学生从整体上把握知识体系，有助于记忆和运用。相关研究还表明，运用思维导图进行复习，能使枯燥的复习过程变得富有情趣，不但能充分调动学生学习的积极性，还能张扬学生学习的个性。在组织学生运用思维导图进行复习整理时，要注意引导学生掌握思维导图的基本结构，根据内容运用合适的结构图示。在复习中，可让学生先自己对整理的学习内容（课题、整节或整章）进行总结，并依自己的理解绘制一幅思维导图；之后分小组交流制作的思维导图，交流过程中，按照合作学习的基本原则，不批评别人的想法，保持自主性，及时记录各种观点想法，尽可能地发散、联想；然后再对相关信息进行整理和归纳，对原来的思维导图进行改进、完善和丰富，共享思维和思路，形成小组的集体智慧。

3. 思维导图的设计

思维导图的设计没有固定的格式，但必须体现思维导图的基本特点。下面以"海水中提取卤素"为例予以说明。（如图 6‑15）

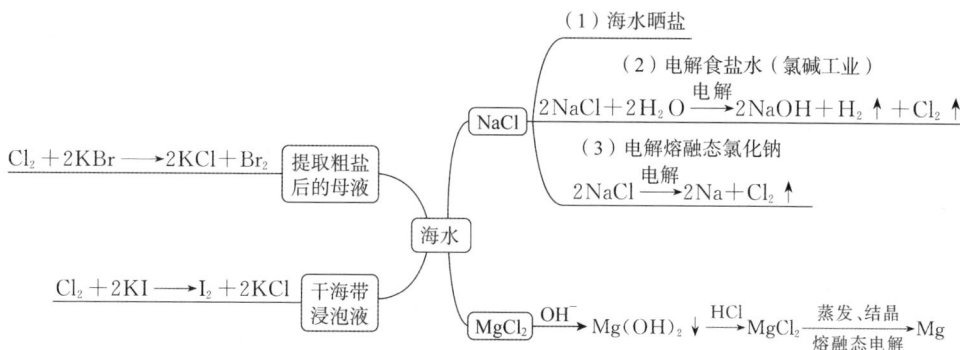

图 6‑15　海水中提取卤素思维导图

（1）确定中心主题，如"海水中提取卤素"，是以"海水"为中心主题。

（2）确定一级主题。在中心主题下确定几个一级主题。在"海水中提取卤素"的内容中，主要有"NaCl""提取粗盐后的母液""干海带浸泡液""$MgCl_2$"等，这些直接和"海水"形成关联。

（3）确立二级主题。在一级主题确立后，要再集中注意力，发散和联想二级主题，根据知识内容和学习目标进行确定。如对氯化钠确定为 3 条，分别为"海水晒盐""电解食盐水""电解熔融态氯化钠"等，其他一级主题下同样依次分解若干二级主题。

（4）确立三级主题。根据学习目标的需要，一些二级主题下还需要进一步分解，形成若干个三级主题。如"海带制碘"的二级主题下，对"生成的碘"，还可以再确立"碘的萃取""碘的特性（遇淀粉变蓝）""碘的弱氧化性、碘离子强还原性"等三级主题。应当注意层次并不是越多越好，也不是三级主题的内容越多越好。思维导图强调简洁、直观、形象，因此并不是越复杂越好，要尽可能删繁就简。各主题的内容要根据学习内容和教学目标的要求来确定，一般层级尽量不要超过三级，三级主题的内容条数也尽可能不要太多，否则就会失去意义，达不到应有的效果。

（5）完善并修饰思维导图。一是检查对各级主题内容、层次的安排是否合理，是否有遗漏，表述是否合乎规范的化学用语和说法等。二是检查各主题的结构、节点关系是否合理，是否符合知识间的逻辑关系，表达是否清晰，是否有利于记忆和引导思维。三是空间结构是否合理美观，表达是否生动形象。要鼓励学生用多种手法绘制个性化的思维导图。如除了纸笔外，条件允许的话，还可以借助各种软件（如 MindManger、Inspiration、PersonalBrain 等）在电脑上绘制，操作更方便快捷，图形和色彩更丰富多样。但是应该注意的是思维导图并不是越花哨越好。

（三）鱼骨图

1. 鱼骨图的功能与特点

鱼骨图又叫因果分析图，是由日本管理大师石川馨先生所发明，故又名石川图。其特点是简洁实用，深入直观，通过在"鱼骨"上长出"鱼刺"，按出现机会多寡列出产生问题的可能原因，有助于说明各个原因之间是如何相互影响的。"鱼头"

标注需要讨论的问题;"中骨"标注事实;"小骨"标注原因,即为什么会那样;"孙骨"进一步追查为什么会那样;"主骨"连接问题本身和原因,重点起支架作用。通过这样的图形,我们可以不断地追问,追问事情发生的原因,透过现象看到本质。

2. 鱼骨图在化学学习中的运用

物质的制备实验往往步骤较多,操作顺序、注意要点复杂,极容易产生错误,采用鱼骨图就能较好地解决问题。以二氧化硫的实验室制取为例,因为整套装置包括制备装置、除杂装置、干燥装置、收集装置、尾气处理装置等,比较繁杂,且每个装置的选择无不跟制备物质的性质有关。如果这部分知识通过鱼骨图的方式建立框架,不但能清晰反映操作过程和注意事项,还能通过学生自行分析、归纳、总结,达到提高认知水平、提升自主学习能力的效果。(如图 6-16)

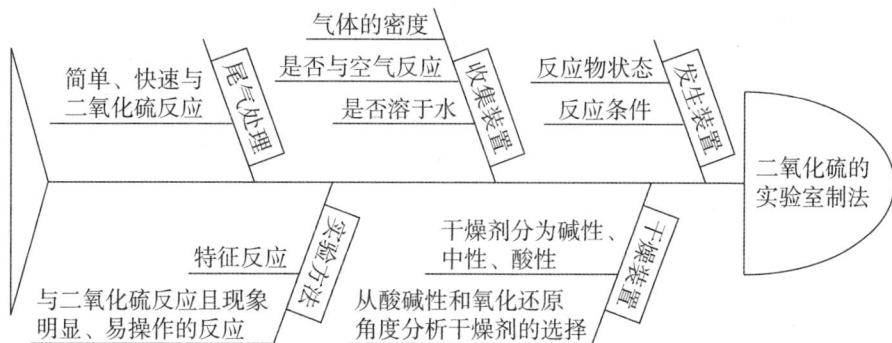

图 6-16 二氧化硫的实验室制法鱼骨图

(四)维恩图

1. 维恩图的功能与特点

维恩图也叫文氏图,是 1880 年维恩(Venn)在《论命题和推理的图表化和机械化表现》一文中首次采用固定位置的交叉环形式,用封闭曲线(内部区域)表示集合及其关系的图形。维恩图借助元素集合重叠区域的图示,应用于命题和推理的逻辑关系,对学科的概念分类之间的关系有很好的直观呈现效果。

2. 维恩图在化学学习中的运用

化学中有不少涉及分类的关系,用维恩图就可以形象直观地反映它们之间的关系,可帮助学生较轻松地辨别概念,减少理解上的困难和可能出现的错误。如,对化学反应有多种分类的关系,运用维恩图,就能很直观地看出各类反应之间的逻辑关系,从而能准确地判断。(如图 6-17)

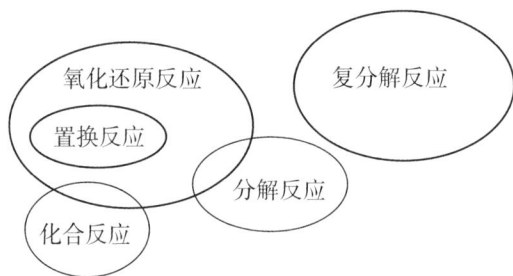

图 6 - 17　化学反应类型维恩图

(五) V 形图

1. V 形图的功能与特点

V形图(也称 V 形启发图)是由美国教育专家温高(Gowin)在 1977 年开发的。V 形图是一种有助于人们理解知识结构及知识建构过程的启发式工具,可以阐明关于知识的本质和科学观察中知识形成过程的关键概念,具有良好的可操作性和指导性。V 形图的设计理念源于奥苏贝尔的有意义学习理论,即当学生把教学内容与自己认知结构联系起来时,能激活学生的已有知识,促成有意义的学习。

2. V 形图在化学学习中的运用

V形图通常包括研究问题、概念列举(理论层面)、概念图、事件、数据与分析、结论这六部分内容。V 形图的制作要紧扣已有概念、关键问题、研究事件和方法结论。左右轴以 V 字连接形成所关注问题相关的知识网络。知识点之间、知识点与人员之间以及知识点与实践之间以空间结构关系(相近关系、相关关系、包含关系等)或逻辑关系(顺序关系、层级关系、并列关系、因果关系、演化关系等)来建立关联。化学中的 V 形图可以根据问题的类型分为"常规教学 V 形图""习题 V 形图""实验 V 形图""生活 V 形图";也可以按知识的类型分为"原理和规律研究 V 形图""物质性质研究 V 形图"。

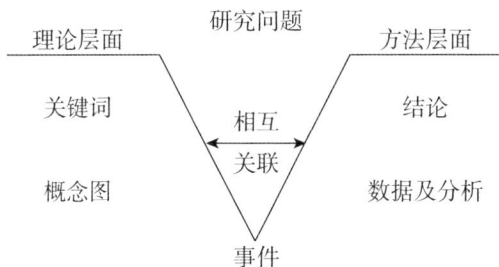

图 6 - 18　V 形图的基本结构

如,"氯水的性质和成分探究"通过 V 形图分析,已有的知识技能和要解决的关键问题及运用的方法手段等都可清晰地在图中呈现。

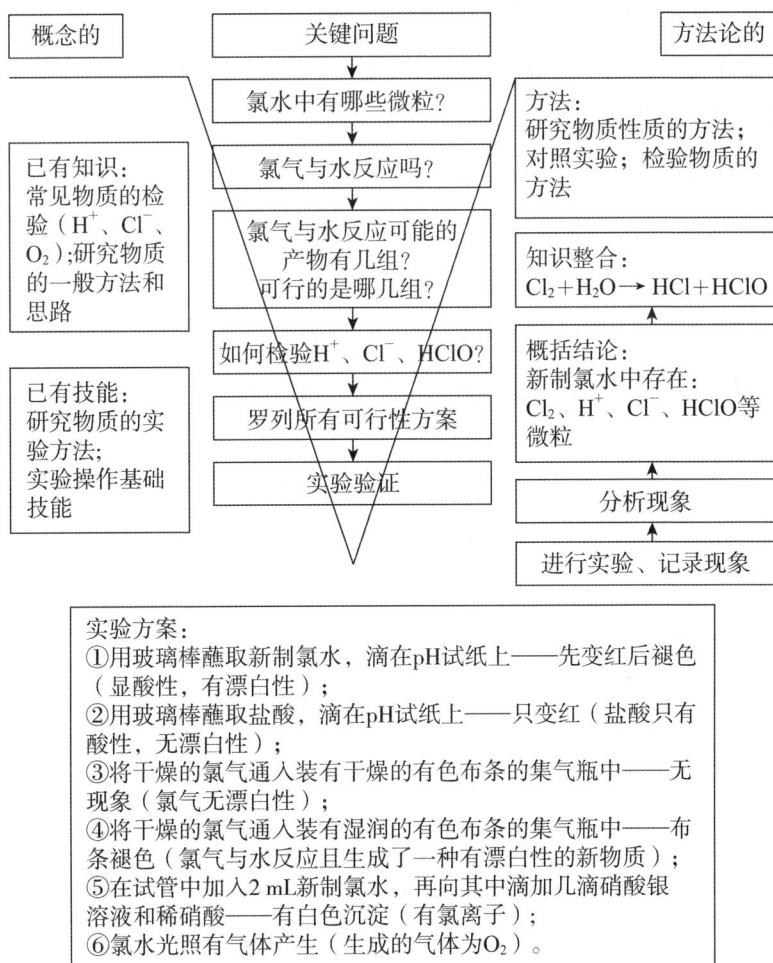

图 6‑19　氯水的性质和成分探究 V 形图

第二节　与实作教学制品互动策略

实作制品是人类实际制作的赋予人类意识的物品,是通过实际制作或可以实地操作的物化的产品。化学教学中实作型人工制品主要有标本,物质模型,化学实验的仪器、药品等(虽然录音、录像以及多媒体课件等也是以实物形态呈现,但我们所观察利用的并不是我们看到的表观外在的内容,故将其放入多媒体人工教学制品中)。化学教学中的实作制品具有直观、生动、形象等特点,学生在观察、制作和运用过程中,能多通道地获取信息,真实地感知,反复使用,能有效地降低认知负载,增强直观感受,培养动手操作和探究能力。

一、巧用实物标本

(一)标本的特点与作用

实物标本是化学教学中一种很有价值的实作制品,由于其形态真实、具体,能让学生通过看一看、摸一摸、掂一掂等去真实感受,不但能充分调动学生的多种感官,帮助学生准确地认识物质世界,在观察与思维之间架起桥梁,同时,还能唤起积极的情感,使学生感受到大自然的造化和美,感受地质人员和采矿工作的艰辛,感受制作过程中的劳动和智慧,对激发学生的学习兴趣,增进对大自然的热爱和献身科学等方面有着特殊的作用。遗憾的是,现在很多学校几乎没有标本,很多教师也放弃了使用标本,使本应发挥特殊功能的标本失去了应有的作用,因此,在化学教学中重视和合理地使用标本是一项重要的任务。

(二)标本在化学教学中的运用

1. 激发情趣,贴近自然与社会

天然标本形象直观、新奇,用标本引入新课,让学生去观察品味,悟出真知,能产生很好的教学效果。如在讲述碳酸钙与碳酸氢钙互相转化一课时,展示一块钟乳石标本,并告之学生这就是在很多溶洞里见到的千姿百态的物质,可作为一种装饰品,学生的兴趣油然而生,不但增加了感性认识,而且产生一种亲近的感情。再如学习二氧化硅这一节内容时,展示一些透明无瑕的水晶石标本,让学生数一下每一个水晶柱的晶面,直观地感受到水晶为六方柱状;还可以让学生用放大镜观察水晶中是否有杂质,检验它的硬度,让学生在真切感受的同时,体会地质工作者探矿和矿工采矿的艰辛,以此培养学生对科学知识的执着追求和勇于探索的精神,陶冶学生的思想情操。

2. 引导感知,培养科学素养

标本可触摸,便于直接感知,能使学生产生真切感受。如学习硫酸制法时,涉及原料硫铁矿,书上介绍又称"愚人金",教师提供硫铁矿矿石,并同时用一块粗铜作比较(金块不易得),让学生拿着掂一掂分量,再对比硫铁矿、铜和金的密

度,学生能产生真切的感受。又如,在学习氧化铝性质时,展示几种玉器挂件,问学生这是真的还是假的,怎么鉴别真伪。一石激起千层浪,学生议论纷纷。通过讨论后,总结出一些简单的鉴别玉的方法:在玻璃片上刻划,验证是否"吃刀";用高温灼烧,检验是否耐高温;用放大镜观察玉质的纹理及致密程度。在学生触摸、感觉基础上,导出纯玉的成分是氧化铝,并要求学生对照教材阅读氧化铝性质,与玉的性质一一对照,在这样的氛围下学习难点便能很好地突破。

3. 感受真实,解决学习疑惑

在学习硅的性质时,有材料对硅的叙述是:灰黑色有金属光泽、硬而脆的固体。这几句话看似简单,但易让学生产生疑惑:硅是非金属,真是像铁一样的颜色而又有金属光泽吗? 果真硬而脆吗? 很多学生都有这样的错觉,觉得硅应该是白色的,因为它是非金属,不会有金属光泽。针对这种疑惑,教师可展示硅单质标本(棒状),学生亲眼看一看,用手摸摸、掂掂,用指甲刻划,就会消除疑虑,形成正确的认识。与此同时,再展示粗硅、硅晶种、硅切片等标本,并由得到标本的经过和由粗硅生产出单晶硅的过程,引出硅的各种用途,如生产计算机、仪器仪表、通信器材、家用电器等,并介绍我国生产大直径的单晶硅技术位于世界的前列。学生不仅掌握了知识,还开阔了视野,激发起掌握更多的科学知识,为振兴中华而努力学习的积极情感。

4. 开阔视野,融科学文化于一体

由于很多标本采于自然,往往就在我们的身边,并与一定的文化相关联,这是进行科学知识与优秀文化融合的很好的素材。如在学习无定形碳用途时,教材上介绍了墨,可展示胡开文墨厂生产的"地球墨"的模型,并介绍徽墨在1915年首次获得"巴拿马世博会金奖",从徽墨艺术上看到了古老悠久的中华文化。在此基础上,再展示石墨烯标本,从徽墨的人文底蕴转向碳的现代价值:最具有发展潜能的碳纳米管、石墨烯等碳的新型功能材料。以标本为媒介,既让学生感受到中华文化的博大精深,又能开阔视野,了解现代科学发达的物质文明。

5. 组织制作,培养探究热情

标本不只是通过购买才能获得,也可自己制作。在学习金属钠性质时,由于钠易氧化,观察钠的颜色时往往难以看到"庐山真面目",学生易产生误解。可组织学生分析原因,开展小组活动,自制金属钠标本,解决这一实际问题。通过分析性质、查阅资料,学生很快就能提供较为合理的方案,并自己动手制作钠

标本。方法为:选择刚好能套在一起的一大一小两支试管,洗净烘干,在大试管中加入小枣大小的钠块,加热使其熔化,然后把较小试管底端插入大试管中,压挤,使钠形成一层光亮薄膜。塞入一团纸到大试管中,使小试管固定下来,再用橡皮塞把大试管堵严。也可以用两块等大光洁的玻璃片压挤钠块,再用熔化的石蜡封闭周围的空隙。以上方法自制的钠标本,均能较长时间观察到光亮的金属钠薄层。因为是学生自己动手制作的标本,学生充满了自豪感。此外,还可鼓励学生外出旅游时,多一双化学的慧眼,看到适合做化学标本的物质,如一些矿石、岩石等,可拾取并带到学校作为教学资源,让学生既有为化学教学作贡献的成就感,也在寻找标本的过程形成善于观察与思考的习惯,潜移默化地激发学生热爱科学、热爱自然的意识。

二、借助实物模型

(一) 实物模型的特点与作用

实物模型是以实物的形式直观地表达认识对象的特征,是对原型的抽象,舍去原型非本质联系以及次要细节,采用简化及理想化形式再现原型中复杂结构和功能以及联系,揭示出本质和规律性。由于实物模型具有真实的质感,可以反复观察细节、感知其结构,能帮助学生更好地理解和掌握抽象的原理、具体的过程等化学知识,起到化解难点、减少认知负荷、提高学习效率的作用。在化学学习过程中,借助实物模型还有助于学生养成良好的学习习惯,激发对模型的研究和改造的热情,培养创新精神。现在很多教师更倾向于用多媒体演示的方式展示模型的变化过程。虽然多媒体有其形象的一面,但和实际使用实物模型的效果与功能是不一样的。学生通过对真实、具体的模型的观察和亲自动手操作,不但会有更深刻的认知体验,也会产生积极的情感体验。化学学习中常用的物理模型有球棍模型,比例模型,晶体结构模型,合成塔、热交换器等化工设备模型,模拟工业生产原理的实验装置模型(例如电解饱和食盐水实验装置)等。(关于实验将在下一部分专门论述)

(二) 实物模型在化学学习中的运用

1. 借助模型,化抽象为形象

人们无法直接观察微观粒子,只能根据有限的素材来想象微观粒子的空间构型和结合方式,这是学生在化学学科学习过程中遇到的学习困难之一。教材虽然对关于物质结构的微观抽象概念和理论有明确的文字表述,但由于这些概念和理论有高度的概括性,不易被记忆和理解,因而这些微观抽象概念和理论一直是化学学习中的难点。借助模型,可有助于问题的解决。如在学习甲烷时,很多学生都记住甲烷是正四面体结构,但教材上呈现的都是平面的图形,因而学生对空间构型的感知和理解并不深刻,当遇到甲烷的一氯取代物、二氯取代物有无同分异构体这样对空间结构需要有清晰掌握的问题,很多学生就会感觉困难。可以让学生自己搭建甲烷的球棍模型,并引导学生思考碳、氢原子以1∶4组成分子可能会有哪些构型,为什么甲烷是正四面体的立体构型而不是平面正方形。在直观的模型面前,学生就能化抽象为形象,得以有效地解决问题。

2. 运用模型,理解反应原理

模型能通过展示具体的设备设施,直观、简约地体现生产特点,给人形成深刻的印象,并借助结构分析,帮助学生理解工业生产过程。如硝酸的生产是中学化学联系工业生产的典型实例,涉及反应原理、生产流程,其关键步骤"氨催化氧化",除反应的化学方程式较特殊外,还涉及较具体的生产原理及流程和工艺。虽然教材上考虑到氨催化氧化比较抽象,给出了两幅图示,但学生在实际学习中仍存在一定的困难,不但化学方程式经常写错,而且对工业生产的设备也缺乏必要的了解,影响对反应原理的理解。教学中,可适时地提供硝酸生产模型和氨氧化炉模型,让学生借助模型具体、直观地感知硝酸工业生产过程,通过对氨催化氧化的氧化炉内部结构的拆卸,直观地感受到氧化炉的形状和内部实际结构,了解进气、出气孔的位置和气体的走向,多层催化剂如何安置并保持与反应物的最大接触等。由设备联系到原理,会在学生头脑中产生较深刻的印象和理解:氨氧化反应需要使用催化剂,催化剂需要适宜温度;催化反应会产生大量热量,需要及时移走;氨并不是一步直接氧化为二氧化氮,而是先生成一氧化氮;工业生产和实验室的制备有明显的差异,工业生产上能源需要综合利用才能提高生产效益,等等,从而明确该反应是一个放热反应,生成的产物之一是一氧化氮,减少在书写化学方程式时可能出现的错误,帮助学生正确理解反应原理和过程。同时可让学生知道光有原理是不够的,还必须达到一定工艺要求才能规模化工业生产,有助于形成科学严谨的态度。在使用模型时,还可提示学生目前实际工业生产中,还有许多不够完善的地方,如催化剂条件要求较苛刻,转化率也还有待提高等,以此激发学生的化学学习兴趣。

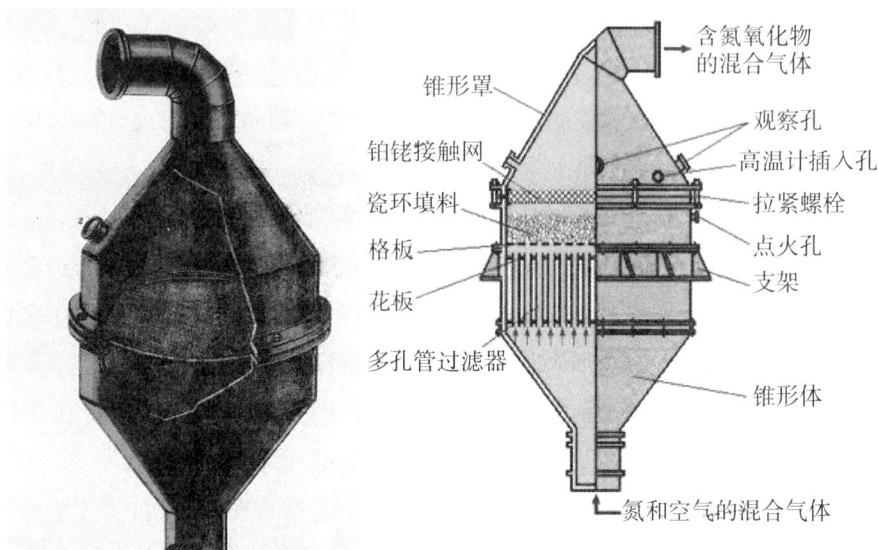

图 6 - 20 氨氧化炉模型

(三) 创造模型,培养创新意识

"化学是一门中心的、实用的、创造性的科学",在化学教学中,培养学生创新意识和能力是很重要的目标。实物模型的使用给学生实现"创造"提供了空间,自制化学模型、对原有的模型进行改造等,都是创新的体现。

如在学习了原子的构成后,可给学生提出一个要求,让学生利用废旧材料,根据自己所理解的原子的构成模式,通过观察原子构成模拟图,制作自己所理解的原子的立体结构模型。有了这个动手和创造的机会,就能很好地激发学生学习的主动性和创造性,学生根据自己的理解,可能制作出多种多样的模型:有的模型装上电池以后,原子核外的电子能不停地旋转;有的模型像工艺品一般精致漂亮。在动手做模型的过程中,学生加深了对原子构成的理解,开阔了视野,充分发挥了想象力,从而使枯燥抽象的知识变得生动有趣。

再如,苏教版高中化学教材中安排了一个很有意思的燃料电池活动与探究,可对其加以改编,成为学生对装置模型进行改造的活动:按图组装实验装置(多孔碳棒),电解质用 0.5 mol/L Na_2SO_4 溶液,电源用 3—6 V 直流电源,发光二极管参数为起辉电压 1.7 V、电流 0.6 mA。(如图 6 - 21)

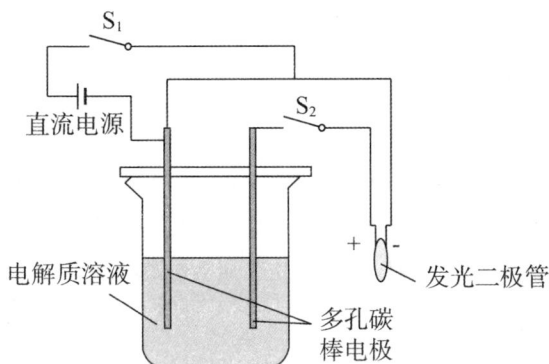

图 6-21 燃料电池实验装置

因该实验需要两根多孔碳棒电极,而一般高中的实验室无法提供该材料,导致该实验无法进行。在解决问题前,明确实验模型的原理:这是一个模拟燃料电池原理的实验装置。实验过程首先利用直流电源通过电路 1,进行电解水制氢气和氧气,然后断开电路 1,接通电路 2,用刚才电解制得的氢气和氧气作为原电池的反应燃料。多孔碳棒电极除了作为电极材料之外,还有一个很重要的作用就是储存实验第一阶段生成的氢气和氧气,这就是教材强调"多孔"的原因。如果留不住氢气和氧气,则不能进行第二阶段实验。教师可组织学生进行简易改进,一种思路是寻找或自制多孔电极;另一种思路是寻找替代品。解决问题的过程中,虽然教材中提示,多孔碳棒电极制作可将碳棒置于高温火焰灼烧至红热后,迅速浸入冷水中,使其表面粗糙多孔,但普通石墨电极在实验室较难加工成粗糙多孔。在寻找替代材料的时候要考虑两点:一是要能做电极,二是要"留住"氢气和氧气。学生通过查阅资料、小组研讨,发现普通的碳棒电极外包裹 6—8 层纱布,能较好地"留住"气体。这样利用普通碳棒电极就能完成该实验,从而建立了新的模型。通过这样的活动过程,学生不但深化了对原电池反应原理的认识,更在活动中培养了创新意识和能力,体验了成功的快乐。

三、开展化学实验

化学是一门以实验为基础的学科。实验既是化学学科中学生开展认知和探究的载体,又是发展能力的过程,是一种负载着特殊功能的学习活动形式。著名化学家戴安邦先生曾说过:"化学实验教学是实施全面化学教育的一种最有效的形式。"①

（一）化学实验的功能

化学实验在提高学习兴趣、验证有关化学知识、增强直观效果、提高操作能力等方面发挥重要作用的同时，还承载着培养观察能力、思维能力、分析和解决问题能力，形成科学的态度、积极的情感，培养创新精神和实践能力等方面的功能。化学实验的教育功能具体可分为以下几方面：

1. 化学实验的动机功能

化学实验能引起学生浓厚的认知兴趣，而认知兴趣是学习动机中最现实、最活跃的成分。从心理学观点看，中学生普遍具有强烈的好奇心和求知欲，对新奇未知的事物具有深厚的兴趣和探究欲望。按照水平的高低，可将化学学习兴趣分为"感知兴趣""操作兴趣""探究兴趣"和"创造兴趣"四个层次②。

感知兴趣是学生通过感知实验现象和观察各种实验仪器、装置而产生的一种实验兴趣，使得很多学生对化学实验表现出较高的学习积极性，尤其是学生刚开始学习化学时更是如此。但它还属于直接兴趣，在化学教学中不够稳定和持久。操作兴趣是学生通过亲自动手操作来获得化学实验现象而产生的一种实验兴趣，它比感知兴趣的水平要高一层次，不再仅满足于观察实验现象，更希望自己动手操作，即使是简单的试管实验，也会表现出较高的积极性。但这种兴趣也还属于直接兴趣，只要能按实验操作步骤完成给定的实验内容，兴趣就得到了满足。探究兴趣是学生通过探究实验现象产生的原因和规律性而形成的一种实验兴趣，它比前两种兴趣的水平更高，属于间接兴趣，具有稳定、持久的特点，是促进学生学好化学的最基本的动力。创造兴趣是学生在运用所学的知识、技能和方法进行一些创造性的实验活动中所形成的一种实验兴趣，是实验兴趣的最高水平，是推动学生学习化学的最强劲动力。

上述四种实验兴趣的水平是逐级升高的，低水平层次是高水平层次的基础，高水平层次是低水平层次的发展。因此，在教学中一方面要注意鼓励和保护学生的感知兴趣和操作兴趣，更重要的是要积极培养和提高学生的探究兴趣和创造兴趣。

---

① 戴安邦.实验教学是全面实施化学教育的有效形式[J].实验室研究与探究,1994(3).
② 郑长龙,林长春.论化学实验的教育教学功能[J].中学化学教学参考,1996(3).

2. 化学实验的认识论功能

化学实验能引发学生对化学现象的认识，为学生正确认识物质的本质及其变化规律提供化学实验事实。从实验在化学教学认识中的作用来分，可将其分为验证性实验和探究性实验。验证性实验是对化学假说或所获得的化学理论进行检验的一种实验，强调演示和证明科学内容，其认识论功能主要是通过"问题—化学假说或理论—实验验证—结论—应用"这样一个过程来实现的。探究性实验是学生在实验和观察的基础上，通过科学抽象来获得结论的一种实验，强调让学生通过实验在科学的学习和研究方法上获得感性体会，关注学生的学习过程和对结论的解释，其认识论功能主要是通过"问题—实验事实—科学抽象—结论—应用"这样一个过程来实现的。探究性实验和验证性实验都要求学生始终处于不断探索的环境中，主动实验，仔细观察，积极思维，因而能够激发学生的认知积极性，发挥主观能动性。

3. 化学实验的方法论功能

化学实验不只是一种实践活动，更是一种方法和过程。学生通过亲历科学探究的过程，一方面获得有关的化学知识，掌握有关实验技能；另一方面体验和运用化学实验的科学方法，如观察的方法、实验操作的方法、实验记录的方法、对实验事实和数据处理的方法、科学抽象的方法、假说的方法、模型方法等。经过长期训练和积累，就能达到提升科学素养的目标。

4. 化学实验的探究功能

化学实验是进行科学探究的重要方式，在实验探究过程中，学生可以形成基本的实验技能，发展实验能力。反过来，化学实验又是学生学习化学和顺利进行探究的基础和保障。通过实验可以增进学生对科学探究的理解，发展学生提出问题、进行假设、收集证据、得出结论、表达交流等能力。

5. 化学实验的人文功能

化学实验不但可以使学生获得知识、掌握方法，还可以培养学生实事求是、严肃认真的科学态度；化学实验不仅为学生提供丰富的研发材料，同时还能引导学生用辩证唯物主义的观点来认识和分析化学事实，形成科学的世界观和价值观；化学实验与生产生活紧密关联，在实验的过程中能培养学生关爱社会、关爱自然、与人合作的情感，使学生获得成功与失败的情感体验，同时通过实验可以对学生进行安全教育；化学实验由于其内容、方法和功能，让学生能感受到化学的形式美、内容美和创造美。

（二）化学实验能力的培养策略

化学实验能力不仅仅是操作能力，而应是包括"选择和明确课题的能力；查阅有关文献资料的能力；构思选用实验方法和设计实验方案的能力；观察实验，收集有关事实、资料数据的能力；分析研究处理事实、资料、数据，形成概念，作出判断、推理和发现规律的能力；表述实验及其结果、最终解决问题的能力等"①。只有正确地认识实验的目的，才能在实验教学中发挥其功能，更好地培养学生能力。

1. 化学实验中观察能力的培养

一是要使学生明确观察的目的和意义。好奇心理是人们积极探究新事物的一种心理倾向，是人们认识世界的动力之一，它是兴趣的先导。但好奇不是兴趣，中学生对化学实验好奇心理源于对实验现象的某种疑问，疑问一旦解除，他们的好奇心理得到满足，之后便很快消失，因而具有明显的不稳定性。学生只有明确了观察的目的和意义，才能把好奇心和责任感结合起来，转变为主动的过程和持久的兴趣，这样学生才会主动地、积极地去观察、去探索，在探索过程中处处发扬创造热情。例如，初中化学教材中有两个实验，是以学生认识质量守恒定律而编排的，因此学生应主要观察物质是否发生了化学反应，反应后天平两边是否仍保持平衡。这就要求学生在实验时应首先明确实验目的，实验观察也须有的放矢。教师应注意指导学生进行有目的的观察，对内容较复杂的实验，还可以在观察前拟定观察计划，写出观察内容的提纲。

二是应明确观察目标，选择观察的重点，避免观察的盲目性。观察是有目的、有计划、与思维活动紧密结合的一种知觉过程。学生在观察中的随意成分越少，观察的选择性越大，观察的效果就越明显。因此，每次实验前教师都应针对实验目标提出思考题，让学生带着问题去观察，在对实验的观察中自然而然地进入思维状态，调动学生的思维积极性，进而把形象思维变为抽象思维，形成准确的概念和理论。

三是要重视方法，引导学生全面观察；指导学生协调多种感官，全面具体地进行观察。物质的变化是复杂的，很多化学变化的过程是需要多种感官的协

---

① 高剑南，王祖浩.化学教育展望[M].上海：华东师范大学出版社，2001：148-150.

调,才能达到观察目的。如观察"硫在氧气中燃烧"实验时,要指导学生不仅要用眼睛观察硫的颜色、状态和燃烧时火焰的颜色,还要用嗅觉察觉生成气体的刺激性气味,用手感觉燃烧放出的热量。

四是要培养学生观察的敏捷性、细致性和持续性。有许多实验现象或不很明显,或稍纵即逝,不细心观察就无法获取其真实现象,因而无法得出其变化规律,甚至有可能得出错误结论。这就要求学生必须有敏锐的观察能力。例如:向新制的硫酸亚铁溶液中逐滴滴入氢氧化钠溶液时,开始析出的是一种白色絮状沉淀,迅速变成灰绿色,最后变成红褐色。这一瞬即逝的变化极易被学生忽略,不细心观察的学生极易得出氢氧化亚铁呈灰绿色的结论。这就要求教师应设法诱导学生高度集中注意力,并采用定向重复观察的方法,从局部到整体,逐步观察变化过程。同时,在实验教学中教师还应注意培养学生敏捷、细致、坚韧的科学态度,全面提高观察能力。

五是应引导学生将观察和思维结合起来,在培养观察能力中发展创新精神。化学实验教学的目的是通过生动鲜明的化学变化的现象提示出物质发生化学变化的规律。在教学中,教师应创设问题情境,激趣质疑,然后指导学生进行细致的实验观察,抓住化学变化的现象对学生进行启发诱导,引导学生进行积极的探索讨论,由基于现象观察上的感性认识上升到规律性的理性认识的高度,最终归纳出正确的科学结论,这样学生才能透过现象看到本质,发展思维能力。例如,在做"可燃物燃烧的条件"实验中,观察到铜片上的白磷燃烧而铜片上的红磷和热水中的白磷无变化,教师启发学生思考:铜片上的白磷为什么能燃烧? 铜片上的红磷为什么不能燃烧? 热水中的白磷为什么不能燃烧? 这一实验说明要使可燃物燃烧需要什么条件? 欲使铜片上的红磷燃烧应采取怎样的措施? 欲使水中的白磷燃烧需要怎样的措施? 这种观察、思考、应用相结合的方法不仅能激发学生观察的兴趣,更能鼓励学生积极思考,独立地分析问题、解决问题,使学生的观察能力上升到更高的层次,从而更好地把握物质发生化学变化的规律。

2. 化学实验中操作能力的培养

化学实验操作能力的形成是循序渐进的,一般须经历"模仿—独立操作—熟练操作"的过程。

一是要发挥教师的示范作用。教师在教学中的操作是否规范、是否有着严谨的科学态度,都将极大地影响学生的操作行为。因此教师的操作首先必须规范、严谨,给予学生正确的示范。

二是要让学生明确操作中的关键要点和注意事项,使学生对要学习的化学实验基本操作有初步了解,然后再通过动手实验,掌握使用方法和操作技能。

三是要放手让学生多实践。操作性技能不能只是纸上谈兵,必须让学生"在实验中学会做实验"。在学生实验中,教师要引导学生做好预习,加强管理,进行具体的、有针对性的指导。

四是通过开展小组合作学习竞赛等方式,提高学生掌握实验操作技能的兴趣。小组合作学习竞赛活动中,人人都要发挥主动性,因为每个人的实验操作能力都将对小组成绩产生影响。教师要加强引导,既要增强小组间的竞争意识,又要培养学生的参与及与人合作的能力,达到取长补短、共同提高的目的。通过竞赛活动,激发学生的实验兴趣,促进学生动手能力和操作技能的不断提高。

五是充分利用家庭小实验、探究实验小组等多种形式,让学生在实际探究活动中培养动手能力。

3. 化学实验中思维能力的培养

一个完整的思维过程一般包括:表象、分析、综合、抽象、概括、系统化与概括化。针对目前学生的化学学习情况,实验教学中应重点加强以下几方面的思维能力。

一是培养学生的辩证思维能力。同一个实验有不同的呈现方式,即可以有多种设计方案,而其中的每一个设计方案又有其优点和缺点。学生要学会用辩证的眼光来对待这些实验设计方案,辩证地评价每一种实验设计方案的优点和缺点,这样在自己进行实验方案设计时才能考虑得比较全面。如传统的"黑面包实验"是蔗糖直接加浓硫酸,新的"黑面包实验"用的是蔗糖、氯酸钾和乙醇,可让学生用辩证的眼光分析两者之间的差异,如"传统的黑面包实验产生二氧化硫等气体,新的黑面包实验相对比较环保""传统的黑面包实验黑面包产生较快,新的黑面包实验黑面包产生较慢"等,发现各自的优点和不足,学会辩证地分析问题。

二是培养学生的批判性思维能力。"验证质量守恒定律"实验,传统的做法是用白磷,在演示实验后,可组织学生对此实验进行分析讨论:你们觉得这个实验有什么缺点吗？通过一些简单的提示，学生会发现实验的不足之处，这样就能引发批判性思维的产生。通过用火柴头代替白磷做这个实验，实验结果更为准确可靠，实验药品用量较少，而用生活中的物品做化学实验可以吸引学生的注意力，更重要的是让学生在学习的过程中发展批判性思维。

三是培养学生的发散性思维。发散性思维要求从尽可能多的方面考虑同一问题，即在同一问题面前，使思维不局限于一种模式，不拘泥于现成做法，而是激发思维潜能，尽量提出多种设想和多种答案，扩大选择的余地。多角度思维有助于克服单一、刻板和封闭的思维方式，使学生从不同的角度解决问题，培养创新能力。如同一实验原理用不同的实验形式来表现，如常规实验、微型实验、趣味实验、家庭化实验等等。挖掘同一个实验装置的不同用途，如在用微型实验装置制备氧气时，采用了如下的实验装置：注射器中装 1 mL 左右的双氧水，塑料小试管中装少量的二氧化锰。教师提问："这个实验装置能不能用来制取其他气体？"学生通过小组研讨，很快提出这个实验装置还可以制备二氧化碳、氢气、硫化氢、二氧化硫、二氧化氮、一氧化氮、氯气、乙炔、氨气等气体，其中有些气体有毒性，但由于是微型实验，同时实验装置密闭，因而用这个装置进行实验更为环保。

4. 化学实验中科学探究能力的培养

第一，要培养提出问题的能力。提出问题是科学探究的第一要素。要鼓励学生大胆地提出问题，通过细致的观察发现问题，进行深入的分析聚焦问题。教师可通过实验设计问题情境，并启发学生从实验过程中找出问题，让学生有问题可问。鼓励学生发现实验中的"反常"等，并及时准确地用语言加以组织、清楚地表达出来。如，实验室制取氯气用二氧化锰和浓盐酸加热反应，有些学生觉得加热不便控制，提出："可否用不加热的方式简便快速地制取氯气？"又如，在探究二氧化硫漂白作用的可逆性的时候，提出："在品红中通入二氧化硫后，品红褪色，但是加热后并没有出现品红颜色复原的现象，为什么？"再如，有的学生用铝片和相同浓度的盐酸与硫酸反应时，发现反应速率明显不同，便提出了疑问。

第二，要培养猜想与假设的能力。猜想与假设是制定科学探究活动计划的依据，即学生利用已有知识、经验和提出的问题建立起联系，灵活运用多种思维方法，大胆猜测。学生在这一活动环节中可以充分体现出创造性。教师一方面应鼓励学生进行大胆猜想和假设,另一方面还应教给学生探究所需的知识背景。在探究活动中,组织成立实验探究小组,给学生充足的时间深入思考,发挥想象力,对问题的可能答案作出假设。然后让学生利用已有的知识对提出的假设作初步的分析判断,并与组内成员交流讨论,充分发挥实验探究小组的集体智慧。另外,实验过程中有时出现的实验异常现象也可以提高学生的猜想与假设能力。例如,在学习铝及其化合物的性质时,可以利用学生已知铝比铁活泼这一事实,设计实验,把大小、厚度相同的铝片和铁片同时插入相同浓度的盐酸中,发现铁片附近先冒出气泡,这种"出人意料"的现象,让学生产生了认知冲突,激起了探究的兴趣。学生各抒己见,提出各种假设,在此过程中加深了对铝及其化合物的认识。然后学生据此作出假设,找出问题的可能答案。

第三,要培养实验设计能力。实验设计既包括设计探究所用的实验仪器、药品、装置和操作方案,还包括对原有的实验的评价反思,具有较强的综合性、创造性和灵活性。因此,需要设计者依据自己所学知识,综合运用多种方法,认真思考,发挥想象力,构思出实验方案。在探究活动中,让学生参与制定探究计划的过程也是发展学生探究能力的重要环节。要为学生创造设计化学实验的机会,让学生经历实验设计的过程,体会到提出的设计要切实可行,要安全、简捷,以此帮助学生掌握实验设计的常用方法,提升实验设计水平。要提高学生化学实验设计的计划性,活动开始前即应积极做好思想准备,明确探究什么、如何探究。如"检验保健品中存在的是 Fe^{2+} 还是 Fe^{3+}",大部分学生有一定的知识基础,能写出实验所需试剂和药品。这里重要的是提供给学生知识转化为能力的方法,让学生了解实验设计的一般步骤,并灵活运用已有的 Fe^{2+}、Fe^{3+} 性质知识,设计实验方案。要鼓励学生积极改进和优化化学实验设计的方案。教师要鼓励学生积极参与实验设计的过程,精心思考、周密设计探究问题的答案;要鼓励学生设计多种方案,用多种证据论述,同时引导学生善于评价、借鉴别人的设计方案,善于倾听别人对自己的方案的看法和建议,通过师生、生生间的协作,提出完善实验方案的建议,取长补短,优势互补。

第四,要培养收集证据的能力。在实验教学过程中,教师应引导学生认真观察,养成善于收集信息的习惯。注重学生实验观察能力的培养,并让学生留意生活,留意身边和化学相关的问题,养成良好的观察品质。在实验探究活动中,常用的收集信息的方式除了观察,还有测量、信息工具查询(因特网、教材资料)等,教师要有目的地锻炼和引导学生自主学习,积极主动地查找所需的信息,为验证提出的假设提供确凿依据。

第五,要培养学生解释与结论的能力。解释是科学探究的核心。任何事物的本质属性都比较隐蔽,因此,需要对实验事实和实验收集到的数据进行充分的处理。在这一活动中学生要有足够的知识储备和思维能力,能对处理过的数据进行合理解释,得出恰当结论。同时,在这一环节要注重培养学生的积极情感体验,增强学生在探究学习中的成就感和自我价值感,提高学生得出结论的能力。

第六,要培养反思与评价能力。反思与评价是从可靠性和科学性等角度对实验探究的过程与结论进行重新审视,是督查、检测、调整探究教学的重要举措。在实验探究过程中,应充分体现学生在评价中的主体地位;教师在学生自评中起引导和辅助作用,调动他们自我教育的积极性。同时发展学生评价探究结构的能力、反思探究过程的能力,让学生通过反思与评价,学会扬长避短,优化实验方案。

第七,要培养表达与交流能力。学生通过表达与交流可以展示自己在探究过程中的体验、感受及探究过程中获得的结论和方法。小组合作学习为学生的表达与交流提供了丰富的空间。实验活动中,不但有教师与学生的交流,还应有更多的学生之间的交流。教学中要努力为学生创造宽松的环境,使学生能有机会、有环境来表达自己的观点、认识和结论,在实践活动中发展表达交流能力。

第三节　与多媒体教学制品互动策略

多媒体是指传递信息的多种媒体,通常包括:文本、图形、图像、音频、视频、动画。现行的多媒体技术是指利用计算机和网络技术对文、图、声、像等多种信息媒体进行交互式综合处理和控制,使之建立逻辑联系,并集成为一个系统。

多媒体教学制品是一种利用计算机和网络技术,根据教学目标设计,表现特定的教学内容,反映一定的教学策略的人工教学制品。它既包含较为简单的线性演示式制品,如视频、PPT课件,也包括非线性网状结构教学软件,如计算机程序仿真技术,交互式测试评价库等,其本质功能是促进学生学习。

一、多媒体教学制品的类型

多媒体教学制品可根据不同的分类标准进行分类，从内容和特点角度，多媒体教学制品可分为以下几类：

1. 课堂演示型

课堂演示型多媒体教学制品是为了解决教学中的某一重点或难点而开发的，它以特有的直观形象功能展示教学内容，注重对学生的启发、提示，或帮助学生理解，或促进学生记忆，或引发学生兴趣，有利于学生学习和掌握教学内容。如，甲烷的取代反应中旧键的断裂与新键的生成，通过模拟显示，可以把微观过程形象、直观地展现在学生眼前，便于学生记忆和理解。这种类型的教学软件要求画面直观、尺寸比例大，能按教学思路逐步深入地呈现，一般由教师自行编制，常见的有两种：一种是利用工具软件 PowerPoint、Flash、Authorware 制作的演示幻灯片、电子白板课件等；另一种是 UMU 互动平台等集成的教学软件。无论哪一种，均是主要在直线式演示的基础上，根据需要能够实现跳转和链接功能，在整合了图、文、声、像等多种媒体元素的同时，体现了多媒体课件的交互性，适于演示微观结构、数据图表、动态现象、模拟示意等，可用来配合课堂的讲授、讨论、练习和示范。

2. 自主学习型

自主学习型多媒体教学制品可以是简单地呈现某一事件、教学过程，让学生在个别化的教学环境下进行自主学习，如学习教师录制的微课等，还可以体现在界面的交互式设计，让学生进行人机交互操作。自主学习型多媒体教学制品具有完整的知识结构，反映一定的教学过程和教学策略，提供相应的形成性练习供学生进行学习评价。自主学习型多媒体教学制品可以是线型结构，更多的是以非线性网状结构为基础，学生可以通过选择链接来选择信息。在设计功能较全、需要组织和利用大量信息或对学生实现有效监控的自主学习型多媒体教学制品时，要用数据库来支持课件的运行。在小型课件中，也应按照数据库的规范组织信息。

3. 模拟实验型

模拟实验型多媒体教学制品是利用多媒体手段和计算机仿真技术而制成的教学制品。最简单的模拟实验型多媒体教学制品是将某些特殊的实验录制下来供教学时播放观看,功能较强的则通过仿真技术设计提供可更改参数的指示项,供学生进行模拟实验、操作使用。学生使用实验型多媒体教学制品,当输入不同的参数时,能随时真实地模拟对象的状态和特征,例如模拟各种仪器使用、多种技能训练等。如一些化学实验由于反应过于剧烈或产生污染,一些实验反应速度过慢无法在课堂内完成,一些实验中因误操作可能会出现危险而需要警示学生注意等,都可以借助模拟实验型多媒体教学制品来实现。

4. 练习检测型

练习检测型多媒体教学制品通过试题的形式,用于训练、强化学生某方面的知识或能力,制品中显示的教学信息主要由数据库来提供。这种类型的多媒体教学制品在设计时要保证具有一定的知识点覆盖率,以便全面地训练和考核学生的能力水平。练习检测型多媒体教学制品给学生提供与所学到的例子相似的练习项目,通常是一次检测一个项目,对每个项目给予反馈,反馈的内容取决于学生的输入,反馈的形式包括简单的正误判定、提示继续尝试、动画演示、语言解释等。练习检测型多媒体教学制品的功能可以分为多个层次,以适用于不同层次水平学生的个性化需求。学生可以逐个回答屏幕上的一系列问题,功能较强的教学制品能够在学生回答完成某一层次的问题后,把学生引向更高层次的问题;或是在学生回答有一定错误时,使之回到相应层次的问题,以实现拾遗补缺。

5. 娱乐趣味型

娱乐趣味型多媒体教学制品,能使教学生动有趣,学生乐于参与学习。这种类型的多媒体教学软件与一般的游戏软件不同,它基于学科的知识内容,寓教于乐,通过游戏的形式,帮助学生掌握学科的知识和能力,并引发学生对学习的兴趣。对于这种类型软件的设计,特别要求趣味性强、游戏规则简单。

6. 工具资料型

工具资料型多媒体教学制品,包括各种电子工具书、电子词典以及各类图形库、动画库、声音库、积件式课件等,为师生提供丰富的资源。它一般仅提供实现某种教学功能的资料和素材,并不反映具体的教学过程,可供使用者在课外进行资料查阅时使用,并加以编辑和集成,形成新的、更加适用的多媒体教学制品;也可根据教学需要事先选定有关片段,配合教师讲解,在课堂上进行辅助教学。

二、多媒体教学制品的特点

1. 图文声像并茂,提高学生的学习兴趣和效率

多媒体教学制品由文本、图形、声音、动画、视频等多种媒体信息组成,图文声像并茂,生动直观形象,给学生提供多种感官的综合刺激。这种刺激能引起学生的学习兴趣,提高学生的学习积极性,有效地降低认知负荷。

赤瑞特拉(Trdicher)曾做过两个著名的心理实验,一个是关于人类信息获取的来源,也就是人类获取信息主要有哪些途径和渠道。通过大量的实验证实:人类通过视觉获取的信息是83%,通过听觉获取的信息是11%,这两个加起来是94%。其余3.5%来自嗅觉,1.5%来自触觉,1%来自味觉。获取信息的过程就等于在掌握大量知识,因此,信息和知识密不可分。赤瑞特拉的另一个实验是关于人类获取的知识保持时间的长短,即记忆能在人脑中持续多久的实验。实验结果显示:一般情况下,人能记住通过自己阅读内容的10%,自己用听觉接收内容的20%,自己用视觉接收内容的30%,自己用视觉和听觉共同接收内容的50%,在与他人沟通交流过程中自己所口述内容的70%。在课堂教学中,调动学生多感官共同参与学习,对知识保持的效果将大大优于学生单一听讲的传统教学。

2. 交互式的设计,调动学生学习的积极性和主动性

多媒体教学制品能提供图文并茂、丰富多彩的人机交互式学习环境,使学生能按自己的知识基础和习惯爱好选择学习内容,这不同于由教师事先安排好而学生只能被动服从的传统学习模式,因而能充分发挥学生的主动性,真正体现学生的认知主体作用。信息技术和各学科的整合使得课堂教学的模式发生了巨大的改变。

3. 跨时空的呈现,提供丰富和逼真的信息资源

多媒体具有跨越时空、模拟真实等功能,可通过技术手段将历史长河中的丰富内容浓缩在很短时间内集中呈现;或将瞬间发生、难以观察的现象,以动态延时的方法清晰明了地表现。多媒体能通过虚拟手段,将看不见、摸不着的微观结构放大写实,生动直观地将其模拟出来;将一些抽象的理论以模型化的方式生动、逼真地展现在学生面前,丰富学生的认知,使深奥抽象的理论、结构具体化、形象化,便于学生理解掌握。多媒体教学制品能呈现许多课堂教学中不

易实现的实验,通过图像输出,在屏幕上实施微观放大、宏观缩小、动静结合、图文交互,还可动态描述、反复操作,有很好的直观效果。多媒体教学制品还能提供大量的多媒体信息和资料,创设了丰富有效的教学情境,不仅有利于学生对知识的获取,而且大大拓展了学生的知识面。

4. 超文本结构组织信息,提供多种学习路径

超文本是按照人的联想思维方式非线性地组织管理信息的一种先进的技术。由于超文本结构信息组织的联想式和非线性,符合人类的认知规律,因而便于学生进行联想思维。利用专题网站、专题论坛等参与学习,使学生的主人翁地位提高,探索的兴趣增强,主动获取知识的能力大大提升。此外,由于超文本信息结构的动态性,学生可以按照自己的目的和认知特点重新组织信息,按照不同的学习路径进行学习。

5. 优化的呈现方式,提高教学系统整体效应

多媒体教学表现出众多的优势,在于其对教学环境的优化组合,强调教学系统的整体性。不同教学媒体在教学过程中发挥着不同的功能,每一部分都有其相对的适应性,亦有其局限性。传统媒体的功能过于单一,如幻灯的优势是放大静止的事物,但想实现对一个复杂的化学反应过程的动态展示却无能为力。运用录像则能将事物的空间位移、运行形式、形态变换以及相互关系等情况形象、动态、系统地展示出来,能淋漓尽致地表达复杂的化学反应过程,但对于表现静态图像的细节,则不如幻灯片的效果好。因此需要按照媒体组合原则,将多种媒体综合运用于教学过程,实现教学效益的最大化。

三、多媒体教学制品在化学教学中的运用

(一) 激发学习兴趣,提高学习动机

美国教育家布鲁纳在谈论学习时说道:"学习的最好刺激,乃是对所学材料知识的兴趣。"多媒体教学制品的优点就在于能够最大限度地综合处理符号、文字、图形、声音、动画和视频,并且生动形象地呈现、模拟和创设三维空间情境,多角度地吸引学生兴趣,全方位地刺激学生感觉器官,消解因课堂教学内容的单调乏味和长时间思维紧张活动而导致的注意力不集中,极大地提高学生的学习兴趣,提升学习动机和效率。

例如,在学习"走进精彩纷呈的金属世界"内容时,如果仅仅通过教师口头

讲述,学生容易产生枯燥乏味的感觉,难以激发出学习兴趣。教师可通过编制多媒体教学制品,播放引导性学习内容:首先快速呈现我国古代劳动人民在不同时期对金属冶炼的掌握情况和典型代表物,从石器时代到青铜时代,从生铁冶炼到"百炼成钢",展现我国古代物质文明和劳动人民的智慧,让学生感受到中国作为文明古国对世界文明的巨大贡献;接着播放记忆金属神奇的特性:一根毫无规则的金属丝,放入一定温度的水中,马上变成有规则形状的回行针,再拿上来,随意揉捏成任何形状,再次放入水中,又变回原来的形状,让学生体会到形状记忆金属的神奇。借助这样的多媒体教学制品,能有效地激发学生的学习兴趣和动力。

(二) 创设学习情境,促进积极思维

创设良好的教学情境,给学生提供一定的刺激,能引起学生情感上的共鸣和心理上的认同,使学生产生学习的强大内驱力和积极思考的动机,主动将信息转化为知识,从而促进学生的智力发展。而多媒体教学制品在这方面有着天然的优势。

例如,在学习"原电池"单元的"电化腐蚀"时,用多媒体播放故事:"很久以前,一艘满载着精铜矿的'阿那吉纳号'货轮行驶在波光粼粼的太平洋上,向着日本海岸驶去,忽然货轮上响起了刺耳的警报声,原来货轮漏水了。海面风平浪静,货轮既没有机械故障,也没有与其他船只相撞或是触礁,这次事故变成了一个难解之谜,你能尝试解释吗?"学生的思维自然会随着事件而展开。再如,在学习"二氧化硫"时,通过多媒体逼真地再现经酸雨腐蚀后的树木、庄稼、古代文物、建筑等画面,学生对 SO_2 所形成的酸雨对人类造成的危害会产生深刻印象,自然就会迫切想了解酸雨的成因,提高了学习的主动性,使学生"能被一种不可抵挡的吸收力诱导着学习"。

(三) 化抽象为形象,解决学习难点问题

化学是一门在分子、原子层次上研究物质的组成、结构、性质及变化规律的科学,既涉及大量的微观结构,也包含很多概念原理。许多化学学习内容比较抽象,尽管教师花费大量的时间进行讲解,但复杂的变化过程、微观的空间结构、化学反应的机理,单靠口头讲述、抽象地想象,学生极易产生学习的困难。中学生的思维正处在由形象思维向抽象思维的过渡时期,因而抽象思维还不是很完善,依然需要形象思维的支持。借助多媒体技术,可以将抽象的知识以图片、视频、动画等形式展示或模拟,学生可以形象直观地了解这些知识,有助于加深印象、增进理解、化难为易。多媒体教学将图片、文字、动画和视频通过直观的形式展现出来,其中图片、动画和视频属于形象具体的材料,文字属于抽象的材料,形象直观的材料和抽象的材料同时呈现,有助于学生综合思维的发展。

例如,在学习"离子键"这一内容时,关于离子之间的相互作用,学生看不见也摸不着,光凭教师的语言描述去理解,要求学生具备很强的抽象思维能力和空间想象能力。此时,教师可以运用多媒体技术,把氯化钠的形成过程做成动画,进而揭示离子键的形成:(1)在计算机屏幕上显示钠原子、氯原子结构示意图,学生可以直观地观察其原子核外电子排布情况,同时,最外层电子开始闪烁,钠原子最外层的1个电子转移至氯原子的最外层,同时配以移动箭头和声音;(2)保留上图,在下面相应显示出钠离子、氯离子结构示意图;(3)钠离子、氯离子同时移动,接近到某一定距离时,相互间的吸引和排斥达到平衡,阴阳离子间就形成稳定的化学键。这种设计突破了空间和时间的限制,增强了离子键形成的直观效果,拓展了学生的微观认识,使学生印象深刻,能更好地理解和掌握学习内容。

(四)　增强实验效果,解决实验难题

化学是一门以实验为基础的学科,实验在化学教学中有着极为重要的作用。但是,由于条件的限制,以及教学时间、安全等因素,很多化学实验难以在课堂或实验室中完成。而如果把这些实验省去,又无法满足学生的好奇心和求知欲,不利于调动学生学习的积极性。教师可借助多媒体进行模拟实验,利用多媒体的智能和仿真技术来创设"虚拟实验室",使学生在"虚拟实验室"中进行仿真"实验探索"。

例如,学习"苯"一节中的"溴苯制备",加入铁粉后混合液呈微沸,有红棕色气体(溴蒸气)充满烧瓶,锥形瓶内的导管口有白雾,试管底部有褐色油状物质生成,这些现象学生不一定能观察清楚,而该实验由于药品的特殊性及实验过程的污染,也不宜采用学生分组实验。通过数字化技术当场录制并重播实验现象,运用帧数控制,把几个重要阶段用"放大""慢放""定格""回放"等手段,让学生清楚地观看整个实验过程,能获得很好的教学效果。又如,"碱金属性质的递变性"的学习,学生已经从实验中观察到钠与水的反应,此时再播放钾、铷、铯与水反应的录像,可看到反应更加剧烈,铯与水反应时甚至导致水槽发生炸裂。学生据此可以得出碱金属性质的递变性规律。还可借助模拟互动技术,模拟用不同量的钠与水反应的实验现象,引发学生对实验安全的注意。

（五）主动获取知识,促进个别化学习

多媒体教学制品不仅为学生学习提供技术支持,也为学习方式的变革提供了可能。传统的学习方式是教师讲授并控制教学进度和难度。借助多媒体教学制品,学生可以在教师引导下实现主动地学习;教师可向学生提供微课,供学生选择使用,或向学生介绍教学互动软件和网络资源,让学生开展自主学习。

例如,学习"化学变化中的能量变化"时,教师可将这部分内容录制成不同的微课,其中有些内容是基本要求,有些内容是提高要求,让学生根据自己的需求选择学习。通过微课的学习,不但能帮助学生掌握、巩固知识,还能提升学生学习的主动性,改善学生的学习方式。再如,在学习"水的净化与污水处理"时,除了在课堂通过多媒体技术展示新技术对污水处理的原理与效果,还可向学生介绍一些网站,如中华人民共和国水利部网站（www.mwr.gov.cn）、中国水网（www.h2o－china.com）等,并组织学生小组开展主题研讨,让学生在活动中通过多媒体技术主动获取知识。基于互联网资源的自主学习,不仅丰富了学生的知识,拓宽了学生获取知识的途径,还在促进学生主动学习的同时,实现了学生学习质的飞跃。

参 考 文 献

[1] 苏霍姆林斯基.给教师的建议[M]. 杜殿坤,译.北京:教育科学出版社,2006.

[2] 黄希庭.简明心理学辞典[M].合肥:安徽人民出版社,2003.

[3] 朱智贤.心理学大词典[M].北京:北京师范大学出版社,1989.

[4] 覃光广.文化学辞典[M].北京:中央民族学院出版社,1988.

[5] 张春兴.张氏心理学辞典[M].台北:东华书局,1989.

[6] 章人英.社会学词典[M].上海:上海辞书出版社,1992.

[7] 顾明远.教育大辞典[M].上海:上海教育出版社,1992.

[8] 中国大百科全书总编辑委员会.中国大百科全书·社会学[M].北京:中国大百科全书出版社,2004.

[9] 庞丽娟.教师与儿童发展[M].北京:北京师范大学出版社,2001.

[10] 佐斌.师生互动论——课堂师生互动的心理学研究[M].武汉:华中师范大学出版社,2002.

[11] 刘家访.互动教学[M].福州:福建教育出版社,2005.

[12] 佐藤正夫.教学原理[M].钟启泉,译.北京:教育科学出版社,2001.

[13] 联合国教科文组织国际教育发展委员会.学会生存[M].华东师范大学比较教育研究所,译.北京:教育科学出版社,1996.

[14] 马丁·布伯.人与人[M]. 张健,韦海英,译.北京:作家出版社,1992.

[15] 冯克诚,于明,冯晓林.课堂教学组织调控全书[M].北京:国际文化出版公司,1996.

[16] 盛群力,郑淑贞.合作学习设计[M].杭州:浙江教育出版社,2006.

[17] 盛群力,金伟民.个性优化教育的探索[M].北京:人民教育出版社,1996.

[18] 叶澜,白益民. 教师角色与教师发展新探[M].北京:教育科学出版社,2001.

[19] 冯建军.生命化教育[M].北京:教育科学出版社,2007.

[20] 吴康宁.课堂教学社会学[M].南京:南京师范大学出版社,2000.

[21] 方明.缄默知识论[M].合肥:安徽教育出版社,2004.

[22] 刘知新.化学教学论[M].北京:高等教育出版社,2009.

[23] 卢家楣.以情优教[M].上海:上海人民出版社,2002.

［24］王坦.合作学习：原理与策略［M］.北京：学苑出版社，2001.

［25］邱国旺.如何做好客户服务［M］.北京：企业管理出版社，2000.

［26］邵永富.开发人的右半脑［M］.上海：上海文化出版社，1988.

［27］高剑南，王祖浩.化学教育展望［M］.上海：华东师范大学出版社，2001.

［28］L.W.安德林.学习、教学和评估的分类学（布卢姆教育目标分类修订版）［M］.皮连生，译.上海：华东师范大学出版社，2008.

［29］王祖浩.化学问题设计与问题解决［M］.北京：高等教育出版社，2003.

［30］戴维·H.乔纳森.学习环境的理论基础［M］.郑太年，任友群，译.上海：华东师范大学出版社，2002.

［31］D.W.Johnson.合作性学习的原理与技巧［M］.刘春红等，译.北京：机械工业出版社，2001.

［32］亨利·林格伦.课堂教育心理学［M］.章志光等，译.昆明：云南人民出版社，1983.

［33］华东师范大学情报研究所.新课程教学中的师生互动［M］，上海：百家出版社，2007.

［34］朱作仁.教育辞典［M］. 南京：江苏教育出版社，1987.

［35］王后雄.中学化学实验教学研究［M］.北京：北京大学出版社，2013.

［36］托尼·博赞.思维导图——放射性思维［M］.李斯，译.北京：作家出版社，1999.

［37］岳欣云.教学互动的表层结构与深层结构［J］.中国教育学刊，2011（12）.

［38］刘尧，戴海燕. 课堂师生互动研究述评［J］.教育科学研究，2010（6）.

［39］亢晓梅.师生课堂互动行为类型理论比较研究［J］.比较教育研究，2001（4）.

［40］吴康宁.课堂教学中的社会互动［J］.教育评论，1994（2）.

［41］叶子，庞丽娟.师生互动的本质与特征［J］.教育研究，2001（4）.

［42］马维娜.大学师生互动结构类型的社会学分析［J］.教学研究，1999（3）.

［43］陈枚.师生交往矛盾的心理学分析［J］.教育理论与实践，1992（1）.

［44］王家瑾.从教与学的互动看优化教学的设计与实践［J］.教育研究，1997（1）.

［45］郑淑贞，盛群立.合作学习与发现学习教学策略整合的操作程序［J］.全球教育展望，2003（3）.

［46］王坦，高艳.论合作学习互动观及其启示［J］.教育评论，1996（3）.

［47］杨文斌.高中化学合作学习研究与实践［D］.上海：华东师范大学，2003.

［48］杨文斌.高中化学合作学习实验报告［J］.化学教学，2004（7－8）.

［49］陶佳.化学合作学习中心理效应的研究［D］.苏州：苏州大学，2016.

［50］李小焕.基于数字环境的中学化学合作探究学习［J］.中学化学教学参考，2005（Z1）.

［51］王少菲.西方合作学习模式与要素.上海师范大学学报（教育版），2000（9）.

［52］宋红艳.人工制品在科学课堂学习中的作用[D].北京:北京师范大学,2009.

［53］杨文斌.高中化学课堂教学互动现状调查与问题对策[J].化学教育,2016(13).

［54］李跃文.符号、教学符号与教学符号互动的探析[J].教育理论与实践,2013(10).

［55］张静.语文教科书在课程实施中的际遇分析[J].教学与管理,2014(7).

［56］高文.建构主义研究的哲学与心理学基础[J].全球教育展望,2001(3).

［57］周国梅,傅小兰.分布式认知——一种新的认知观点[J].心理科学进展,2002(2).

［58］钟志贤.论学习环境设计[J].电化教育研究,2005(7).

［59］汤丰林.分布式认知:认知观的革命性转变[J].北京教育学院学报(自然科学版),2008(5).

［60］辛涛,申继亮,林崇德.从教师的知识结构看师范教育的改革[J].高等师范教育研究,1999(6).

［61］陈向明.对教师实践知识构成要素的探讨[J].教育研究,2009(10).

［62］王后雄.高中化学新课程教学中问题情境创设策略研究[J].化学教学,2008(7).

［63］闫君.化学教学中师生互动语言及行为分析编码系统的研究[D].西安:陕西师范大学,2010.

［64］高敬,毕华林.关于化学课堂提问的思考[J].化学教育,2004(9).

［65］肖浩宇,张庆林,史惠颖.小学儿童提问能力的发展[J].心理发展与教育,2006(1).

［66］高敏,毕华林.关于化学课堂提问的思考[J].化学教育,2004(9).

［67］高欣漫.基于拼图式合作学习的化学课堂教学[D].福州:福建师范大学,2014.

［68］张丙香,毕华林.化学三重表征的界定及其关系分析[J].化学教育,2013(3).

［69］马长浩.两个化学标本的制法[J].实验教学仪器,1997(5).

［70］裴新宁.概念图及其在理科教学中的应用[J].全球教育展望,2001(8).

［71］龚美华,任荷."V形启发图"在高中化学元素化合物探究教学设计中的应用[J].化学教与学,2013(1).

［72］王彤,王秋,姚志强.化学教学中的模型方法及其应用[J].化学教育,2001(10).

［73］戴安邦.实验教学是全面实施化学教育的有效形式[J].实验室研究与探究,1994(3).

［74］郑长龙,林长春.论化学实验的教育教学功能[J].中学化学教学参考,1996(3).

后　　记

教学互动是当今教育研究的重要主题,也是新一轮基础教育课程改革重点关注的问题。《基础教育课程改革纲要(试行)》明确指出:"教师在教学过程中应与学生积极互动,共同发展,要处理好传授知识与培养能力的关系。"在这一背景下,化学教育工作者对教学互动开展了大量的研究和实践,取得了丰硕的成果。但这些研究多存在这样的倾向,或是注重理论阐述,或是对教学互动的某一个维度实践探索,如何多维度地系统思考教学互动,开展理论联系实践的研究并不多,还不能很好地满足教育实践的需要。

我对化学教学互动的关注由来已久,真正开始研究算起来应该是 1999 年。起因是在一次青年教师教学评比后评委研讨时产生的感触:为什么有的教师的课堂教学气氛活跃,能够和学生产生积极的互动,而有的教师的课堂则启而不发,气氛沉闷? 为什么有的教师的课堂不但气氛活跃,而且学生思维积极,富有成效,而有些课堂仅仅满足于气氛活跃,学生的思维并未真正被引发,学习结果并不理想? 作为化学教研员,我开始重点关注这个问题,并将"如何提高师生互动的有效性"作为教改项目,带领化学教师开展研究,经过几年的实践,取得了一定的成效。

随着新一轮基础教育课程改革的启动,更是触发了我对教学互动的关注。受到合作学习理论的影响,我逐步感到,课堂学习活动光有师生互动是不够的,生生互动也是非常重要的资源,为此,我又开始关注生生互动,带领化学教师开展小组合作学习的实践。然而,对于生生互动,我和一线教师都远不如对师生互动那样有一定的认识和实践基础,研究工作遇到了瓶颈。正当我的研究工作处于困难之际,迎来了一个非常好的机会,我考入了华东师范大学化学系攻读教育硕士。和别的同学到学校读书后才确定论文的主题不同,我是带着课题去读书的。由于是工作了近二十年再次回到学校读书,我倍加珍惜工作单位组织给我的学习机会。虽然在这届学生中,我是年龄最大的几个之一,但自认为是学习最勤奋的一员。非常幸运的有两方面：一是在华东师大，我遇到了我的导师陆惊帆和王祖浩、高剑南等一批高水平的专家，他们给予我高质量的指导；二是因为前几届教育硕士的培养工作得到国家高度重视，第一年的学习必须是全脱产住校，最后一年做硕士论文也要求有四个月的在校时间，这让我可以更好地集中精力学习和研究。在老师们的悉心指导下，在华东师大浓郁的学术气氛中，我的理论水平有了很大的提高，对生生互动的理解也更加深入，使我能较有底气地指导我原来的项目实验学校的教师开展生生互动的实践。在导师的直接指导下，在原项目实验学校教师的支持下，生生互动的研究和实践取得了明显的进展，我的硕士论文《高中化学合作学习研究与实践》获得了优秀等级，核心内容在核心期刊《化学教学》上发表，更重要的是项目学校在实践中也能较好地组织学生的合作学习，生生互动能够实质性地开展。

此后的时间，我研究的关注点转向如何在化学课堂中综合利用师生互动和生生互动的资源，2007 年在《上海教育科研》发表了阶段研究成果《中学化学"建构—互动"式学习的模式与操作》，使我对教学互动又有了更深入的思考。

随着情境教育理论的发展，特别是分布认知理论在我国逐步产生影响，引发了我对教学互动的新的思考：互动的目的是什么？人工制品对教学互动产生那些影响？能否整合多种因素形成化学教学互动体系，更好地利用教学互动资源？带着这样的问题，我又于 2012 年申报了上海市教育科研课题"基于分布式认知的中学化学教学互动策略研究"。5 年间，我带领两届化学名师工作室的学员开展理论研究和实践探索，形成了一些新的认识和经验。现课题研究已结束，两届学员已结业，该是总结的时候了。希望我们形成的一些认识能为教学互动理论的海洋中再融入一滴水，我们的实践经验能对一线教师的教学产生一点促进作用，更是希望通过对内容的呈现，得到各位专家和老师的指正，帮助我们进一步完善，推动教学互动研究和实践的深入开展。

为了能较全面地反映化学教学互动体系和实践策略，全书分为 6 章。第 1 章为教学互动概述，简要介绍了教学互动的内涵、功能、作用及研究历史，在文献研究式的回顾后提出自己的教学互动观。第 2 章为理论部分，具体地介绍了化学教学互动的理论基础、基本形式、影响因素等，构建了以学生学习为中心的化学教学互动体系，提出了化学课堂教学互动的基本模式。第 3 章是化学教学互动的现状调查，通过大量的课堂观察和调查问卷与访谈，发现了目前化学教学互动中存在典型的问题,为后续的研究和实践找到着力点和改进方向。第 4 章至第 6 章分别论述了师生互动、生生互动、学习者与人工制品互动的具体策略,从三个维度构建了相对完整的教学互动体系,为一线教师实践提供可借鉴的方法和典型案例。虽然我努力想构建一个以学生学习为中心的化学教学互动体系,但在实际写作过程中才发现,写作这样一本专著难度竟是如此之大。这不仅是自己对教学互动的一些理论问题认识不到位,部分已有的研究较为薄弱,而且因为内容涉及教育心理、学习心理、发展心理学、课程与教学理论等诸多方面,对我来说是极大的挑战,让我感到力所不及。因此,尽管书稿已经完成并得以出版,但心中仍然诚惶诚恐。

本书虽然是个人执笔所著,却是集众人之力,凝聚着很多人的心血。没有他们的指导、支持和帮助,本书无法完成。

在这里我首先要感谢我的老师王祖浩教授,研究期间他对我多次耳提面命、指点迷津,为我在学术上把关。衷心地感谢叶佩玉老师、杜淑贤老师,在我研究遇到困难时,她们用真知灼见为我化解难题。感谢我所带教的两届化学名师工作室的学员张中林、宋小宏、郭冠朝、黄瑾、李跃明、王世哲、张霞、管国琴、李晓庆、王华峰、顾慧、彭菊萍、徐兰、王慧慧、张琳等老师,没有你们积极参与研究和实践,并提供部分案例,就不会有这本成果。感谢我的同行和同事边飞燕、王福其、瞿德锋、沈全明、张勇、倪晓辉等老师,在研究过程中一直得到你们的关注和帮助。感谢嘉定区教师进修学院路光远常务副院长、李春华副院长及区名师工作室等领导的关心、支持和鼓励,为我提供学术发展的平台。真诚地感谢上海教育出版社严岷老师和李玉婷老师为本书的出版付出了大量的心血,没有他们帮助和支持,本书难以与读者见面。需要感谢的人实在太多,包括在书中引用了观点、论述的一些作者,无法一一写出,在此一并致谢。

最后,我要感谢我的家人对我工作和写作的全力支持。我也将此书作为礼物送给在此书即将出版之际诞生的、非常可爱的外孙女姝桐,祝愿她健康快乐成长。

由于本人学术水平和写作能力有限,书中不妥及错误之处在所难免,恳请广大读者批评指正。

杨文斌

2017 年 7 月

于嘉定菊园

图书在版编目(CIP)数据

化学教学互动理论与运用 / 杨文斌著. —上海:上海教育出版社,2017.9
ISBN 978-7-5444-7839-7

Ⅰ.①化...　Ⅱ.①杨...　Ⅲ.①中学化学课—课堂教学—教学设计　Ⅳ.①G633.82

中国版本图书馆CIP数据核字(2017)第229595号

责任编辑 严　岷　李玉婷
封面设计 金一哲

化学教学互动理论与运用
杨文斌　著

出版发行　上海教育出版社有限公司
官　　网　www.seph.com.cn
地　　址　上海市永福路123号
邮　　编　200031
印　　刷　启东市人民印刷有限公司
开　　本　700×1000　1/16　印张 17.75　插页 1
字　　数　295 千字
版　　次　2017 年 9 月第 1 版
印　　次　2017 年 9 月第 1 次印刷
书　　号　ISBN 978-7-5444-7839-7/G·6458
定　　价　35.00 元

如发现质量问题,请向本社调换　电话 021-64377165